本书出版受教育部人文社会科学研究青年基金项目"基于历时与共时层面的近代汉语因果句句法语义研究"（16YJC740041）资助

本书出版受南昌师范学院博士科研启动基金项目"基于历时与共时层面的近代汉语因果句句法语义研究"（NSBSJJ2015031）资助

近代汉语因果句研究

李为政 ◎ 著

中国社会科学出版社

图书在版编目(CIP)数据

近代汉语因果句研究 / 李为政著 . —北京：中国社会科学出版社，2017.6
ISBN 978 - 7 - 5203 - 0965 - 3

Ⅰ. ①近… Ⅱ. ①李… Ⅲ. ①汉语 - 句型 - 研究 - 近代 Ⅳ. ①H146. 3

中国版本图书馆 CIP 数据核字(2017)第 221722 号

出 版 人 赵剑英
责任编辑 任 明
责任校对 沈丁晨
责任印制 李寡寡

出 版 中国社会科学出版社
社 址 北京鼓楼西大街甲 158 号
邮 编 100720
网 址 http：//www. csspw. cn
发 行 部 010 - 84083685
门 市 部 010 - 84029450
经 销 新华书店及其他书店

印刷装订 北京市兴怀印刷厂
版 次 2017 年 6 月第 1 版
印 次 2017 年 6 月第 1 次印刷

开 本 710×1000 1/16
印 张 20. 25
插 页 2
字 数 332 千字
定 价 85. 00 元

序

马清华

有天晚上在校园里散步时，李为政打电话给我，说自己是北京大学杨荣祥教授的博士生，即将毕业，希望毕业后能在我的指导下从事博士后研究工作。半年后，他如愿成了南京大学的博士后研究人员。我们一起谈得较多的不是他专业领域的近代汉语，而是甲骨文。当时我在从事国家社科基金项目汉语句子复杂化问题的研究，我认为甲骨文、西周金文和今文尚书是打开原始汉语大门的密钥，所以一直关注这方面的研究。李为政大有同感，积极配合，利用他在站时间，按照我的要求，进行了大规模的甲骨文解码和数据统计，其工作量之大、剖析统计之细，若非呕心沥血，是根本完成不了的。我在他的解码结果和统计材料基础上，写成《论从甲骨文到今文尚书的动宾结构模式化及其发展》，受国际尚书学会会长、著名尚书研究专家钱宗武教授之邀，在国际尚书学会香港会议上宣读。我通过跟李为政的长期相处感觉到，李为政是个学术能力上完全可以信赖、能全身心扑入科学研究并可与之愉快合作的优秀青年学者。

句子的语法结构含两种，一种是句法结构，比如主谓、动宾之类，另一种是逻辑结构，比如因果、假设之类。句型的划分纵跨这两个层次，前者见单句，后者见复句。复句逻辑关系的分类最主流的是联合和偏正二分，它见诸各类教材。但存在的问题不小，如转折关系多被放在偏正关系中（见胡裕树主编的《现代汉语》、黄廖本《现代汉语》等），有的文献则放在联合复句中（见黎锦熙《新著国语文法》）。1981 年 7 月在哈尔滨召开的"全国语法和语法教学研讨会"经过讨论，干脆取消复句二分法，直接将它的次类型升级为一级分类（见《〈暂拟汉语教学语法系统〉修订说明和修订要点》）。邢福义长期潜心研究复句，提出了三分法，即广义并列、广义因果和转折，突出因果关系和转折关系的地位，应当说，这在相当大的程度上是符合语言事实的，它把认识向前推进了一大步。但从分类学角度说，尚有进一步优化和完善的空间。因为这三个类别的划分并不在同一标准下。我在2000年的全国比较语言学会议（天津）和2001年的民族语文学术研讨会（中国社会科学院）上都提出，复句逻辑关系的一级分类应从两个不同角度展开，每个角度上各分两类，即按主次分联合和偏正，按顺逆分顺接和逆接。两相配合，就有了顺接联合（如并列，"他有车，我也有车"）、逆接联合（如对比，"他有车，我没有车"）、顺接偏正（如预期的实现，"他有车，所以开车来了"）、逆接偏正（表预期的戾转，如"他有车，但不会开"）四类。逆接联合和逆接偏正的区别，反映在形式上可表现为标记的不同，如前者的英语标记为 but，后者的英语标记为 though、although。

说明性因果关系是所有偏正类逻辑关系的原型。当其结果项被作为未知项来推导时，便成了推论性因果。当下因果事态变异为对因果事态的预期，便成了假设关系。各类偏正复句跟顺接假设都有着蕴涵关系或等值关系，根据这些关系，可建立起偏正复句的系统逻辑秩序。因此接下来，偏正复句就有条件继续通过模态变异、顺逆变异、项目变异、标记替换，以家族相似关系，更加活跃地向其他各类型偏移，完全实现偏正复句系统的自我繁殖。

回过头来追问，因果关系又从哪里来？它是从联合领域的承接复句偏移而来的。两者的共同点是都表先后，承接表时间的先后，因果表事理的先后。有时两者浑然难分，比如，"看到那张照片，他就想起往事"，其中可以说有承接联系，也可以说有因果或条件联系。

不难发现，说明性因果关系是其他偏正复句关系的母体，而说明性因果的母体则是联合复句关系中的承接。因此说，在复句发展上存在着系统复杂化和自繁殖的过程。在其系统升级过程中，因果关系占据极其重要的地位。

从儿童语言发展看，因果关系也相当重要。幼儿早期不厌其烦地问大人"为什么"，就是主动学习现成的、被归纳好了的程序知识即间接经验的过程。科学的本质是以已知求未知，其全部工作几乎都是对因果联系的探究。

李为政深切注意到因果关系在复句逻辑关系中的突出地位，选择因果关系为研究课题，写成了《近代汉语因果句研究》这部不可多得的重要学术专著。他从虚词和结构两方面入手，进行系统、细致的历时描写，对象时间跨度大，语料相当丰富翔实，既有定性分析，也有定量统计和数据详表，而且分析细致入微，逻辑缜密，脉络清晰，有理论深度。虽然是近代汉语研究，但为论述需要，涉及的语言还广及上古汉语、现代汉语和外语，这就使它有可能把单纯历时研究的结果，上升到对泛时规律的一般认识上来，同时反过来又利用泛时规律强化对历时研究结论的证明力度。

李为政专业基础扎实，能通古今，具有广博的学术视野，他思维敏捷，著述勤快，文笔流畅，思路清晰，且英语能力强，是专业上很有发展前途的青年才俊。他讷言敏行，耐得住寂寞，为人善良耿直，性格单纯，乐观向上，工作上值得信任，由于不善交际，有时难免会吃一点儿眼前亏，但从长期发展看，他终将成为学界的栋梁。

是为序。

2016 年 12 月写于

南京大学文学院

目　　录

绪　　论

第一节　研究目的、内容和意义

本书研究目的有三：一是对句法和语义上一些重要方面进行较全面的描写，以提供一个因果句在近代汉语各个时期的基本面貌；二是对句法和语义上一些重要方面从近代汉语到现代汉语的变化进行描写，以提供一个因果句的具体演变过程；三是分析解释横向平面和纵向发展所涉及的一些语言现象，总结其中的规律。

具体说来，本书采用六个结合的方法①，从以下几个方面对近代汉语因果句进行探索：一是近代汉语中的因果连词，探讨因果连词的定义、范围以及到现代汉语的消长；二是近代汉语因果句的句式，探讨独用、搭配、递用、并用四种句式，重点研究后三种句式的句法语义特点及这些句式的发展；三是近代汉语原因句的修饰成分，探讨修饰成分的种类、流变以及修饰方式；四是近代汉语因果连词的形成，探讨因果连词的形成途径和其中的动因与机制；五是近代汉语因果句的主语位置和话题，探讨因果句主语位置的演变规律，以及话题因果句的形成和发展；六是近代汉语因果句的句序，探讨由果溯因句的形成、发展及语义句法特点；七是近代汉语因果连词的隐现和提顿，归纳因果连词在句子中出现和不出现的若干条件以及阐明相应的提顿用法；八是近代汉语因果连词的语义偏向，分析说明消极语义偏向是如何形成的，又发生了怎样的流变；九是近代汉语说明因果句和推断因果句的区别，重点考察推断因果句在语义上不同于说明因果句之处；十是近代汉语因果句的主观性，分析说明因果句和推断因果句

---

① 六个结合指句法与语义相结合、横向平面与纵向发展相结合、定量与定性相结合、描写与解释相结合、个体研究与比较研究相结合、归纳与演绎相结合。

在主观性上由弱到强的三个层次；十一是近代汉语因果句的两域，重新审视通常所说的三域，提出两域说；十二是近代汉语因果句的叙述视角，重点考察因果句在会话中的使用情况。上述十二个方面分七章展开论述，其中前六部分各部分篇幅较大，各立一章阐述；后六部分各部分篇幅较小，集中在第七章阐述。在最后的结论部分，把散见于各章中的历时性的内容汇聚在了一起，目的就是突出本文是将语法的历时演变放在第一位的，同时也是方便读者的查阅。这十二个方面既有描写，也有解释；不仅有单个因果连词的语法化、词汇化考察，还有对整个因果句系统的语法演变机制、动因之类规律的揭示。目前相关的成果有一些，但不多，且往往是点到为止，有待进一步的发掘，因此，从对上述十二个方面进行深入研究这一点来看，本文是具有较大创新性的。本文的写作有重要的意义，一是可以提供一个较为完整的近代汉语因果句系统的共时性研究以及向现代汉语因果句系统演变的历时性研究，弥补学界在这方面的不足；二是可以提供一些与以往不同的方法和思路，进而引起人们的关注和思考，以促进对因果句及相关问题更进一步的探索。

第二节　　研究对象

因果关系是自然界和人类社会中的一种极为重要的关系，因而受到各学科的普遍重视，尤其是哲学和逻辑学。因果关系最初是在哲学中受到关注的。在哲学史上，除了极少数哲学家否认存在因果关系外，绝大多数哲学家都承认因果关系的存在，对它的认识也都有一定的合理性，曾起到过积极的作用，但也存在着这样或那样的偏颇之处，只有辩证唯物主义才第一次阐明了因果关系的深刻内涵。辩证唯物主义认为，在客观世界中到处都存在着引起和被引起的关系，这种关系就是因果联系，或称因果关系，其中引起某一现象的现象是原因，被某种现象引起的现象是结果。如物质的燃烧必须具备以下三个条件，一是可燃烧的物质，二是适当的温度，三是充足的氧气，一旦具备了这三个条件，物质就会燃烧。三个条件与燃烧之间的关系就是因果关系，三个条件引起了燃烧，是原因；燃烧是由三个条件引起的，是结果。因果关系的一个显著特点就是原因在前，结果在后。就原因和结果之间的关系来看，二者既相互排斥、相互对立，又相互依存、相互作用和相互转化。任何事物都受因果关系的支配，因果关系存在于一切事物的发展过程之中，但同时又要看到，具体的因果关系总是复杂多样的，如有一果多因、一因多果、多因多果、同果异因以及同因异果等多种情形；就原因来说，也有内部原因与外部原因、主要原因与次要原因、客观原因与主观原因，等等。①

　　除了哲学，逻辑学也对因果关系做了深入的探讨，这里谈三个方面：一是对原因种类的研究，二是对因果推理的研究，三是对因果关系如何确定的研究。在原因种类的研究方面，传统的看法是明确承认三种原因，即充分原因、必要原因和充分必要原因，后来原有的看法逐步受到了修正，更多更细的原因被提了出来，如赵心树（2007）认为存在着九种原因，并给每种原因下了定义，见表1。

表1　　　　　　　　　　一个互斥且包容的因果关系分类体系

简称		因果关系类型	定义
1. 充分因	1.1 正因	X 是 Y 的充分但非必要正因	有 X 时，必有 Y；无 X 时，Y 有无相兼
	1.2 负因	X 是 Y 的充分但非必要负因	有 X 时，必无 Y；无 X 时，Y 有无兼有
2. 必要因	2.1 正因	X 是 Y 的必要但非充分正因	无 X 时，必无 Y；有 X 时，Y 有无相兼
	2.2 负因	X 是 Y 的必要但非充分负因	无 X 时，必有 Y；有 X 时，Y 有无兼有
3. 充要因	3.1 正因	X 是 Y 的充分必要正因	有 X 时，必有 Y；无 X 时，必无 Y
	3.2 负因	X 是 Y 的充分必要负因	有 X 时，必无 Y；无 X 时，必有 Y
4. 部分因	4.1 正因	X 是 Y 的部分正因	有 X 时，Y 有无相兼；无 X 时，Y 有无相兼；但，有 X 时 Y 出现的概率大于无 X 时 Y 出现的概率
	4.2 负因	X 是 Y 的部分负因	有 X 时，Y 有无相兼；无 X 时，Y 有无相兼；但，有 X 时 Y 出现的概率小于无 X 时 Y 出现的概率
5. 非因		X 不是 Y 的原因	有 X 时 Y 出现的概率等于无 X 时 Y 出现的概率

　　在因果推理的研究方面，三段论的研究占据着很重要的位置。所谓三段论，指的是由包含一个共同项的两个直言命题推出一个新的直言命题的

————————

①　本段参考杨耕（2004）。

推理，它由三个直言命题构成，其中两个是前提，一个是结论。任何三段论都包含三个不同的词项：大项、小项和中项，结论的谓项叫大项，记为P；结论的主项叫小项，记为S；两个前提包含的共同项叫中项，记为M。三段论的典型形式是"所有M是P（大前提），所有S是M（小前提），所以，所有S是P（结论）"，其中大前提是指包含大项的前提，小前提是指包含小项的前提。三段论还可细分为各种格和式。三段论的格是因中项在前提中位置的不同而形成的不同的三段论形式，共有第一格、第二格、第三格、第四格四个格，三段论的式是因大小前提与结论质与量的不同而形成的不同的三段论形式。格与式相互组合就形成了一个具体三段论的形式，从理论上说具体三段论的形式共有256种，但其中有效的只有24种。

在因果关系如何确定的研究方面，穆勒曾在《逻辑体系》中提出了一个"求因果联系五法"，即求同法、求异法、求同求异并用法、共变法和剩余法。求同法是指如果在被研究现象出现的一些场合中，仅有一个共同的要素，那么这个共同的要素是被研究现象的原因或结果；求异法是指如果在被研究现象出现和不出现的两个场合中，仅有一个要素不同且仅出现在被研究现象存在的场合，那么这个唯一不同的要素是被研究现象的原因或结果或必不可少的部分原因；求同求异并用法是指如果仅有某一要素在被研究现象存在的一些场合中出现，而在被研究现象不存在的一些场合中不出现，那么这一要素是被研究现象的原因或结果或必不可少的部分原因；共变法是指如果在被研究现象发生变化的一些场合中，仅有一个要素也跟着发生变化，那么这个唯一变化的要素便是被研究现象的原因或结果；剩余法是指如果已知某一复合的被研究现象中的某一部分是某要素作用的结果，那么这个复合现象的剩余部分就是其他要素作用的结果。穆勒的这五种方法在探求现象间的因果关系中确实起到了很大的作用，但也存在着一些问题，后来不断有学者对之改进。①

总之，因果关系是客观世界中的一种普遍的、本质的、必然的联系，很早便为哲学和逻辑学所关注和研究，迄今已有了非常丰硕的成果，上述简介只不过是择其最主要者而言。这些成果为法学、物理学、经济学、历史学等诸多学科中相关研究打下了坚实的基础。语言学自然也很关注因果

---

① 以上两段参考何向东（1999/2010）。

关系，但其研究对象和方式均与哲学和逻辑学不同，一是因为它所研究的因果关系是语言层面上的（包括口语和书面语），虽然是对客观世界的反映，但不是机械地反映，而是受到了人们认知的改造，带上了不同程度的主观色彩，这与哲学和逻辑学中所研究的那种客观的因果关系有较大的差距；二是因为它只研究语言层面上表示既定因果关系的语法形式和相应语义，以语言学特有的方式，或从共时角度进行，或从历时角度进行，以得出其中的规律，而不会像哲学那样以形而上学的方式来研究，也不会像逻辑学那样以严密的逻辑推理和抽象的逻辑符号及表达式来研究，但后两者所取得的成果无疑会给予语言学的研究一定的启示。

　　语言既然是对客观世界的一种反映，并且因果关系在自然界和人类社会中无所不在，渗透到了其中的各个方面，那么不同语言的使用者在不同的历史时期就都需要表达一定的因果关系，而这种因果关系的主要承载物便是因果句，并且就整个汉语语法体系来说，因果句是其中的一个重要组成部分，有着丰富的语言矿藏，涉及语法、语义和语用等多个方面，对它的发掘可以使我们发现很多新的东西，因此对作为汉语史上一个非常重要的阶段——近代汉语时期的因果句进行语言学上的研究，是非常有意义的。本书的研究对象是近代汉语时期的因果句。依蒋绍愚（2005），综合考虑语音和语法，近代汉语的上限应定在晚唐五代，下限应定在清初（18世纪中期），由此可见，近代汉语一共由晚唐五代、宋代、元代、明代、清初五个断代构成。但蒋文又认为清初已不是很纯粹的近代汉语，因为这个时期的《儒林外史》、《红楼梦》（前八十回）等作品的语言已基本上同现代汉语一样了，所以近代汉语主干部分应是前四个断代。现在一般是把五四运动及其以后的汉语称为现代汉语，那么从清代中后期至五四运动之前的这一段时期的汉语就可看作近代汉语向现代汉语的过渡时期。本书主要研究近代汉语中的因果句，但为了观察更具体的演变过程，可以上推至上古或中古①，下推至现代汉语。尤其是下推显得更为必要，因为现代汉语在本质上是属于近代汉语的一个发展阶段（吕叔湘，1985/2005），与近代汉语的关系远比上古和中古汉语密切得多。

---

　　① 依目前较为一致的看法，上古汉语指的是先秦时期的汉语，中古汉语指的是东汉至隋代的汉语，西汉时期的汉语可看作上古汉语至中古汉语的过渡阶段，唐代前中期的汉语可看作中古汉语至近代汉语的过渡阶段。

　　所谓因果句，是这样一种复句或句群，它在语义上是表达说明因果和推断因果关系的①，在句法上是由具有一定独立性的两个陈述性部分即原因句、结果句再加上典型因果标记（有时还包括其他附属成分如原因句修饰语、话题、插入语等）构成的②，二者之间有一个明显的停顿，在书面上常以逗号、句号等表示，原因句可以是一个小句，也可以是几个小句，结果句也是如此③：

　　（1）汝若觅，毫发则不可见。故志公云："内外追寻觅总无，境上施为浑大有。"（《祖堂集·福州西院和尚》）
　　（2）正为生灵不得休息，所以再遣某等前来，欲得早定和议。（《三朝北盟会编·绍兴甲寅通和录》）

　　（1）的原因句是"汝若觅，毫发则不可见"，是一个完整的句子，由两个小句构成；结果句是"志公云：'内外追寻觅总无，境上施为浑大有'"，也是一个完整的句子，由一个小句构成，二者之间的停顿由句号表示，这是句群。（2）的原因句是"生灵不得休息"，由一个小句构成；结果句是"再遣某等前来，欲得早定和议"，由两个小句构成，二者之间的停顿由逗号表示，这是复句。

　　有因果句就必然有因果标记。因果标记就是能够标示原因和结果的一类词语，标示原因的叫因标，标示结果的叫果标。因标和果标的范围如何界定，不同的人有不同的看法。邢福义（2001）认为复句关系词语大体上有四种，一是句间连词，如"因为"、"所以₁"、"虽然"、"但是"、"不但"、"而且"；二是关联副词，如"就"、"又₁"、"也₁"、"还₁"；三

---

　　① 邢福义（2001）将因果类复句分为因果句、推断句、假设句、条件句、目的句、倚变句以及择优句七种，他所说的因果句相当于我们的说明因果句，推断句则相当于我们的推断因果句。照邢文的看法，作为本文研究对象的因果句表达的因果关系实际上是一种狭义因果关系，有别于包括说明因果、推断因果、假设因果、条件因果等在内的广义因果关系。
　　② 所谓典型因果标记，指的是能连接前后两项，且能独立、纯粹地标示两项原因或结果的属性以表达二者之间因果关系的一类不充当句子成分的虚词或结构，如因果连词、"由（以、自、用）此（是）观之"、"这么说"等充当独立成分的结构。
　　③ 现代汉语之前的文献大多没有标点，所以其中的停顿也无从得知，我们当然只能根据今人所加的标点去判断。

是助词，如"的话"；四是超词形式，如"如果说"、"若不是"、"不但不"、"总而言之"，并且承认"复句关系词语是分句联结分句、标明相互关系、形成复句格式的共同特点组合拢来的一些词语，没有十分明确的标准，因而也没有十分明确的范围"（邢福义，2001：28—29）。邢文所说的复句关系词语就是一种标记，并且是就分句与分句之间一切逻辑语义而言的，当然因果关系也包括在其中。本书根据研究需要，将因果标记定为七类，因标是表因连词，果标包括"为什么"、"怎么"类疑问代词，"就"、"又$_1$"、"也$_1$"、"才"类关联副词[1]，"岂"、"莫非"、"还"、"也$_2$"类语气副词，承接连词，表果连词以及"又何"、"为什摩却"、"因此就"等超词形式[2]。邢文没有提到疑问代词和语气副词，但我们认为，二者与关联副词相似，仍然具有常以搭配的方式连接小句以形成特定因果关系的特性，所以应算作因果标记。

　　从典型与非典型来看，上述因果标记可分为两类，一类是典型的因果标记，特点是可独立表示纯粹的原因义和结果义，处于主要地位，指的就是因果连词（包括它参与构成的超词形式）；另一类是非典型的因果标记，均是果标，特点是不能独立表示纯粹的结果义，只能通过与表因连词搭配以表示与结果相关的语义，处于从属地位[3]，有疑问代词、承接连词、关联副词、语气副词（包括由四者参与构成的超词形式）：

---

　　①　具体包括时间副词、累加副词、类同副词三种。

　　②　这里的超词形式必须是两词相连，而且必须是时间副词与时间副词、承接副词与时间副词以及表果连词与时间副词的相连，中间不能插入其他成分，像"惟其似是而非，故圣人便分明说出来"（《朱子语类》卷二十九）中的"故"和"便"就不能看作超词形式。

　　③　据张斌（1998），确定的因果句中必须要有因果连词出现。如果没有因果连词出现，即使小句与小句之间有因果关系，也不能看成是确定的因果句，因为这样的句子看成因果句和承接句都可以，具有一定的模糊性。这种看法无疑是合理的。其实不只是现代汉语，近代汉语也是如此，如"师又时唤僧，应喏"（《祖堂集·兴化和尚》）以及"心雄燥烈，不惧千兵"（《敦煌变文·伍子胥变文》）。正因为存在这种模糊性而且无法消除，并且作为研究对象的因果句必须具有确定性，因此本书认为表达因果关系，唯一的方法就是通过因果连词，或作用与之相当的其他成分，所以做得更为彻底，将没有上述二者出现，但小句与小句之间有因果关系的句子一律看成承接句，此时说话人要表达的是承接关系而非因果关系。吕叔湘（1944/1982）指出，两件事一先一后发生，可以是偶然的，也可以不是。如果不特别注重其中的因果关系，则不妨仍用时间关系词来联系，说的也是这个道理。

（3）既云于一切众生皆得一子之地，何以传授不普？（《祖堂集·草堂和尚》）

（4）潘金莲因想着玉箫告他说，月娘吃了他的符水药才坐了胎气，自从李瓶儿死了，又见西门庆在他屋里把奶子也要了，恐怕一时奶子养出孩子来，挽夺了他宠爱，于是把薛姑子让到前边他房里。无人处，悄悄央薛姑子，与他一两银子，替他配坐胎气符药吃，寻头男衣胞。（《金瓶梅词话》第六十八回）

（5）缘是世尊无量劫中死分毫违倍有情，方感如此。（《敦煌变文·维摩诘经讲经文》）

（6）既是与了地土，岂有不与人户之理？（《三朝北盟会编·燕云奉使录》）

（7）吾缘染患，寸步难移，遂即将别。（《敦煌变文·维摩诘经讲经文》）

（3）中非典型因果标记是疑问代词"何以"，（4）中是承接连词"于是"，（5）中是关联副词"方"，（6）中是语气副词"岂"，（7）中是超词形式"遂即"。五者都不能独立表示纯粹的结果义，只能通过与表因连词搭配以表示与结果相关的语义。如"何以"与"既"搭配，表示结果是对原因的有疑而问；"方"与"缘是"搭配，表示对结果的限定；"岂"与"既"搭配，表示结果是对原因的反问；"于是"与"因₁"搭配，"遂即"与"缘"搭配，表示结果同原因在时间上先后相承。一个因果句可以没有非典型因果标记，但必须有典型因果标记。

本书所探讨的因果句比一般意义上的句子范围要大。通常认为句子是前后都有停顿，并且带有完整的句调，表示相对完整的意义，被用来进行交际的一种基本语言单位，但我们在文献中看到有些是真正的句子，而有些只是一种复句形式，即从形式上看像复句，表示相对完整的意义，但缺乏完整的句调，只作为单句或复句的一部分存在的语言单位：

（8）副使既知书，何故作右官？（《三朝北盟会编·靖康大金山西军前和议录》）

（9）（你是个缉捕使臣，）倒不用心，以致祸及于我。（《水浒

传》第十七回)①

(10) 仆窃料四军以昨日王师小衄，故有留使人之意。(《三朝北盟会编·茅斋自叙》)

(8)、(9)、(10) 都是因果句，但 (8) 是真正的句子，有完整的句调，而 (9) 中的因果句"倒不用心，以致祸及于我"只是一个复句形式，没有完整的句调，被包含在更大的复句"你是个缉捕使臣，倒不用心，以致祸及于我"之中。(10) 中的因果句"四军以昨日王师小衄，故有留使人之意"只是一个复句形式，没有完整的句调，被包含在更大的单句"仆窃料四军以昨日王师小衄，故有留使人之意"之中。这种复句形式虽说缺乏完整的句调，不是真正的句子，但它毕竟和作为真正句子的因果句在本质上没有太大的区别，而且数量上也很多，所以本书仍将其当作因果句处理。

有时一个因果句中还有插入语：

(11) 所以告曾子时，无他，只缘他晓得千条万目。(《朱子语类》卷二十七)

(12) 使人所以留滞，别无他意，但为等候左元帅相见，当面议定，方得遣回。(《三朝北盟会编·绍兴甲寅通和录》)

(13) 却缘平日与自家有恩意往来，不是说亲戚，亲戚自是碍法，但以相熟，遂避嫌不举他。(《朱子语类》卷十三)

(11) 中原因句和结果句之间插入了一个"无他"，(12) 中原因句和结果句之间插入了一个"别无他意"，(13) 中原因句和原因句之间插入了一个"不是说亲戚，亲戚自是碍法"。前两个插入语均表示对原因句的强调，其含义是没有别的原因，就是这个原因，后一个插入语是对"平日与自家有恩意往来"的补充说明。这种插入语不是因果句的固有部分，只是一种动态的变化，不妨碍我们对整个因果句的分析。

① 例子中加括号的地方均为因果句之外的部分。

第三节　研究语料

从理论上说，只要是近代汉语中的白话文献，都可以用作本书的研究语料。但由于时间和精力的限制，我们只选取主干部分四个断代口语性较强、因果句较丰富的八部文献进行全面调查。这八部文献所用的工作本版本校勘情况如下：

一、晚唐五代。晚唐五代所用的语料是黄征、张涌泉的《敦煌变文校注》（中华书局 1997 年版）以及孙昌武、衣川贤次、西口芳男点校的《祖堂集》（中华书局 2007 年版）。黄、张两位先生的《敦煌变文校注》是在《敦煌变文集》的基础上加以修订而成的。王重民、王庆菽、向达、周一良、启功、曾毅公六位学者曾于 1957 年合编了《敦煌变文集》，该书根据国内外公私收藏的 187 个写本详加校勘，整理出变文作品 78 篇，黄、张两位先生剔除了其中的《下女夫词》、《秋吟》、《搜神记》、《孝子传》四种非变文的作品，又把本应属于《维摩经押座文》一部分的 P2121《维摩诘经讲经文》一种并回前者，把本应独立的 S2440《解座文》一种从《三身押座文》中独立为一种，另外又新增了十二种，共 86 种。这 86 种变文作品均据《敦煌变文集》、相关辑录以及敦煌写本原卷精校精注而成，是目前关于敦煌变文的最佳校注本。孙昌武、衣川贤次、西口芳男三位学者点校的《祖堂集》是以日本禅文化研究所基本典籍丛刊本为底本，以韩国东国大学 1976 年出版并收入《高丽大藏经补遗》第四十五卷的一个影印本为主要参校本，还参考了其他一些已经出版的点校本和相关的学术研究成果，在点校的质量上堪称上乘。

二、宋代。宋代所用的语料是王星贤点校的《朱子语类》（中华书局1986 年版）以及刘坚、蒋绍愚主编的《近代汉语语法资料汇编（宋代卷)》（商务印书馆 1992 年版）中的《三朝北盟会编》。王星贤点校的《朱子语类》是以清光绪庚辰年贺麟瑞校刻本（即刘氏传经堂本，简称贺本）为底本的，参校本有明成化九年陈炜刻本（简称陈本）、清康熙间吕留良天盖楼刻本（简称吕本）、清同治壬申年应元书院刻本（简称院本），点校精当。由于《朱子语类》的容量较大（共 140 卷），在使用时只取前29 卷和后 44 卷。刘、蒋两位先生主编的《近代汉语语法资料汇编（宋代卷)》收有《三朝北盟会编》中的六篇《燕云奉使录》、《茅斋自叙》、

《靖康城下奉使录》、《靖康大金山西军前和议录》、《绍兴甲寅通和录》、《采石战胜录》，以光绪三十四年许涵度校勘本（简称许本）为底本，以光绪四年袁祖安活字本（简称袁本）、北京大学图书馆所藏旧抄本（简称旧抄本）、四库全书本（简称四库本）为参校本，点校精当。

三、元代。元代所用的语料是《新刊大宋宣和遗事》（中国古典文学出版社 1954 年版）以及《新编五代史平话》（中国古典文学出版社 1954 年版）。中国古典文学出版社的《新刊大宋宣和遗事》是以涵芬楼在 1915 年排印的"金陵王氏洛川校正重刊"本为底本加以校点的，而《新编五代史平话》则是以武进董氏诵芬室在 1911 年影刊的一个影刊本为底本而加以校点的。

四、明代。明代所用的语料是人民文学出版社校点的《水浒传》（人民文学出版社 1975 年版）以及戴鸿森校点的《金瓶梅词话》（人民文学出版社 1985 年版）。人民文学出版社的《水浒传》是以容与堂刻本为底本，以容与堂刻本的两种残本、天都外臣序本、杨定见序本为参校本精心点校而成，它是一个百回本。学术界普遍认为，只有百回本可能是水浒故事定型成书的最早本子，也是最接近原书面貌的本子。戴氏的《金瓶梅词话》是以 1957 年文学古籍刊行社的重印本为底本的，难以辨识和缺失的地方据日本大安株式会社 1963 年同版别部书的影印本复真和配补，在校核正文部分的时候参校了明崇祯《新刻绣像批评金瓶梅》、清康熙刻张竹坡评第一奇书《金瓶梅》，以及明容与堂刻本《水浒传》第二十三至二十六回，在校核词曲部分小令、散套的时候参校了《盛世新声》、《词林摘艳》、《雍熙乐府》等，在校核戏曲的时候参校了《古本戏曲丛刊》所收明代刻本，校点精当。全书删去了秽亵描写共 19174 字。《水浒传》成书前其中的一些故事早就在民间流传，全书的语言可能反映不同的时代层次，所以不能看作是处于一个时代平面上的，而《金瓶梅词话》由于是中国第一部文人独立创作的白话长篇章回体小说，没有经过一个世代积累的过程，所以在语言上就显得更为纯粹些①。

---

①　沈德符《万历野获编》对当时的《金瓶梅词话》有如下评述："然原本实少五十三回至五十七回，遍觅不得。有陋儒补以入刻，无论肤浅鄙俚，时作吴语，即前后血脉亦绝不贯串，一见知其赝作矣。"沈氏认为全书第五十三回至第五十七回是他人补入，非出自作者之笔，其根据是"无论肤浅鄙俚，时作吴语，即前后血脉亦绝不贯串"，但这只能看作是沈氏一家之言，而非定论；况且即使是他人补入，也可看作是明代语料，所以本书对此不加区别，将这五回一律看成是《金瓶梅词话》一百回中的固有部分。

　　上面所选的八部文献均是各个断代有代表性的文献，平均每个断代两部，本书对近代汉语因果句的研究主要就是建立在这些文献上的。这八部文献未必能反映整个近代汉语的全貌，但至少可以反映其大致面貌。近代汉语的研究下推至现代汉语是十分必要的，而现代汉语的起讫时间一般认为是从五四运动至今，那么从清代中后期至五四运动的这一段时间就可看作是从近代汉语至现代汉语的过渡阶段。对清代至"五四"前的汉语和现代汉语的研究也需要一定的语料①，前者可选用《红楼梦》（前八十回）、《醒世姻缘传》、《歧路灯》、《儒林外史》、《聊斋俚曲集》、《儿女英雄传》以及四大谴责小说等，后者可选用北京大学 CCL 语料库中的例句。例句中没有注明出处的绝大多数选自该语料库，少部分为自造。

　　在语料的选取上可能会遇到一些问题。每个断代靠两部文献未必能反映其全貌，如由于所选语料的限制，有些因果连词在某些断代未在表 1 中反映出来（即在表 2 中呈空格状态）。以"既然"为例，在宋、元两代都是空格，但却是有用例的：

　　（1）既然入舍深村里，这农务终朝合演习。（《刘知远诸宫调·知远走慕家庄沙陀村入舍》）
　　（2）既然他谨谨相邀，我与你亲身便往。（《元刊杂剧三十种·关大王单刀会》）

　　（1）是宋代用例，（2）是元代用例。所以前面列出的从晚唐五代至明代的那八部文献也只是主要语料，在研究中如有需要可随时添加新的文献，总之根据具体的研究需要进行抉择。再就是八部文献的口语性强弱程度不尽一致，对调查的数据有一定影响。后面会说到，在晚唐五代，"为"的出现次数占到所有表因连词出现次数总和的 25.25%，宋代是 14.4%，元代是 25.58%，明代是 7.18%，在清初的《醒世姻缘传》中，"为"的出现次数还能占到所有表因连词出现次数总和的 3.26%，到了《红楼梦》（前八十回）中，"为"的出现次数仅占所有表因连词出现次数总和的 0.61%，到了清中后期的《儿女英雄传》中，就再也见不到一

_____

　　①　这部分语料肯定不会作全面描写，而是根据需要有选择性地描写，或直接引用已有的成果。

个"为"了。总的来看，是一个递减的趋势，但从晚唐五代到宋代再到元代，"为"的出现次数经历了一个下降再上升的过程。这是一种不正常的现象，并非语言发展的客观事实，而是受口语性强弱程度影响所致。《朱子语类》文言性较其他七部文献强，这直接导致了口语性较强的"为"在所占比例上的下降。后面也会说到，在晚唐五代，"故"的出现次数占到所有表果连词出现次数总和的42.11%，宋代是59.22%，元代是48.25%，明代是4.66%，在清初的《醒世姻缘传》中，"故"的出现次数还能占到所有表果连词出现次数总和的3.51%，到了清中后期的《儿女英雄传》中，就再也见不到一个"故"了。总的来看，是一个递减的趋势，但从晚唐五代到宋代再到元代，"故"的出现次数经历了一个下降再上升的过程。这再一次证明了《朱子语类》有一定的文言性①，造成了文言性较强的"故"在所占比例上的上升。不过也要看到，尽管对调查的数据有一定影响，但整个演变趋势还是很清楚的，所以问题不是很大。

第四节　研究综述

历史性的研究，包括对某一专著中因果连词和相关句式的研究，专著有殷国光（1997/2008）、白兆麟（2003）、冯春田（2003）、钱宗武（2004）、吴福祥（2004a、2004b）、姚振武（2005）、刁晏斌（2007）、曹炜（2009、2011a、2011b）、曹广顺、梁银峰、龙国富（2011）、李崇兴、祖生利（2011）等，论文有胡竹安（1987）、王森（1990）、祝敏彻（1991）等；对某一或某几个断代因果连词和相关句式的研究，专著有太田辰夫（1958/2003）、祝敏彻（1996）、俞光中、植田均（1999）、杨伯峻、何乐士（2001）、张玉金（2004）、席嘉（2010）、袁雪梅（2010）等，论文有刘永耕（1986）、董治国（1990）等；对因果连词形成和发展的研究，专著有王力（1989/2005）、董秀芳（2002/2011）、席嘉（2010）等，论文有郭锡良（1998）、曹小云（2001）、汪维辉（2002）、肖奚强、王灿龙（2006）、王慧兰（2007）、徐丹（2007）、邢福义、姚双云

---

① 蒋绍愚（2005）也提到了由于出自不同学生的记录，《朱子语类》文白差异很明显。

（2007）、李小军（2009）、孙书杰（2010）等。上述论著主要讨论了以下两个问题，一是特定的专书和断代有哪些因果连词和句式，如何描写这些因果连词和句式；二是因果连词的语法化和词汇化历程是怎样的，在使用过程中又出现了哪些新的特点。相关论述对本书的写作有重要的参考价值，这里我们只介绍对表果连词"所以₁"形成和发展的研究。

先看形成方面。王力（1958/1980）指出，"所以"原先是表示"……的原因"的凝固结构，可以出现在如下句子中：

（1）既不能强，又不能弱，所以毙也。（《左传》僖公七年）
（2）岁云秋矣，我落其实而取其材，所以克也。（《左传》僖公十五年）

两句中的"所以"很像表果连词，但实际上仍是短语。只有在出现于句首并后接SVP且SVP后的"也"字脱落的情形下才由凝固结构真正变为了连词，他举的是唐代的例子：

（3）坐看清流沙，所以子奉使。（杜甫诗）
后来他（王力1989/2005）又将形成时间提前到了晋代：
（4）韩起不欲令郑求他人，子大叔拜以答之，所以晋郑终善。（左传昭公十六年杜预注）

王力先生定的这个标准有其用意：出现于句首和主语前是连词的典型位置，且位于主语前和句尾无"也"是为了保证"所以 + 结果句"只能理解成分句，而不能理解成判断句的谓语或所字结构，因为先秦判断句的谓语后多以"也"煞尾，且所字结构中一般无主语。

根据上述标准，不断有学者将"所以"变为连词的时间向前提。如王锳（1993）认为是在西汉，见于《黄帝内经》，举的是如下一例：

（5）忧患缘其内，苦形伤其外，又失四时之从，逆寒暑之宜，贼风数至，虚夕朝夕，内至五藏骨髓，外伤空窍肌肤，所以小病必甚，大病必死。（《素问·移精变气论》）

此例虽然符合出现于句首并后接 SVP 且 SVP 后的"也"字脱落这个标准，但由于《黄帝内经》经后人改动较多，所以不宜将其看作西汉时期的文献（王魁伟，1993）。陈秀兰（1998）认为是在汉魏之际，见于汉魏佛经：

（6）于后一时，有一土蚤来到虱边，问言："汝云何身体肌肉肥盛?"虱言："我所依主人常修禅定，教我饮食时节，我如法饮食故，所以身体鲜肥。"（东汉失译《大方便佛报恩经》卷四）

（7）汝等当知，骄慢之结，多诸过谷，无所利益，所以众生不成道果，无不由此。（三国吴支谦译《菩萨本缘经》卷下）

陈文的说法是可信的。汉魏佛经口语性程度要高于同时期的中土文献，因而完全有可能出现连词"所以₁"，这也是目前依照王力先生的标准所能找到的最早的例证。

也有学者提出了其他判定方法。朱城（2000）认为王力先生的标准不可靠，理由是第一，被各家认可的无异义的连词"所以₁"并不一定全置于句首且后接 SVP，相反，相应的主语可不出现，或置于"所以₁"之前；先秦的某些表果连词如"是以"、"是故"等，都可以出现在主语后，所以将出现于句首且位于主语之前作为标准是不妥当的。第二，句末语气词"也"脱落不能作为必要条件，因为"也"是表肯定确认的语气词，多用于结果句末对结果予以确认。即使在比较典型的"所以₁"作表果连词的句子里，语气词"也"仍可出现。何况先秦的某些表果连词如"是以"、"是故"等，所接的结果句末都可以有"也"。接着朱文提出了自己的判定方法：一是用于表结果的分句中，具有"是以"、"因此"等语法意义，二是并非构成所字结构。根据这样的标准，可把连词"所以₁"产生的年代定在先秦：

（8）勤恤其民，而与之劳逸，是以民不罢劳，死知不旷。吾先大夫子常易之，所以败我也。（《左传·哀公元年》）

（9）行理之命无月不至，贡之无艺，小国有阙，所以得罪也。（《左传·昭公十三年》）

宋绍年、李晓琪（1991）所采用的判定方法与朱文类似，未采用王力先生的标准。文中举了以下两例进行说明：

（10）去顺效逆，所以速祸也。（《左传·隐公三年》）

（11）歧路之中又有歧焉，吾不知所之，所以反也。（《列子·说符》）

（10）是在论断一种现象（速祸）产生的原因，并非在叙述一个已经发生事件的始末，因而全句是判断句，"所以速祸也"充当判断句的谓语，是个所字结构。而（11）则不然，全句是在回答问话"奚亡之"，是用叙述追羊过程的方式来回答问题，而不是在论断"反"的原因，因而全句是叙述句。此时"所以"用来连接表示结果的分句，是个连词。也就是说，连词"所以₁"的最早用例可以追溯到先秦：

（12）夫是之谓奸人之雄。圣王起，所以先诛也，然后盗贼次之。（《荀子·非相》）

到了魏晋，这样的例子多了一些，因此宋文认定表果连词"所以₁"最晚在魏晋已经产生，并且还提到在连词"所以₁"产生后的一段时间里，连接的结果句末的"也"脱落了，结果句句型也从 VP 扩展到了 SVP。

由此可见，不同的标准会导致不同的结论。上述两种判断方法正代表了宽严两种标准，若从宽，便可看作是产生于先秦；若从严，便可看作是产生于汉魏之际。但不管是哪一种，都有一定的合理性，因为语法化和词汇化研究的不确定性很高，不能证实，只能推测，因此具有一定的弹性。本书采取从严的观点。

再看发展方面。魏达纯（1998）对连词"所以₁"在中古和近代汉语六本古籍中的分布进行了考察，得出如下结论：连词"所以₁"的普遍使用是在唐宋时期，至于它的最后定型（即"因为"与"所以₁"搭配的固定形式）是在现代汉语中。但汪维辉（2002）在调查了新的语料后认为连词"所以₁"的普遍使用是在南北朝，迟至 8 世纪上半叶便使用得非常成熟了，口语中很少再像先秦那样用。汪文还认为连词"所以₁"的最后定型也是在 8 世纪上半叶，因为此时已较多地出现了表因连词与之搭配的情形，而最后定型并不一定非要同"因为"呼应。我们同意汪文的看法。另外据曹小云（2001），"因为 p，所以₁q"产生于明代①，举的例子是：

　　（13）因为与两家有亲，所以知道。（《初刻拍案惊奇》卷十）
　　（14）因为赞礼时节，在傍高声"请茶"、"请酒"，多是他口里说的，所以如此称呼。（《二刻拍案惊奇》卷二十五）

　　曹文认为这种句式产生之初较少见，直到清代末年才得到了较为普遍的运用。曹文的观点是正确的。顺便补充一下，《死生交范张鸡黍》中有如下一例：因为王韬赖了我万言长策，所以不能为官。这一例出现在《元曲选》的宾白部分，因此只能看成是明代的，不能看成是元代的。

　　相比之下，现代汉语方面的研究对本书更具参考价值，如专著有吕叔湘（1944/1982）、黄章恺（1994）、汪国胜（1994）、张斌（1998）、邢福义（2001）、徐阳春（2002）、邢福义、刘培玉、曾常年等（2004）、贺阳（2008）、姚双云、邢福义（2008）、朱斌、伍依兰（2009）等，论文有邢福义（2002）、沈家煊（2003、2009）、赵新（2003）、李晋霞、刘云（2004）、郭继懋（2004、2006、2008）、储泽祥、陶伏平（2008）、肖奚强、王灿龙（2008）、方梅（2012）等。下面简要介绍其中有代表性的四篇：

　　汪国胜（1994）对推断因果句的推论形式作了分类。汪文认为一般说来，在"既然 p，就 q"中，往往隐含着一个句外的假言大前提，这个大前提与小前提 p 相结合就可以推出结论。大前提的形式有很多种，可以是假言判断，如在"他既然得了肺炎，那他就一定发烧"中是"如果得了肺炎，就会发烧"，即"（假言判断）既然 p，就 q"；可以是选言判断，如在"既然不是干部，那他就是群众"中是"他要么是干部，要么是群众"，即"（选言判断）既然 p，就 q"；还可以是直言判断，如在"'着想'既然能在'为谁 x 过'这类格式中 x 位置上出现，它当然就是动词"

---

　　①　p 表示原因，q 表示结果。

中是"能在'为谁 x 过'这类格式中 x 位置上出现的词是动词",即
"(直言判断)既然 p,就 q"。这个隐含的大前提可以在周围语境出现,
但更多的时候是不出现。有时"既然 p,就 q"还可隐含小前提,此时的
大前提是 p。如在"既然海员都会游泳,那他肯定也会游泳"中,隐含的
小前提是"他是海员",即"既然 p,(直言判断)就 q"。这个隐含的小
前提可以在周围语境出现,但更多的时候是不出现。有时还有可能根本就
没有大前提,因为此时是一个直接推理,如"既然助词是不能受副词修
饰的,那么,能受副词修饰的就不是助词",即"既然 p,就 q"。

　　沈家煊(2003)对因果关系的分类作了探讨。沈文认为因果关系存
在三个域——行域、知域和言域,如"张刚回来了,因为他还爱小丽"
一句,说明的是一种事理上的因果关系,即张刚还爱小丽是他回来的原
因。事理是行为的准则,所以这里的"因为"属于行域。又如"张刚还
爱小丽,因为他回来了"一句,不是说张刚还爱小丽的原因是因为他回
来了,只是表明说话人知道张刚回来了,而这正是说话人推出张刚还爱小
丽这一结论的原因,这是一种推理上的因果关系,所以这里的"因为"
属于知域;再如"晚上还开会吗?因为礼堂里有电影"一句,意思是我
问你晚上还开不开会是因为礼堂里有电影,原因句是说明做出询问这一言
语行为的原因,所以这里的"因为"属于言域。三域在语法上有差异:
行域可以在两个分句间加一"是"字使复句变为单句,但知域和言域却
不能这么变,如"张刚回来了,因为他还爱小丽"可变为"张刚回来了
是因为他还爱小丽",但"张刚还爱小丽,因为他回来了"则不能变为
"张刚还爱小丽是因为他回来了","晚上还开会吗?因为礼堂里有电影"
也不能变为"晚上还开会吗是因为礼堂里有电影"。总之,行域中的小句
是句法语义单位,知域中的小句是逻辑推理单位(前提和结论),言域中
的小句则是言语行为单位(请求、提问等)。

　　郭继懋(2004)着重论述了 p 与"因为 p"之间的差异。第一,p 可
以单独说,如"甲:他们一天到晚都没事儿做。乙:所以就有时间想法
子捣乱",也可以连同"所以 q"一起说,而"因为 p"则不能单独说,
只能连同"所以 q"一起说。就"p,所以 q"而言,不论是两个人还是
一个人说,在说 p 时都是把它作为一个独立的表述而不是原因来对待的,
只不过是在说完 p 后又想起来要说"所以 q",仅在此时才把 p 看作原因
的。就"因为 p,所以 q"而言,在说 p 时就已经把它看作原因了。

第二，p 适合表达新闻价值高即可预知度低的事情，如"我详详细细地为我的妻子想一想：她跟了我已经四五年，我俩在一起不算不快乐，即使她的快乐是假装的，她真喜爱的人大概也不会是黑子这个人吧？他也是手艺人，身份一点不比我高，他不比我阔，不比我漂亮，不比我年轻；那么她贪图的是什么呢？想不出来。所以，我不能信大家的话，他们是多虑了"，而"因为 p"则不适合表达这样的事情。

第三，"因为 p"可取消 p 独立表述的功能，使之与上下文结合得更为和谐。如在"我静静地站在桥头，俯视着桥下，流水是这样黄浊而稍带深红色，有高坡，所以水流得特别急，也特别大。这红水似乎象征着战士们的鲜血，那咆哮的急流声，象征着当年战士们冲锋杀敌的呐喊……"中，"有高坡"与上下文文意不太和谐，但如果前面加上"因为"后使之变成"所以水流得特别急，也特别大"一句的原因，整段文字就显得更加顺畅了。

第四，蒙后省在"因为 p"中比在 p 中更自然。如"因为自信心更高了，所以他的气度比以前更大方些，而且不像以前那么忧郁了"说起来很自然，但若去掉"因为"，说起来则比较别扭。

第五，表示新信息时 p 和"因为 p"都可以使用，但表示上文刚说过的已知信息时使用"因为 p"更合适。如"她已经瘦了很多，黑了很多。因为瘦，所以她的大眼睛显着更大了；有时候，大得可怕"一句，将瘦前的"因为"去掉，全句就不可接受。

第六，"因为 p"中的 p 可以体词化，如"因为他的拖延，我们的项目没有能够按时完成"，或代词化，如"我们的友情因为这个又恢复了"，或直接为体词，如"因为钱，他又辍学了"，而 p 则不行。

第七，"因为 p"前如果出现某些加强或限制的词语，那么此时这里的"因为"有时就不可以省，否则就会在理解上产生偏误。如将"是不是因为札兰屯在内蒙古，所以才把五分美说成十分呢"中的"因为"省去，那么"是不是因为札兰屯在内蒙古"就会被理解成"是不是札兰屯在内蒙古"，而二者的意思是截然不同的。

储泽祥、陶伏平（2008）对现代汉语因果复句的关联标记模式进行了探索。文中认为其一，汉语因果复句的关联标记模式可以分为三类，即居中粘接式，如"距离很远，所以他的话根本听不清楚"；居端依赖式，如"因为距离很远，他的话根本听不清楚"；以及前后配套式，如"因为距离很远，所以他的话根本听不清楚"。按照关联标记越多连接作用就越强，关联标记搭配使用的连接作用比关联标记单独使用要强，居中比居端（前端或末端）的连接作用要强的原则，在连接作用强弱上有前后配套式＞居中粘接式＞居端依赖式。

其二，通过语言类型学的比较发现，其他一些语言因果复句的关联标记模式不外乎这三种。虽不是每种语言都具备这三种，但每种语言一定总有一种关联标记位于因句与果句之间，并且排斥只有居端依赖式而无其他模式的情形，而居端依赖式恰恰是关联标记不居中的模式，这就足以说明因果复句的关联标记居中倾向明显具有跨语言的共性。

其三，Dik 曾提出了一个"联系项居中原则"，即"联系项的优先位置为：在两个被联系成分之间；如果联系项位于某个被联系成分上，则它会在该被联系成分的边缘位置"。据此可以得出一个"因果复句关联标记居中原则"，即因果复句关联标记的优先位置为：在原因句与结果句之间，如"距离很远，所以他的话根本听不清楚"；如果关联标记位于原因句或结果句之上，则它会在原因句或结果句的边缘位置（前端或末端），如"因为没有学生，县教育科派人到各村动员"；或在原因句或结果句结构核心的边缘位置，如"他的话引得大家都笑了，室内的空气因此轻松了很多"。

上述四文的论述未必完全合理，但从中可以看见，现代汉语的研究虽不同于近代汉语，但其方法、思路以及结论对后者却有较大的帮助。其中方法、思路可为后者所借鉴和检验，结论可为将近代汉语的研究下推至现代汉语提供一定的基础。

吴福祥（2005a：486）指出："汉语历史语法研究的最终目的是要通过汉语语法演变的描写，揭示汉语语法演变的机制、动因和规律；所以汉语历史语法研究最终还是应该以语法演变的研究为重点。"总的来看，当前近代汉语语法的研究非常火热，相应的成果也非常丰富，但作为其中一个重要组成部分的近代汉语因果句的研究却非常薄弱（当然上古汉语和中古汉语也是如此），并非以系统的语法演变研究为重点，而基本上是限于简单的描写和零碎的语法化、词汇化研究，除此之外一些有价值的问题，不管是共时还是历时，要么是不曾涉及，或是虽有所涉及，但不够深入。也就是说，过于注重描写而轻解释，过于注重因果连词语法化、词汇化的研究而忽视了对因果句自身句法和语义上诸多方面的探索，以致前者的成果较多，而后者的成果却寥寥无几。重描写而轻解释只会让研究停留在表面而无法深入，无法发现大量新的事实，无法提出相应的解决方案，更无法总结规律进而上升为理论。因果连词语法化与词汇化的研究就其自身来看固然有其重要意义，但就因果句的历史研究这个有机整体来看，则只能是从属性的，是为因果句自身句法和语义上诸多方面的探索服务的，应居于次要地位。相比之下，现代汉语因果句在描写、解释以及规律的总结上都取得了许多重要成果，显得既有深度又有广度。有鉴于此，发现新问题，解决新问题，运用新的方法、思路以得出可靠的结论就成了当务之急，这是本书的一个着力点。本书另一个着力点是进行全面系统的考察。尽管因果句的重要性已为大家所知，但以汉语因果句为专门论述对象的专著却非常罕见①，更多的则是零碎的研究。这就导致了"只见树木，不见森林"，不利于我们对全局的把握，因而有必要进行全面系统的考察。综上所述，本书将兼顾描写和解释，兼顾语法化、词汇化和因果句自身句法语义上的诸多方面，力求做到四者的有机结合。

---

①　迄今为止笔者见到的只有一种，即肖任飞（2010）。肖文偏重于探讨从语义、句法等角度对因果复句按照其使用频率的高低进行分级或有序的排位这样一个问题，并非对因果句本体的语义句法进行全面系统的研究。

第一章　近代汉语中的因果连词

第一节　因果连词从近代到现代的范围

所谓因果连词，即能连接前后两项，且能独立、纯粹地标示两项原因或结果的属性以表达二者之间因果关系的一类不充当句子成分的虚词，如"因为"、"所以₁"等。这个定义中"独立、纯粹地标示两项原因或结果的属性以表达二者之间因果关系"以及"不充当句子成分"两个条件足以将其与因果标记中的其他成员区别开来。前面说过，因果标记是能够标示原因和结果的一类词语，包括词和超词形式。就词而言，有"为什摩"、"怎的"等疑问代词，"因为"、"所以₁"等因果连词，"于是"、"则"等承接连词，"就"、"又₁"等关联副词。"于是"、"则"等承接连词虽然不充当句子成分，但只能表达两项之间有时间上先后相承的关系，而不能独立、纯粹地标示两项原因或结果的属性，"就"、"又₁"等关联副词和"为什摩"、"怎的"等疑问代词可以充当状语。由此看来，这些词虽是因果标记，但与因果连词的差距还是比较明显的。

根据定义，确定因果连词可依据如下三条标准：其一，能连接前后两项，并能独立、纯粹地标示两项原因或结果的属性；其二，不能真正受别的成分修饰，且不充当句子成分，去掉并不影响句子的成立；其三，如果是双音节或三音节，内部结合要有一定的紧密性。根据这三条标准，通过对八部文献及其他白话文献的考察，我们确定近代汉语因果连词主要有以下49种：表因连词有"既"、"为"、"缘"、"因₁"、"以"、"既然"、"由"、"缘为"、"为缘"、"因为"、"缘是"、"为因"、"缘以"、"为是"、"惟其"、"因是₁"、"不因"、"因着"、"由于"、"为的是"20种，表果连词有"故"、"那"、"所以₁"、"因此"、"是故"、"是以"、"因兹"、"致令"、"致使"、"为此"、"以此"、"因而"、"故而"、"缘兹"、"故此"、"所以₂"、"之所以"、"可见"、"以至"、"以是"、"是用"、"为之"、"缘此"、"以故"、"以致"、"以至于"、"因是₂"、"由是"、"由此"29种。① 凡是不符合这三条标准中任一条的便不是因果连词。

如据冯春田（2000），从宋代开始，介词"被"有表示原因的用法：

（1）太史公书项籍垓下之败，实被韩信布得阵好，是以一败而竟毙。（《朱子语类》卷一百三十五）

（2）本朝韩、范、张、魏公诸人，他只是一个秀才，于这般事也不大段会。只是被他忠义正当，故做得恁地。（《朱子语类》卷一百三十三）

这种用法一直持续到明代，清代开始逐渐消亡：

（3）宋江道："观察久等，却被村里有个亲戚，在下处说些家务，因此耽搁了些。"（《水浒传》第十八回）

（4）那时俺便要杀这两个撮鸟，却被客店里人多，恐防救了。（《水浒传》第九回）

---

① "所以₁"与"所以₂"均是表果连词，但前者用于由因及果句中，后者用于由果溯因句中，相当于"之所以"：

（a）外道说不生不灭，将生止灭，灭犹不灭；我说不生不灭，本自无生，今亦无灭，所以不同外道。（《祖堂集·惠能和尚》）

（b）使人所以留滞，别无他意，但为等候左元帅相见，当面议定，方得遣回。（《三朝北盟会编·绍兴甲寅通和录》）

（a）是"所以₁"，（b）是"所以₂"。"因是₁"是表因连词，相当于"因为"；"因是₂"是表果连词，相当于"因此"：

（c）因是宋公明生发背疮在寨中，又调兵遣将，多忙少闲，不曾见得。（《水浒传》第六十七回）

（d）正撞见侯健这个兄弟出来食饭，因是得知备细。（《水浒传》第四十一回）

（c）是"因是₁"，（d）是"因是₂"。

　　但介词"被"表原因仅仅是一种倾向而已，并不能看成是真正的表因连词，因为这种表因用法是不纯粹的，它仍保留着一定的某人承受某种影响的意义。（1）是项籍承受了"韩信布得阵好"的影响，（2）是本朝韩、范、张、魏公诸人承受了"忠义正当"的影响，（3）是宋江承受了"村里有个亲戚，在下处说些家务"的影响，（4）是"俺"承受了"客店里人多"的影响。所以上述四例中的"被"只能看作是一种兼表原因的特殊被动介词，是在引进施事基础上的一种用法扩展，不能看作表因连词。

　　再如"致"与"致得"在近代汉语中可用在有因果关系的两项间，看上去很像表果连词：

　　（5）其妻房氏席卷家资改嫁后夫，致九岁一子，流离道路。（《二刻拍案惊奇》卷十三）

　　（6）只缘其初欲速苟简，致得费力如此。（《朱子语类》卷一百二十一）

　　但实际上都是动词，因为它们与其后的宾语构成的述宾结构可受副词修饰：

　　（7）一家良善，没甚过活，互相埋怨，必致鬻身卖子。（《醒世恒言》卷十八）

　　（8）为着成心上边，硬断一事，屈了一个下贱妇人，反致得他名闻天子，四海称扬，得了个好结果。（《二刻拍案惊奇》卷十二）

　　（7）中的"致"与其后的宾语"鬻身卖子"构成的述宾结构"致鬻身卖子"受语气副词"必"修饰，（8）中的"致得"与其后的宾语"他名闻天子……得了个好结果"构成的述宾结构"致得他名闻天子……得了个好结果"受语气副词"反"修饰。但"致使"、"以致"只能看成表果连词，而不能看成动词，原因就在于二者不与其后成分发生任何句法上的关系，也不受任何成分修饰。这里的"致"相当于"使"，"致得"相当于"使得"。

另外，单音节的"既"、"为"、"缘"、"因₁"、"以"、"由"、"故"、"那"是因果连词，一般不会有什么疑问。但剩下的41个均是双音节和三音节，这就存在一个内部结合是否紧密的问题。如果认为结合得比较紧密，则可看作一个词；如果认为结合得不够紧密，则应看作一个结构。其中一些成员沿用到了现代汉语中，如"因为"、"由于"等，说它们在近代汉语中是词，应该不会有什么问题。但另一些成员如"为因"、"缘兹"等，由于没有沿用到现代汉语中，所以在结合的紧密程度上人们有不同的看法，有人把它们看作词，有人把它们看作结构。这里我们采取宽松的原则，将其一律视为因果连词，主要基于以下几点考虑：第一，词和结构之间的界限是很难划定的，至今没有一个非常明确的标准，因此把标准放宽一些是可以的。第二，由于语料的数量、自身内容以及口语性强弱等因素的影响，某些因果连词的出现频率现在看起来可能比较低，但并不意味着在当时的实际运用中出现频率就一定低。也就是说，在当时的实际运用中可能就已凝合为一个词。第三，鉴于以上两点，既然某些形式是公认的确定无疑的因果连词，那么由同类方式构成的其他形式自然也就可看成因果连词了。如"因为"毫无疑问是由两个单音节表因连词复合而成的双音节表因连词，所以由两个单音节表因连词复合而成的"缘为"、"为缘"、"为因"、"缘以"等也都可看作双音节表因连词；"所以₁"、"因此"毫无疑问是由介宾结构（原因介词＋指代原因的词）复合而成的双音节表果连词，因而由介宾结构（原因介词＋指代原因的代词）复合而成的"因兹"、"缘兹"、"缘此"、"因是₂"、"以故"、"由是"、"由此"等也都可看作双音节表果连词。第四，41个双音节和三音节形式均符合确定因果连词的第一、二条标准，可以说已经具有了一定的凝固性。

当然，有的双音或三音形式由于内部结合得比较松散，是不能当一个词看的，如席嘉（2010）提到的表果连词"故乃"。"故乃"至多看成是一个跨层结构，是表果连词"故"和紧接其后的时间副词"乃"的结合，相当于现代汉语中的"所以就"。现代汉语中"所以就"并不是一个词，况且从先秦到现代，也从未有一个"表果连词＋时间副词"的构式被公认是经历了一个词汇化过程凝合成了词，所以"故乃"不能看作表果连词。另外，对于添加词缀形成的因果连词要做具体分析。如果是单音因果连词添加词缀构成的形式，如"为是"、"故而"①，则承认它是一个新的因果连词；如果是双音因果连词添加词缀构成的形式，如"因此上"、"以此上"以及"致令的"，则认为其内部凝合程度还不够高，还未到成词的地步，仍当作"因此"、"以此"以及"致令"处理，因为三音节毕竟属于超音步，比属于标准音步的双音节成词难度要大得多，所以我们对三音节因果连词的数量进行了严格控制，认为仅有"之所以"、"以至于"以及"为的是"3个。这三个词有着较高的凝固性，其整体意义并不等于内部语素义的简单相加，而是形成了新的意义。

据吕叔湘（1980/1999），现代汉语因果连词有"以至"、"以至于"、"以致"、"可见"、"由于"、"因₁"、"因为"、"因而"、"因此"、"所以₁"、"既"、"既然"、"那么"13个。我们同意吕先生的看法，但加上了另外十分常见的五个表果连词"所以₂"、"之所以"、"致使"、"为此"、"那"，这样现代汉语因果连词就有了"既"、"因₁"、"既然"、"因为"、"由于"、"所以₁"、"之所以"、"所以₂"、"因此"、"致使"、"为此"、"因而"、"可见"、"以至"、"以致"、"以至于"、"那"、"那么"18个。这里所说的现代汉语，指的是现代汉语口语，以及在口语基础上形成的书面语，不包括存古部分。通过以上论述，同时参考现有的研究成果，我们可以得出因果连词从近代到现代的范围，详见表2。

表2　　　　　　　　　　　因果连词从近代到现代的范围②

	晚唐五代	宋代	元代	明代	清代	现代
表因连词	既202 39.69%	既281 32.15%	既21 16.54%	既439 35.81%	既512 36.78%	存在
	为129 25.34%	为126 14.42%	为33 25.98%	为88 7.18%	为5 0.36%	消失
	缘122 23.97%	缘209 23.91%	缘6 4.72%	缘3 0.24%	（缘）	消失
	因20 3.93%	因76 8.70%	因44 34.65%	因451 36.79%	因785 56.39%	存在

---

① "尔（而）"既可作副词后缀，如"俄尔（而）"、"偶尔"等（王云路，2010），又可以作连词后缀。

② 表中的数据从晚唐五代到明代都是本人亲自调查，清代的数据依据的是张秋梅（2009）、刘伟（2011）分别对《儿女英雄传》、《红楼梦》前八十回的调查。

	晚唐五代	宋代	元代	明代	清代	现代
表因连词	以 11 2.16%	以 113 12.93%	以 20 15.75%	以 1 0.08%	以 1 0.07%	消失
	既然 7 1.38%	（既然）	（既然）	既然 121 9.87%	既然 23 1.65%	存在
	由 6 1.18%	由 5 0.57%	由 3 2.36%	由 1 0.08%	（由）	消失
	缘为 3 0.59%	缘为 1 0.11%				消失
	为缘 3 0.59%	（为缘）	（为缘）	为缘 2 0.16%		消失
	因为 2 0.39%	因为 1 0.11%	（因为）	因为 53 4.32%	因为 62 4.45%	存在
	缘是 1 0.20%	缘是 28 3.20%	（缘是）	（缘是）	（缘是）	消失
	为因 1 0.20%	（为因）	（为因）	为因 29 2.37%	（为因）	消失
	缘以 1 0.20%					消失
	为是 1 0.20%	为是 5 0.57%	（为是）	为是 24 1.96%	（为是）	消失
	（惟其）	惟其 29 3.32%	（惟其）	（惟其）	（惟其）	消失
		（因是）	（因是）	因是 $_1$ 7 0.57%	（因是）	消失
			（不因）	不因 5 0.41%	（不因）	消失
				因着 2 0.16%	（因着）	消失
	（由于）	（由于）	（由于）	（由于）	由于 4 0.29%	存在
					（为的是）	消失
表果连词	故 216 41.78%	故 1362 59.17%	故 56 41.48%	故 30 4.78%	故 134 14.02%	消失
	所以 $_1$ 164 31.72%	所以 $_1$ 750 32.58%	所以 $_1$ 12 8.89%	所以 $_1$ 25 3.99%	所以 $_1$ 428 44.77%	存在
	因此 45 8.70%	因此 9 0.39%	因此 10 7.41%	因此 377 60.13%	因此 260 27.20%	存在
	是故 37 7.16%	是故 2 0.09%	是故 1 0.74%	（是故）	（是故）	消失
	是以 16 3.09%	是以 30 1.30%	是以 1 0.74%	是以 3 0.48%	（是以）	消失

	晚唐五代	宋代	元代	明代	清代	现代
表果连词	因兹 12 2.32%	（因兹）	（因兹）	（因兹）	（因兹）	消失
	致令 7 1.35%	致令 1 0.04%	致令 1 0.74%	致令 3 0.48%	（致令）	消失
	致使 5 0.97%	（致使）	（致使）	致使 7 1.12%	致使 6 0.63%	存在
	为此 5 0.97%	（为此）	为此 5 3.70%	为此 3 0.48%	（为此）	存在
	以此 3 0.58%	以此 19 0.83%	以此 8 5.93%	以此 122 19.46%	（以此）	消失
	由是 3 0.58%	由是 1 0.04%	由是 15 11.11%	由是 3 0.48%	（由是）	消失
	由此 1 0.19%	（由此）	由此 5 3.70%	（由此）	（由此）	消失
	故而 1 0.19%	（故而）	（故而）	（故而）	（故而）	消失
	缘兹 1 0.19%	（缘兹）				消失
	故此 1 0.19%	（故此）	（故此）	故此 10 1.59%	故此 26 2.72%	消失
	（所以$_2$）	所以$_2$69 3.00%	（所以$_2$）	（所以$_2$）	（所以$_2$）	存在
	（之所以）	之所以 17 0.74%	（之所以）	（之所以）	之所以 4 0.42%	存在
	（可见）	可见 17 0.74%	可见 1 0.74%	可见 1 0.16%	可见 43 4.50%	存在
	（为之）	为之 6 0.26%	为之 12 8.89%	为之 4 0.64%	（为之）	消失
	（以至）	以至 4 0.17%	（以至）	以至 1 0.16%	以至 6 0.63%	存在
	（缘此）	缘此 3 0.13%	缘此 4 2.96%	（缘此）	（缘此）	消失
	（以至于）	以至于 3 0.13%	以至于 2 1.48%	（以至于）	（以至于）	存在
	（以故）	以故 2 0.09%	（以故）	（以故）	（以故）	消失
	（以是）	以是 2 0.09%	（以是）	（以是）	（以是）	消失
	（以致）	以致 2 0.09%	以致 2 1.48%	以致 29 4.63%	以致 17 1.78%	存在
	（因是）	因是$_2$2 0.09%	（因是）	因是$_2$1 0.16%	（因是）	消失

续表

	晚唐五代	宋代	元代	明代	清代	现代
表果连词	（是用）	是用1 0.04%	（是用）	（是用）	（是用）	消失
				因而8 1.28%	因而32 3.35%	存在
					（那）	存在
					（那么）	存在
总计	表因连词14个，共出现509次；表果连词15个，共出现517次	表因连词11个，共出现874次；表果连词20个，共出现2302次	表因连词6个，共出现127次；表果连词15个，共出现135次	表因连词14个，共出现1226次；表果连词16个，共出现627次	表因连词7个，共出现1392次；表果连词10个，共出现956次	表因连词5个，表果连词13个

表中因果连词后的数字是该因果连词出现的次数，次数下的百分比是某一断代中某一表因连词或表果连词的出现次数占这人断代的表因连词或表果连词出现总次数的百分比。有空格的地方表明在这八部文献中相应的因果连词没有出现，包括两种情形，一是当时这个因果连词还没有产生，如据张俊阁（2011），"那"产生于清代初期，"那么"产生于清中后期，自然在晚唐五代、宋代、明代都不会出现，于是就都留下了空格，"因而"、"因着"、"不因"、"为的是"也是如此。二是当时这个因果连词已经消失，如"缘为"、"为缘"、"缘以"、"缘兹"。表中有的因果连词加了括号，表明某断代有这因果连词，但因为使用频率比较低，所以在调查的文献中没有出现。以"既然"为例，在宋、元两代有用例，但却没在所选的文献中出现：

（1）既然入舍深村里，这农务终朝合演习。（《刘知远诸官调·知远走慕家庄沙陀村入舍》）

（2）既然他谨谨相邀，我与你亲身便往。（《元刊杂剧三十种·关大王单刀会》）

（1）是宋代用例，（2）是元代用例。

第二节　易与因果连词混淆的一些虚词

近代汉语中有一些常见的虚词属其他词类，却与因果连词十分接近，很容易混淆，这里讨论一下原因介词以及"不争"。

一　原因介词

原因介词和表因连词从本质上来说，都是连接原因的，并且往往是同形的，有一定的相似性，故而对于二者的关系，向来众说纷纭。有一种看法认为表因连词应归入原因介词中。如在马建忠（1898/1983）的语法系统中，只有联合复句的地位而没有偏正复句的地位，偏正复句的偏句被看成状读，所以连接原因从句的表因连词就应归入原因介词中，从而在整个语法系统中取消了表因连词。但马氏做得并不彻底，有时仍然认为存在表因之连字。后来金兆梓（1922/1983：54）继承了马氏的这种看法，但做得更加彻底，他说："第五须声明的，就是介词联词，和向来讲文法的所谓介词联词不同。向来所谓介词是单表字与字的主从关系的，联词是表句与句连接的关系包括主从衡分的，而且又包括字与字衡分关系。这里所列为介词，不论介字或介句，只要是表主从的关系，都叫他介词。例如，《孟子》'杀人以梃与刃'的'以'是介词，就是介句的如《史记·魏公子列传》'赵王之所为客辄以报臣'的'以'字亦列入介词。联句的如'泉甘而土肥'（《送李愿归盘谷序》）的'而'字是联词，联字的如《左传》'美而艳'的'而'字亦是联词。所以我这里的介词联词是主从连合与衡分连合的区别，不是字与句的分别；因为在复句中的子句，其作用不过等于简句中一个单字。"宋绍年（2004）进一步说明了连词和介词的本质差别：连词是位于同一组合的两个直接成分之间的，所连接的两项主要是平列关系，也有一些是修饰关系，而介词的功能是构成介宾结构，把宾语引介给句法核心，介宾结构与句法核心之间只能是修饰关系。上述三位学者的看法都是有道理的，原因介词引介的是引起某种结果的原因，表因连词标示的也是引起某种结果的原因，并且位置上也很相近，从这个意义上说，确实可以把表因连词归到原因介词中去。但正如下面所说，表因连词与原因介词在句法上也有一定的差异，如果认为这些差异足够大，那么不妨将二者分开；如果认为这些差异是次要的，相同之处是主要的，那么当然也可以将表因连词并到原因介词中，这是可以选择的。我们则倾向于前者，将二者分开。

　　原因介词和表因连词在句法上有以下七点不同：一是原因介词多接体词性成分，表因连词只接谓词性成分。原因介词多接体词性成分符合介词的一般特点。二是原因介词可接谓词性成分，但不多见。即使接，一般也是比较简单的，因为越简单越容易实现自指，而表因连词所接的谓词性成分多是复杂的，简单的则较少见。从中可以看出，原因介词所接的谓词性成分一定是自指的，而表因连词所接的谓词性成分一定是陈述的。原因介词接谓词性成分是从接体词性成分发展而来的，带着体词性成分的一些特点，其中最典型的就是自指。三是原因介词一般没有与之搭配的时间副词或表果连词，而表因连词则常与这两类词搭配。被介词引介的原因是题元，是结果的一个附属成分，只是对结果进行语义上的补充，所以谈不上什么搭配。① 四是原因介词除标示原因外，还有引介的作用，与引介的原因构成介宾结构修饰结果，而表因连词只是起个标示原因的作用。从句法和语义上看，表因连词较原因介词更加虚化，前者大多不能省，省去后整个句子是非法的，而后者多可以省，省去后整个句子合法。五是原因介词引介的原因与结果之间多无语音上的停顿，而表因连词标示的原因与结果之间总有语音上的停顿：

　　　　（1）恐因山后坏却。（《三朝北盟会编·茅斋自叙》）
　　　　（2）因国王相我知七日身亡，遂归父母家。（《敦煌变文·欢喜国王缘》）

　　（1）中的"因"是原因介词，引介的原因"山后"与结果"坏却"之间没有停顿；（2）中的"因"是表因连词，标示的原因"国王相我知

---

　　① 也有少数例外：

　　　　（a）因白沟之衄遂已。（《三朝北盟会编·茅斋自叙》）（b）盖因奸从夫捕之条，所以为之不惮。（《元典章·刑部》）

　　　　（a）是原因介词"因"与时间副词"遂"搭配，（b）是原因介词"因"与表果连词"所以₁"搭配，产生这种现象的根本原因还是原因介词和表因连词在表义上的共通性。正由于这种共通性，表因连词的某些特殊用法如搭配才会被类推到原因介词上来。

七日身亡"与结果"遂归父母家"之间有停顿。这是由二、四两点造成的。六是与原因介词引介的原因相对的结果多是 VP，SVP 较少见，而与表因连词标示的原因相对的结果则 VP、SVP 均很常见。原因介词与引介的原因构成的介宾结构是状语，而状语的典型位置是在 VP 前；表因连词标示的原因和与之相对的结果是小句，小句由 VP 或 SVP 构成都很常见。七是原因介词用得不如表因连词普遍。原因介词引介的是体词性成分或自指的谓词性成分，一般都比较简单，而原因更加适合用复杂的谓词性成分表达，所以在表达能力上不如表因连词标示的谓词性成分。由于词类是词在语法上的类别，在给词分类时既要考虑语义也要考虑语法，所以尽管原因介词和表因连词在语义上有共通性，但在语法上有上述七种区别，我们还是倾向将二者分开。

据宋绍年（2004），汉语中原因介词和表因连词的概念均是来自印欧语，印欧语中二者往往区分得较为清楚：

(3) The town is famous for its cathedral.

(4) I couldn't speak for laughing.

(5) We listened eargely, for he bought news of our families. ①

英语中，for 既可是原因介词，也可是表因连词，但二者区分得很清楚，不会发生混淆，这是因为原因介词 for 引介的只是体词性成分，如(3)，或谓词性成分的自指形式即动名词，如（4），而表因连词 for 标示的只是谓词性成分的陈述形式，如（5）。既然英语中原因介词和表因连词是可以区分的，那么我们就可以参照英语来试着在汉语中划分二者。相比之下就汉语而言，如果接的是体词性成分，那么对"为"、"缘"等既有原因介词用法又有表因连词用法的词来说，就一定是原因介词而非表因连词；对"既"、"既然"等只有表因连词用法而无原因介词用法的词来说②，就一定是表因连词而非原因介词，这是比较好判断的。但如果接的是谓词性成分，那么是原因介词还是表因连词就不易区分，因为在汉语中

---

① (3) — (5) 三例选自霍恩比 (2000/2004)。

② "既"、"既然"接体词性成分一般是指示代词，如"如此"、"这样"。

二者是同形的，而且大多没有像英语中动名词 – ing 之类的形态标记①，所以很难分清是自指还是陈述：

(6) 因元帅行军，被差前去。(《三朝北盟会编·绍兴甲寅通和录》)

(7) 因卿有诗，姻家自应相见。(《大宋宣和遗事》元集)

(6)、(7) 中的 "因" 所接的 "元帅行军" 和 "卿有诗" 没有形态上的区别，很难严格确定是自指还是陈述，所以不好判定是原因介词还是表因连词。但在这一点上，我们可以从别的角度进行大致的判定。

先看如下两例：

(8) 恐或因怒而妄刑人。(《朱子语类》卷七十九)

(9) 因病疽而死。(《大宋宣和遗事》元集)

(8) 中的原因介词是 "因"，引介的谓词性原因是 "怒"，构成的介宾结构 "因怒" 和结果 "妄刑人" 之间用 "而" 连接，没有停顿；(9) 中的原因介词是 "因"，引介的谓词性原因是 "病疽"，构成的介宾结构 "因病疽" 和结果 "死" 之间用 "而" 连接，没有停顿。不管是 "怒" 还是 "病疽"，均是有标记的自指，标记是 "而"，因此二者是确定无疑的原因介词引介谓词性原因的例子。我们以此为标准可得出一个结论，即如果原因介词引介的是谓词性成分，那么所构成的介宾结构与结果之间大多无语音上的停顿，一是因为引介的谓词性原因是结果的一个题元，是结果的一个附属成分，所以二者之间结合得比较紧密；二是因为在谓词性成分越是结构简单就越容易实现自指的情形下，原因介词所引介的

_____

① 　如果有自指标记，则很容易判定是原因介词：

(c) 因情之发露，而后性之本然者可得而见。(《朱子语类》卷五十三)

由于有自指标记 "之"，所以 "情之发露" 是自指的谓词性成分，"因" 自然是原因介词。

谓词性原因多结构简单，长度较短，因此不需要有停顿。所以如果所接的谓词性成分与结果之间没有语音上的停顿，那么这个谓词性成分就可以看成是自指，其前的因标就可以看作原因介词；如果有的话，那么这个谓词性成分就可以看成是陈述，其前的因标就可以看作表因连词：

（10）却为牛疫死且回。（《三朝北盟会编·燕云奉使录》）

（11）为不得褒姒言笑，千方百计取媚他。（《大宋宣和遗事》元集）

（12）只因河东郑从谠与他有隙，所以不来。（《五代史平话·唐史平话》）

（10）中的结果"且回"与原因"牛疫死"之间没有停顿，所以前面的"为"是原因介词；（11）中的结果"千方百计取媚他"与原因"不得褒姒言笑"之间有停顿，所以前面的"为"是表因连词；（12）中的结果"不来"与原因"河东郑从谠与他有隙"之间有停顿，所以前面的"因"是表因连词。综上所述，确定谓词性成分前因标性质的方式就是看谓词性成分与结果之间有没有语音上的停顿，有则是表因连词，无则是原因介词，这种方式是与原因介词和表因连词之差别中的第五种相对应的。

当然，由于靠的不是形态变化，上述方式有着一定的局限性，对谓词性成分前因标性质的确定也只是大致而非精确的，因为对停顿的判断是大致而非精确的。古书虽然没有标点，但其中一定存在着停顿，只不过我们无从知晓罢了。今人所加的标点只是对这些停顿的一种推测，究竟是否与古相合，则很难说。一个句子是否有停顿，有时较易判断，有时则较难判断：

（13）为恐公婆怪责，欲假皇帝金杯归家与公婆为照。（《大宋宣和遗事》亨集）

（14）当初是李冰因开离堆有功，立庙。（《朱子语类》卷三）

（15）却为牛疫死且回。（《三朝北盟会编·燕云奉使录》）

（13）中"为恐公婆怪责"和"欲假皇帝金杯归家与公婆为照"之

间应有一个停顿，这是比较好判断的，因为原因和结果都较长。但若原因和结果有一方较短，那么二者之间是否有停顿就不好判断了。如（14）"当初是李冰因开离堆有功"和"立庙"之间以及（15）"却为牛疫死"和"且回"之间是否有停顿，则是模棱两可的，可以认为有停顿，也可以认为没有停顿。也就是说标成"当初是李冰因开离堆有功，立庙"或"当初是李冰因开离堆有功立庙"以及"却为牛疫死，且回"或"却为牛疫死且回"都是可行的。由此可见，汉语中对表因连词和原因介词的区分只能是大致的，无法做到非常彻底，其原因就在于汉语缺乏相应的形态变化，无法严格地判定谓词性成分前究竟是原因介词还是表因连词。

前面所说的都是原因介词的典型用法，即"原因介词 pq"，此时原因介词前置，但还有非典型的用法，即"q，原因介词 p"，前者是由因及果，后者是由果溯因：

（16）所以《或问》中有始终条理之别也，良为此尔。（《朱子语类》卷十七）

（17）所以虽为变《风》，而继《二南》之后者以此。（《朱子语类》卷八十一）

上面两句中的"为"、"以"均是原因介词。同"因标 p，q"一样，"q，因标 p"也面临着如何确定是原因介词还是表因连词的问题。如果 p 是体词性成分，如（16）、（17），则无疑是原因介词，但如果 p 是谓词性成分，情况就有些复杂了。

如果陈述性的谓词性成分 p 与 q 之间有停顿，则因标是表因连词：

（18）犬吠其主，为傍有客。（《敦煌变文·孔子项讬相问书》）

（19）今日反不去，自然是因为昨儿气着了。（《红楼梦》第二十九回）

（20）美国劳动界之所以能争得享受天然土地的权利，是因为美国的民治主义发展得最早。（张慰慈《美国劳动运动及组织》）

（18）、（19）、（20）是由果溯因句，本质上是把（11）、（12）这样的由因及果句的原因句和结果句颠倒位置，所以其中的"为"、"因为"也是表因连词。需要注意的是，（19）、（20）"为"、"因为"前的"是"为焦点标记，标记原因句"昨儿气着了"和"美国的民治主义发展得最早"为焦点。

现代汉语中有一种"这是因为 p"句，其中 p 是谓词性成分：

（21）（合欢花有朝开晚闭的习性，）这是因为它的花叶柄基部关节处的细胞对光和热的反应十分灵敏。

（22）（百岁兰生长在干旱的沙漠地区，却能长年生长巨大的叶片，）这是因为它有很深而发达的根，能吸收到地下水。

这里的"因为"是表因连词。"这是因为 p"显然是一个判断句，形成于现代汉语初期①，其中"这"是主语，"是"是系词，p 是宾语：

（23）（人口调查这一桩事，现在各国都是要办的；但不是年年去办，至少也要隔十年才办一次；）这是因为人口调查，不但要费许多金钱，并且还要用许多人员，才能办得到呢。（马寅初《计算人口的数学》）

（24）（但是也有农产少的国家，人口反倒增加的。例如英国出产的谷类不足养活本国的人口，但是现往借着轮船铁路交通的便利，得从谷物丰饶的地方运来供给他们增加的人口。）这是因为英国工业发达，可以用他们的制造品，换外国的农产物品，补本国农产的不足。（陶孟和《贫穷与人口问题》）

"这是因为 p"不见于近代汉语，只见于现代汉语初期，印欧语尤其是英语的影响起了一定作用。英语中常有"this is because p"句式，译为

---

① 《儿女英雄传》第十七回有如下一例："原来这是因为他是替死者磕头，不但不敢答，并且不敢受"，看上去像是"这是因为 p"句式，但实际上是下文所说的"这是因为 p，q"句式，其中 p 是"他是替死者磕头"，q 是"不但不敢答，并且不敢受"，而这种"这是因为 p，q"句式是古已有之的。

汉语即"这是因为"①：

（25）This is because each packet must be copied and processed at least twice by all the communications layers.

（26）This is because our market economy is still too young.

由于 because 是表因连词，所以这里的"因为"也是表因连词。值得注意的是，这种语境里的"因为"虽是表因连词，但体现出的却是非典型用法，与典型用法还是有差别的：其一，典型表因连词常与一些特定的词搭配，而这里的"因为"不能与任何词搭配；其二，典型表因连词标示的原因和结果一样，是句法地位相等的小句，而这里的"因为"标示的原因是宾语，相应的结果则是主语②；其三，典型表因连词标示的原因与结果之间一般有语音上的停顿，而这里的"因为"标示的原因与结果之间没有停顿。

---

① 现代汉语中还有一种"q 的原因是因为 p"句式：

（d）迫使旅鼠大迁移的原因，是因为食物短缺。（e）去年非典造成人们恐慌的原因是因为人类对它知之甚少。

也是受英语的影响产生的，是对"the reason q is because p"的翻译和模仿：

（f）The reason it's in green is because when you put the unit down, you want your eyes to remain dilated so you can see in dim light.

（g）The reason I know this and you don't is because I'm younger and pure so I'm more in touch with cosmic forces.

由于 because 是表因连词，所以这里的"因为"也是表因连词。此句式还有两种变体：

（h）其原因是因为他足够优秀。

（i）究其原因是因为他们没有观众熟习的自己的代表剧目，没有塑造出令人难忘的艺术形象。

② 这种判断结果产生的原因的判断句也可以不加"因为"，如"我没去开会是我没时间了"，此时主语和宾语体现得更加明显。当然更常见的是加"因为"，如"我没去开会是因为我没时间了"。

　　"这是因为 p"中的"这"虽是主语，但由于是复指其前不远处的结果 q①，如（21）是复指"合欢花有朝开晚闭的习性"，（22）是复指"百岁兰生长在干旱的沙漠地区，却能长年生长巨大的叶片"，整个句子就是"q，这是因为 p"，在语义上大致相当于"q，因为 p"，所以"这"就一定程度地虚化了。一旦发生了这种虚化，那么"这是因为 p"就倾向于被理解为"是因为 p"，使得一个判断句倾向于被理解为一个原因句，显得有些不完整，所以考虑到句子的自足性，有时最后加上了一个相应的结果，构成"这是因为 p，q"。这种句式形成后，在语义上大致等于"因为 p，q"，"这"连复指的机会也没有了，所以就虚化得更厉害了，有点类似英语中的形式主语。这种现象在现代汉语中很普遍：

　　（27）（大部分鱼都睡觉，但它们的眼睛是睁开的。）这是因为鱼没有眼睑，所以就闭不上眼睛。

　　（28）（他竭尽全力找寻的，是一个健全人的全部正常感觉。）这是因为他曾经健全过，所以当他失去后，便格外看重那失去的美好。

　　（27）加上了"所以就闭不上眼睛"，（28）加上了"所以当他失去后，便格外看重那失去的美好"，都是为了使整个句子看起来更加自足。于是（27）中"这是因为鱼没有眼睑，所以就闭不上眼睛"可看成"因为鱼没有眼睑，所以就闭不上眼睛"，（28）中"这是因为他曾经健全过……便格外看重那失去的美好"可看成"因为他曾经健全过……便格外看重那失去的美好"，"因为"均是表因连词。类似的情形早在先秦就出现了，近代汉语沿用：

　　（29）（夫柤、梨、桔、柚、果、蓏之属，实熟则剥，剥则辱，大枝折，小枝泄。）此以其能苦其生者也，故不终其天年而中道夭。

---

①　还可以直接用 q 代替"这"，构成"q 是因为 p"：

　　（j）欧洲汽车工业协会决定在北京开设代表处是因为现在中国是世界上发展最快的汽车市场，对欧洲汽车工业战略的影响日益增加。

　　（k）选择姓郑是因为我崇拜郑成功。

（《庄子·人间世》）

（30）（后世之论，皆以圣人之事有所为而然。《周礼》纤悉委曲去处，却以圣人有邀誉于天下之意，大段鄙俚。）此皆缘本领见处低了，所以发出议论如此。（《朱子语类》卷一百三十）

（29）中"此以其能苦其生者也，故不终其天年而中道夭"可看成"以其能苦其生者也，故不终其天年而中道夭"，"以"是原因介词，"其能苦其生者"等于说"柤、梨、桔、柚、果、蓏之属之能苦其生者"，是用连词"之"将陈述性的判断句"柤、梨、桔、柚、果、蓏之属能苦其生者"给自指化了，来充当"以"的宾语。（30）中"此皆缘本领见处低了，所以发出议论如此"可看成"皆缘本领见处低了，所以发出议论如此"，"缘"是表因连词。

"这是因为 p"中的"因为"是表因连词，其根本原因在于是对"this is because p"的翻译和模仿，由于 because 是表因连词，"因为"自然应看作表因连词。但其他一些近代汉语中固有并非翻译和模仿的因果判断句则有不同的分析，如"q，以 p"、"q，因 p"、"q，缘 p"、"q，为 p"：

（31）小儿读书记得，大人多记不得者，只为小儿心专。（《朱子语类》卷十）

（32）后世之所以不如古人者，以道义功利关不透耳。（《朱子语类》卷一百三十七）

（33）沤因风击。（《祖堂集·落浦和尚》）

（34）鸿鹤能鸣者缘咽项长。（《敦煌变文·孔子项托相问书》）

（35）这病症都只为火炎肝腑，土虚木旺，虚血妄行。（《金瓶梅词话》第五十五回）

上述四种因果判断句来源于先秦表因果关系的判断句"q，p"：

（36）良庖岁更刀，割也。（《庄子·养生主》）

（37）民之多幸，国之不幸也。（《左传·宣公十六年》）

"q，p" 的原因和结果可以是谓词性成分，如（36）中的"良庖岁更刀"与"割"、（37）中的"民之多幸"与"国之不幸"。但判断句前项和后项为谓词性成分显然是由判断句前项和后项为体词性成分发展来的，带着后者的一些特点，其中最典型的就是谓词性成分须以自指的形式出现。可以是无标记自指，如（36）；也可以是有标记自指，如（37）。此处原因句前没有因标，如果加上了因标"以"、"因"、"缘"、"为"，就成了"q，以 p"、"q，因 p"、"q，缘 p"、"q，为 p"。既然充当判断句前项和后项的谓词性成分必须是自指，那么 p 就是自指的，其前所加的因标自然就是原因介词了。也就是说，在判断句"q，p"中，如果 p 前有因标，那么一定是原因介词。

通过以上论述可知，当原因出现在结果前时，区分原因介词和表因连词的标准如下：若原因是体词性成分或有自指标记的谓词性成分，不管原因和结果间有没有停顿，因标都是原因介词；若原因是无自指标记的谓词性成分，那么原因和结果间若无停顿，因标是原因介词；若有停顿，因标是表因连词。当原因出现在结果后时，区分的标准如下：若原因是体词性成分，不管原因和结果间有没有停顿，因标都是原因介词；若原因是无自指标记的谓词性成分，并且充当判断句的判断项，是通过翻译模仿得来的，不是汉语中固有的，不管原因和结果间有没有停顿，因标都是表因连词；若原因是无自指标记的谓词性成分，并且充当判断句的判断项，是汉语中固有的，不是通过翻译模仿得来的，不管原因和结果间有没有停顿，因标都是原因介词；若原因是无自指标记的谓词性成分，并且充当因果句的原因项，因标则是表因连词。

原因介词和表因连词在语义上虽然都是标示原因的，但也有一定差异，即如果原因介词引介的原因是一个体词性成分，那么这个体词性成分有时呈现的是一种简化的原因，这种简化体现在两方面，一是截取完整原因的一部分：

（38）如张令徽、刘舜仁之徒，因张觉皆觖望。（《三朝北盟会编·茅斋自叙》）

（39）如雪山童子因半偈已舍身。（《敦煌变文·妙法莲华经讲经文》）

（40）只因父亲把那钱分付小人去纳粮，在卧龙桥上被五个后生厮合掷骰，一齐输了；被知远厮打一顿，夺得这钱回来。又行至灌口二郎庙里，又撞着六个在那献台上赌博，知远又将这钱去入头共赌，不数搬又被那六个秀才赢了。既无钱纳粮，又不敢回家。打听得太原府见奉圣旨招军，遇晚店家不肯容受单身无行止人宿泊，未免投奔使庄，权借门台上一宿。（《五代史平话·汉史平话》）

（38）中原因"张觉"截取的是完整原因"张觉为本朝所杀"中的主语，（39）中原因"半偈"截取的是完整原因"闻半偈"中的宾语。如果完整原因过于复杂，此类截取就行不通了。如（40）的完整原因是"父亲把那钱分付小人去纳粮……遇晚店家不肯容受单身无行止人宿泊"，它很难被截取成一个简单的体词性成分。

二是用指代性成分回指上文出现过的原因：

（41）缘此金国举兵。（《三朝北盟会编·靖康城下奉使录》）
（42）然终以人口未足移文往来事辨论久之未决。（《三朝北盟会编·燕云奉使录》）

（41）是用指示代词"此"指代前文"国家违盟，纳受归朝官，及赐平州张觉杀金贼之诏"一事，（42）是用有指示意味的体词性成分"人口未足移文往来事"指代前文"'指摘誓草云'五字不当用，及'常年'二字，及'除去''后面''叠道'五句，便令退换誓书。更为所取人口未足，未许过界"一事。当然，有时呈现的就是完整的原因，但往往要出现原因介词与原因名词构成的框架结构，相当于"因为……的缘故"：

（43）为自设誓已，不违愿故，遂判四子摈于他方。（《祖堂集·释迦牟尼佛》）
（44）卿本词臣，不当遣，以卿谙军事故也。（《三朝北盟会编·采石战胜录》）

（43）中"自设誓已，不违愿故"和（44）中"卿谙军事故"都是体词性成分，分别充当原因介词"为"、"以"的宾语，同时"为"、

"以"和原因名词"故"又构成了"为……故"、"以……故"等框架结构作为原因标记，标记相应的原因"自设誓已，不违愿"和"卿谙军事"。

近代汉语中的20个表因连词除"既"、"既然"、"惟其"、"为的是"、"为是"、"因是₁"、"缘为"外，剩下13个均有同形的原因介词的用法。如"由是成瑕翳"（《祖堂集·报慈和尚》）、"为缘不孝堕深坑"（《敦煌变文·父母恩重经讲经文》）、"当初因为你起来"（《金瓶梅词话》第二十一回）、"富公一向畏事，只是要看经念佛，缘是小人在傍故耳"（《朱子语类》卷一百二十九）、"芳兰只为因香折"（《全宋诗》卷二）、"缘以天一宫名，其《三一》不可传"（《云笈七签》卷六十四）、"不因此等，有分教：大闹中原，纵横海内。直教农夫背上添心号，渔父舟中插认旗"（《水浒传》第七回）、"因着这的每，俺商量来：若不严切禁治呵，贼人每，日渐的多去也"（《元典章·刑部》）、"一则由于《易》之'原始要终'之训，一则由于孟子好辨之答，故有是名"（《七修类稿》卷二十九）。可见在说明表因连词中，除了少数成员，大多数成员均有同形的原因介词用法，而推断表因连词则一律没有，这是因为"既"、"既然"并非由原因介词演变而来的，而说明表因连词多是由原因介词直接或间接演变而来的。①

二　"不争"

一般认为"不争"有表因连词的用法，但这实际上是一个误解，这

---

① "为"、"缘"、"因₁"、"以"、"由"是由原因介词直接发展来的，自然有与之同形的原因介词。"缘为"、"为缘"、"因为"、"为因"、"缘以"是由"为"、"缘"、"因₁"、"以"相互组合而成，"缘是"、"不因"、"因着"是以"缘"、"因₁"为核心加后缀"是"、前缀"不"、后缀"着"而成，都可以看成是从原因介词间接发展来的。既然"为"、"缘"、"因₁"、"以"有与之同形的原因介词，那么由它们相互组合而成的"缘为"、"为缘"、"因为"、"为因"、"缘以"以及以它们为核心加后缀"是"、前缀"不"、后缀"着"而成的"缘是"、"不因"、"因着"自然也有与之同形的原因介词。"由于"不是从原因介词发展来的，但也产生了与之同形的原因介词的用法，这是受到了其他身兼原因介词与表因连词二义于一形的成员的影响。表因连词"由于"产生于魏晋，当时没有与之同形的原因介词，但当时存在"为"、"缘"、"因₁"、"以"等身兼原因介词与表因连词二义于一形的成员，受其影响，最终在明代出现了与之同形的原因介词"由于"。因果连词形成的具体情形见第四章第一节的相关论述。

里就来做一个较为深入的分析。

元明两代白话文献中盛行"不争"一词，有"不争辩"、"不差"、"不用说"、"不要紧"等义：

（45）妇人更不争多寡，将缆拴在傍水的桩上，笑嘻嘻径入庄屋里去了。（《西游记》第五十三回）

（46）我有钱也不争这一文，今日未曾发市。（《三遂平妖传》第九回）

（47）刚才说了许多辛苦，不争这一些羊肉，就牛也该宰几个请你。（《金瓶梅词话》第五十六回）

（48）卖一桶与你不争，只是被他们说的不好。又没碗瓢舀吃。（《水浒传》第十六回）

（49）不争你杀了他楚使命，则被你送了我也汉随何！（《汉高皇濯足气英布》第一折）

（50）不争俺弃却周天子，永别离老弟兄，交谁忧念四海生灵。（《辅成王周公摄政》第一折）

（45）是"不争辩"义，（46）是"不差"义，（47）是"不用说"义，（48）是"不要紧"义，但更为常见的则是（49）、（50）这种在元代产生的新用法。这种新用法的特点是"不争"一律用在句首，后面紧接一个复杂的 VP 或 SVP，且其意义不能用"不争竞、不争辩"、"不差"、"不用说"、"不要紧"来解释。这种新用法的"不争"虽有不少学者注意到，但对它意义的阐释却难以令人赞同。下面我们就利用确凿的证据来详细论述它的真正含义。

由于新用法的"不争"在元代的使用频率较高，且含义比较隐晦，早就引起了人们的注意，不少论著和词典均对它进行了释义，但都存在着问题。下面以其中的《诗词曲语辞汇释》、《汉语大词典》、《元语言词典》、《宋元语言词典》、《近代汉语大词典》、《宋金元明清曲辞通释》、《戏曲词语汇释》、《百例"不争"辨确义》为例来说明，具体情形详见表3。

表3　　　　　　　　　　8 种论著和词典对"不争"的释义

	不该	不仅	不料	只因为	不要紧	姑且不论	差一点儿	如果	若非
《诗词曲语辞汇释》				√	√	√		√	
《汉语大词典》		√		√				√	
《元语言词典》	√			√			√	√	
《宋元语言词典》	√			√				√	
《近代汉语大词典》			√					√	
《宋金元明清曲辞通释》	√	√	√			√		√	√
《戏曲词语汇释》	√			√				√	
《百例"不争"辨确义》	√								

　　以上 8 种论著和词典对元代产生的这种"不争"的解释共有 9 个义项:"不该"、"不仅"、"不料"、"只因为"、"不要紧"、"姑且不论"、"差一点儿"、"如果"、"若非",与本文所认定的一种意义相去甚远,但这 9 个义项都是靠不住的。这 9 个义项虽然在特定的例子中可以讲得通,但不具备普遍性,其中任何一个义项都不能普遍地适用于所有的"不争"句,是典型的随文释义:

　　(51) 不争你杀了他楚使命,则被你送了我也汉随何!(《汉高皇濯足气英布》第一折)
　　(52) 不争这楚天臣明道破,却把你个汉随何谎对脱。(同上)
　　(53) 不争你劈手夺银,显得我也惨,他也羞,你也狠。(《公孙汗衫记》第一折)
　　(54) 不争背母抛爷,却须违条碍法。(《公孙汗衫记》第二折)
　　(55) 不争你个晋文公烈火把功臣尽,枉惹得万万载朝廷议论。(《晋文公火烧介子推》第四折)
　　(56) 不争三二千虎豹离窝峪,情取那四十万豺狼卧道途。(《诸葛亮博望烧屯》第二折)
　　(57) 不争你救驾擎王,后来入庙升堂,仗着青龙刀安社稷,凭着赤兔马定家邦。(《诸葛亮博望烧屯》第三折)

　　以上各例中,"不仅"能解释(57),"姑且不论"、"差一点儿"、

"若非"、"如果"一个也不能解释，"不该"能解释（51）、（53）——（55），"不料"、"不要紧"、"只因为"能解释（51）——（55）。

由上可见，已有的九个义项中并无任何一个能够普遍地适用于所有的"不争"句，因而有随文释义之嫌，"不争"的意义需要作新的解释。我们认为，上述新用法的"不争"是作语气副词用，表示对现实语境中或假设语境中已然事件的确定和强调，近似于"确实"、"真的"。这个结论是可信的，原因有三：一是它可以完美解释所有新用法的"不争"，二是它的来源可以得到清晰的说明，三是它多出现于 SVP 前也可以得到合理的解释，下面分别加以论述。

上文说过，"不争"为语气副词，表示对现实语境中或假设语境中已然事件的确定和强调，近似于"确实"、"真的"：

（58）不争你拽金环呀地把门关上，闷煞人也瞎大王。（《泰华山陈抟高卧》第四折）

（59）知我着忙，不争如此颠狂。（同上）

（60）不争你杀了他楚使命，则被你送了我也汉随何！（《汉高皇濯足气英布》第一折）

（61）不争这楚天臣明道破，却把你个汉随何谎对脱。（同上）

（62）不争汉中王这一遍无行径，单注着刘天下争十年不太平！（《汉高皇濯足气英布》第二折）

（63）不争你话儿亲。自评自论，这一交直是狠，亏折了难正本。（《诈妮子调风月》第一折）

（64）不争你劈手夺银，显得我也惨，他也羞，你也狠。（《公孙汗衫记》第一折）

（65）不争背母抛爷，却须违条碍法。（《公孙汗衫记》第二折）

（66）不争你个晋文公烈火把功臣尽，枉惹得万万载朝廷议论。（《晋文公火烧介子推》第四折）

（67）不争咱粮又催税又催，那其间敢赶不收麦不熟，枉併的他一家家逃走，岂不怕笞杖徒流。（《霍光鬼谏》第三折）

（68）不争你动起刀枪，天下慌慌，正应道龙斗鱼伤。（《严子陵垂钓七里滩》第一折）

（69）不争你恋着个石季伦千钟富，怎发付陶朱公一叶舟。（《陈

季卿悟道竹叶舟》第三折)

（70）不争三二千虎豹离窝峪，情取那四十万豺狼卧道途。（《诸葛亮博望烧屯》第二折)

（71）不争你救驾擎王，后来入庙升堂，仗着青龙刀安社稷，凭着赤兔马定家邦。（《诸葛亮博望烧屯》第三折)

（72）不争随顺了妖娆，闷着头自想念不合神道。（《张千替杀妻》第三折)

（73）不争玉楼巢翡翠，便是锦幄闭鸾凰。（《李太白贬夜郎》第一折)

（74）这三朝，恰定交，不争咱一日错翻为一世错。（《关大王单刀会》第一折)

上述 17 例中"不争"均为语气副词，其辖域也各不相同。（58）中"你搜金环呀地把门关上"是现实语境中已然的事件，其前的"不争"是对它的确定和强调，等于说"你确实搜金环呀地把门关上"；（59）中"如此颠狂"是现实语境中已然的事件，其前的"不争"是对它的确定和强调，等于说"确实如此颠狂"。剩下的 15 例也可做类似分析，详见表 4。

表4 　　　　　　　（60）—（74）中"不争"的释义

原句	"不争"取"确实"义时的理解
不争你杀了他楚使命	你确实杀了他楚使命
不争这楚天臣明道破	这楚天臣确实明道破
不争汉中王这一遍无行径	汉中王这一遍确实无行径
不争你话儿亲	你确实话儿亲
不争你劈手夺银	你确实劈手夺银
不争背母抛爷	确实背母抛爷
不争你个晋文公烈火把功臣尽	你个晋文公确实烈火把功臣尽
不争咱粮又催税又催	咱确实粮又催税又催
不争你动起刀枪	你确实动起刀枪
不争你恋着个石季伦千钟富	你确实恋着个石季伦千钟富
不争三二千虎豹离窝峪，情取那四十万豺狼卧道途	三二千虎豹确实离窝峪，情取那四十万豺狼卧道途
不争你救驾擎王，后来入庙升堂，仗着青龙刀安社稷，凭着赤兔马定家邦	你确实救驾擎王，后来入庙升堂，仗着青龙刀安社稷，凭着赤兔马定家邦

原句	"不争"取"确实"义时的理解
不争随顺了妖娆	确实随顺了妖娆
不争玉楼巢翡翠	玉楼确实巢翡翠
不争咱一日错翻为一世错	咱确实一日错翻为一世错

假设语境的用法如下：

（75）不争你举哀声，敢把咱全家诛杀。（《晋文公火烧介子推》第三折）

（76）不争剖开亡父新丘冢，不交人唾骂微臣业骨头，勋业都休。（《霍光鬼谏》第三折）

（77）不争您剖棺椁，戮尸首。这一纸独角敕把老臣搭救。（同上）

（78）不争俺弃却周天子，永别离老弟兄，交谁忧念四海生灵。（《辅成王周公摄政》第一折）

（79）不争你这般呵送的我有家难奔，平白里更待要燕尔新婚。（《张千替杀妻》第二折）

（80）不争二更前后成连理，俺哥哥知道呵敢九伯风魔哎吊了脊筋。（同上）

（81）不争你儿不招，把哥哥送了，枉惹得普天下英雄笑。（《张千替杀妻》第三折）

上述 7 例中"不争"均为语气副词，其辖域也各不相同。（75）中"你举哀声"是假设语境中已然的事件，是假设"你举哀声"已经存在了，会有一个怎样的结果，其前的"不争"是对它的确定和强调，等于说"如果你真的举哀声"；（76）中"不争剖开亡父新丘冢"是假设语境中已然的事件，是假设"剖开亡父新丘冢"已经存在了，会有一个怎样的结果，其前的"不争"是对它的确定和强调，等于说"如果真的剖开亡父新丘冢"。剩下的 5 例也可做类似分析，详见表5。

表5 （77）—（81）中"不争"的释义

原句	"不争"取"确实"义时的理解
不争您剖棺椁，戮尸首	如果您真的剖棺椁，戮尸首
不争俺弃却周天子，永别离老弟兄	如果俺真的弃却周天子，永别离老弟兄
不争你这般呵	如果你真的这般呵
不争二更前后成连理	如果真的二更前后成连理
不争你儿不招，把哥哥送了	如果你儿真的不招，把哥哥送了

（58）—（81）为《新校元刊杂剧三十种》曲词部分（这是可靠的元代文献）的所有用例，例子中画双横线的部分是"不争"的辖域。从中可以看出，将"不争"释为"确实、真的"的解释力非常强，放在具有普遍性的上下文中文从字顺。

语气副词"不争"源于先秦表"不争辩"的状中结构"不争"：

（82）不事力而养足，人民少而财有余，故民不争。（《韩非子·五蠹》）

（83）故师之教也，不争轻重尊卑贫富，而争于道。（《吕氏春秋·孟夏纪》）

（82）中的"不争"为"不争竞"之义，后面没有带宾语；（83）中的"不争"为"不争辩"之义，后面带了宾语VP。表"不争竞"的"不争"与表"不争辩"的"不争"意义相近，但略有区别，前者是就非言语的行为而言的，后者则是就言语而言的；前者与语气副词"不争"没有演变关系，而后者则有。"不争VP"的意思是"在VP上不必争辩"，这里的VP一般为正反两方面的事物，如（83）中的"轻重尊卑贫富"。正由于存在正反两方面的事物，所以才有争辩的可能性，至于争辩的结果，则是未知的，因为争辩这种行为本身就被否定了。如"不争轻重尊卑贫富"，既然在是轻是重是尊是卑是贫是富这个问题上不必争辩了，那么相应的答案当然是未知的。

到了宋代，产生了一种新的"不争VP"。其意义仍然是"在VP上不争辩"，VP仍然为正反两方面的事物，但相应的答案在说话人看来是已知的：

（84）此其不争为区区之论，以开是非之端，是以独得不废，以
与天下后世为仁义礼乐之主。（《苏轼文集》卷三）

（84）中"不争为区区之论"的意思是"在是否为区区之论这个问题
上不必争辩"。之所以不必争辩，是由于是否为区区之论乃一种主观判
断，在听话人看来可能还需要争辩，但在说话人看来，为区区之论乃确定
无疑的事实，根本无须争辩。在这种情况下"不争"仍然可以理解为表
"不争辩"义的状中结构，此时"此其不争为区区之论"意思是"这些话
在是否为区区之论这个问题上不必争辩"，但也可被重新分析为表确定强
调义的语气副词，相当于现代汉语中的"确实、真的"，此时就成了"这
些话确实为区区之论"。这里的"不争"恰好处于主语和谓语动词之间，
这是副词的典型位置。也就是说，在理解上是两可的。
　　真正变为一个表确定强调义的语气副词是在元代，其条件是"不争
VP"中的 VP 不再是主观判断，而是客观事实，不管是在说话人还是在听
话人看来，VP 都是确定无疑的事实，根本就没有争辩的必要：

（85）不争背母抛爷，却须违条碍法。（《公孙汗衫记》第二折）
（86）不争剖开亡父新丘冢，不交人唾骂微臣业骨头，勋业都
休。（《霍光鬼谏》第三折）

（85）中"背母抛爷"以及（86）中"剖开亡父新丘冢"分别是现
实中的客观事实和假设中的客观事实，而非主观判断，不管是在说话人还
是在听话人看来，必然如此，均无争辩的必要。"不争背母抛爷"意思是
"确实背母抛爷"，"不争剖开亡父新丘冢"的意思是"如果真的剖开亡父
新丘冢"，可见此处"不争"已语法化为表确定强调义的语气副词，相当
于现代汉语中的"确实、真的"。
　　我们在《新校元刊杂剧三十种》的曲词部分一共找到了 24 例"不
争"，只有 5 例是用于 VP 前，剩下 19 例均是用于 SVP 前。多用于 SVP
前，这是"不争"在句法上的最大特点。近代汉语中的另一些表确定强
调的语气副词如"果然"、"必然"、"必定"、"定然"等同样可以出现在
SVP 前：

（87）已而，果然赵遣直省官传语曰："以督府事忙，请只与参政、胡枢密理会。"（《三朝北盟会编·绍兴甲寅通和录》）

（88）观君面色，必然心有所求。（《敦煌变文·伍子胥变文》）

（89）且到十二日会喜之时，必定那公主出来参拜父母，等老孙在旁观看。（《西游记》第九十四回）

（90）他若不见机，弄到当官，定然我们占个上风。（《醒世恒言》卷三十四）

但"果然"、"必然"、"必定"、"定然"仍以用于 VP 前居多，用于 SVP 前并不常见，因为出现在 VP 前是副词的典型位置。"不争"却恰恰相反，在 SVP 前的频率远高于在 VP 前，而出现在 SVP 前是连词的典型位置。可以说，虽同是副词，但"不争"的虚化程度更高于其他成员，更接近于连词。之所以"不争"能够常出现在 SVP 前，是因为它常用于因果语境［如（60）、（62）］和假设语境［如（78）、（80）］中，结果沾染上了少许表原因和表假设的色彩，具备了一些表因连词和假设连词的特性（尽管并未完全转变为表因连词和假设连词），因而能够大量出现在 SVP 前，以致不少学者误认为它本身就可以表原因和假设。

各家对"不争"的解释出现偏误的根本原因在于随文释义，对于随文释义的缺陷和应该如何阐释虚词，学者们早有深刻认识。杨荣祥（2007：715—716）说得非常透彻："训诂学讲虚词，往往一个虚词有多种语义和功能，这是不科学的。虚词是语法功能成分，其作用是表示某种语法意义，对虚词的研究，就是要通过归纳分析其所有分布，解释它到底表示什么样的语法意义。但是，大概受传统训诂学的影响，长期以来，古代汉语的语法论著在讨论一些虚词的时候，虽然是从语法的角度讲虚词，但往往把句子或结构的意义指派到虚词身上，从而使得一个虚词具有多种语法语义功能，这实际上是不利于准确认识虚词的真实价值的。我们相信，作为功能成分，汉语的虚词都应该有其最基本的功能，正确认识一个虚词，就是要准确认识它的基本功能。……一个高度虚化的功能成分，固然会因为其出现的具体语言环境的不同而显得灵活多变，但'变中有不变焉'，不变的就是其基本功能。虚词研究的目的就是要弄清楚各个虚词的基本功能，基本功能就是对一个虚词的概括的解释，统一的解释。"

据此，我们把元代产生的这种新用法的"不争"释为"语气副词，表示对现实语境中或假设语境中已然事件的确定和强调，近似于'确实'、'真的'"。这种释义之所以正确，一方面在于它能够合理解释所有不能用"不争竞、不争辩"、"不差"、"不用说"、"不要紧"来解释的"不争"，具有高度概括性和统一性，避免了随文释义，显然要优于前文所说的那九个义项；另一方面在于它的来源可以得到清晰的说明，它是由表"不争辩"义的状中结构语法化而来的，语法化的关键在于 VP 的主观性消失，变得完全客观；再一方面在于它多出现于主语前也可以得到合理的解释：正因为它常用于因果语境和假设语境中，从而沾染上了少许表原因和表假设的色彩，具备了一些表因连词和假设连词的特性，所以可以大量地位于 SVP 前。

三　"于是"、"则"

吕叔湘（1980/1999）指出现代汉语中的"于是"表示的是后一事承接前一事，并且后一事多是由前一事引起的，很显然是说"于是"连接的两小句间多有因果关系，但它表达的却是承接关系。这无疑是正确的。"于是"在现代汉语中确有两种用法，第一种是用在因果关系明显的两句间，相当于"所以₁"，这种用法很常见：

（91）很多家长，尤其是中等偏差学生的家长，深怕自己的孩子进入非重点中学后不好好学习，于是就千方百计找关系、走后门。

（92）不想太卑鄙，于是答应了她。

第二种是用在时间先后相承关系明显的两句间，相当于"接着"，这种用法远不如前一种常见：

（93）他和我走到车上，将橘子一股脑儿放在我的毛大衣上。于是扑扑衣上的泥土，心里很轻松似的。

（94）我说："我喜欢，我就爱它。"于是我妈妈说："反正我不喜欢它，我心中最爱的是小黑。"

据王慧兰（2007），连词"于是"形成于战国时期。从战国时期直至现代一直存在：

（95）其乐甚美，于是襄子曰："先君必以此教之也。"（《吕氏春秋·孝行览》）

（96）左右和曰："上矣。"于是皆争上。（《韩非子·外储说左上》）

（97）飞燕谗班婕好祝诅，于是考问。（《世说新语·贤媛》）

（98）遂礼神塔，乞求一验。于是以指触之。（《洛阳伽蓝记》卷五）

（99）见汉子偏听己，于是以为得志。（《金瓶梅词话》第十八回）

（100）金莲道："他的手里是他手里帐，我也敢奉二娘一钟儿！"于是揎起袖子，满斟一大杯，递与李瓶儿。（《金瓶梅词话》第十四回）

（95）、（97）、（99）是第一种用法，（96）、（98）、（100）是第二种用法，可以说"于是"从先秦至现代的每一个共时平面上都是因果和承接两种用法并存的。

第二种用法中的"于是"一定是承接连词，不可能是因果连词；第一种用法中的"于是"也应看作承接连词，不应看作因果连词或二者的兼类，原因是就目前的汉语语法体系来看，既可以连接因果关系明显的两句，也可以连接承接关系明显的两句的关联词一般都归入承接类而不归入因果类或二者的兼类。如"因₂"、"遂"、"便"、"就"既可关联因果关系明显的两句，又可关联承接关系明显的两句，但最终是被归入时间副词的，而不是归入因果副词或时间副词和因果副词的兼类。这么做既避免了兼类词的出现，又能得到合理的解释：承接关联词表示的是两种现象之间先行后续的时间关系，而这种先行后续的时间关系虽不等同于因果关系，但毕竟是因果关系中一个重要的内在特征，所以承接关联词可用在因果关系明显的两句中（此时说话人注重的是两句之间在时间上的先后承接关系而非因果关系）。① 也就是说，承接连词既可以连接因果关系明显的两句，也可以连接承接关系明显的两句。由此看来，自先秦至现代汉语，

---

① "明显"是一种客观事实，而"注重"则是一种主观感受。

"于是"都是一个承接连词而非表果连词。

　　"则"的情况与"于是"相似，其语法意义也是后一事承接前一事，并且后一事多是由前一事引起的。具体用法也有两种，第一种是用在表示因果关系的两句间，相当于"那么"，这种用法很常见；第二种是用在表示时间先后相承关系的两句间，相当于"接着"，这种用法远不如前一种常见。"则"也应该看作承接连词，原因上文已叙述过，这里仅举几个例子：

　　（101）功不当其事，事不当其言，则罚。（《韩非子·二柄》）

　　（102）至于晋而问之，则曰"晋师己亥涉河"也。（《吕氏春秋·慎行论》）

　　（103）若兴心欲取，则有祸变。（《洛阳伽蓝记》卷五）

　　（104）主人晨起，见赤衣人数千围其家，就视则灭。（《搜神记》卷三）

　　（105）无是气，则是理亦无挂搭处。（《朱子语类》卷一）

　　（106）题了这诗后，则见一阵价起的是秋风，一阵价下的是秋雨。（《五代史平话·梁史平话》）

　　（101）、（103）、（105）是第一种用法，（102）、（104）、（106）是第二种用法。

第三节　因果连词从近代到现代的消长

一　因果连词之间的竞争

（一）竞争的结果

　　近代汉语中的49种因果连词，到了现代汉语中有32种消失了，不再使用，剩下17种仍在使用。消失的表因连词有"为"、"缘"、"惟其"、"以"、"因是₁"、"由"、"不因"、"缘为"、"为缘"、"因着"、"缘是"、"为因"、"缘以"、"为是"、"为的是"15种，仍在使用的表因连词有"既"、"因₁"、"既然"、"因为"、"由于"5种；消失的表果连词有"故"、"是故"、"是以"、"为之"、"因兹"、"致令"、"缘此"、"以此"、

"故而"、"缘兹"、"故此"、"以是"、"是用"、"因是₂"、"以故"、"由是"、"由此"17 种，仍在使用的表果连词有"那"、"所以₁"、"因此"、"致使"、"为此"、"因而"、"所以₂"、"之所以"、"可见"、"以至"、"以致"、"以至于"12 种。这些因果连词的形成时间不尽一致，现于各词下举一例证说明其最早出现的时间：

（1）既尽眼勿标，为什摩不许全好手？（《祖堂集·雪峰和尚》）

（2）射不主皮，为力不同科。（《论语·八佾》）

（3）缘生人有功得赏，鬼神有功亦祀之。（《论衡·祭意》）

（4）因不忍见也，故于是复请至于陈，而葬原仲也。（《公羊传·庄公二十七年》）

（5）以吾从大夫之后，不可徒行也。（《论语·先进》）

（6）既然如此，为甚摩举一念想得见普贤？（《祖堂集·报慈和尚》）

（7）由所杀蛇白帝子，杀者赤帝子，故上赤。（《史记·高祖本纪》）

（8）缘为善庆，初伏事相公，不得入寺听经，只在寺门外边与他看马。（《敦煌变文·庐山远公话》）

（9）为缘知己分，南国必淹留。（《全唐诗》卷五四三）

（10）因为国王、居士等百千万人皆来体问，居士便以身疾，广博解说。（《敦煌变文·维摩诘经讲经文》）

（11）缘是世尊无量劫中死分毫违倍有情，方感如此。（《敦煌变文·维摩诘经讲经文》）

（12）为因能致远，今日表求贤。（《全唐诗》卷七八二）

（13）缘以君重臣轻，标名有其先后。（《敦煌变文·降魔变文》）

（14）汝何以都不复进，为是尘务经心，天分有限？（《世说新语·贤媛》）

（15）惟其此心无主宰，故为私意所胜。（《朱子语类》卷一百二十）

（16）因是看《行苇》《宾之初筵》《抑》数篇，《序》与《诗》全不相似。以此看其他《诗序》，其不足信者煞多。以此知人不可乱

说话，便都被人看破了。(《朱子语类》卷八十)

（17）不因贼子胡行事，合显擎天真栋梁。（《三国志平话》卷上）

（18）因着法度不均平的上头，管民官无所遵守。(《元典章·刑部》)

（19）卫之乱也，郕人侵卫，故卫师入郕。（《左传·隐公五年》）

（20）汝等当知，骄慢之结，多诸过咎，无所利益，所以众生不成道果，无不由此。(三国吴支谦译《菩萨本缘经》卷下)

（21）楚人顺流而进，迎流而退，见利而进，见不利则其退难。越人迎流而进，顺流而退，见利而进，见不利则其退速。越人因此若执，亟败楚人。(《墨子·鲁问》)

（22）古之火正，或食于心，或食于咮，以出内火。是故咮为鹑火，心为大火。(《左传·襄公九年》)

（23）致远恐泥，是以君子不为也。(《论语·子张》)

（24）但国家兴自北土，徙居平城，虽富有四海，文轨未一，此间用武之地，非可文治，移风易俗，信为甚难。崤函帝宅，河洛王里，因兹大举，光宅中原。(《魏书》列传第七)

（25）宋久不讨贼，致令得奔。(《穀梁传注》卷五)

（26）其宣德太仆刘朗之、游击将军刘璩之坐不赡给兄子，致使随母他嫁，免官禁锢。(《魏书》列传第八十六)

（27）仁义充塞，则率兽食人，人将相食。吾为此惧。(《孟子·滕文公下》)

（28）楚之边邑曰卑梁，其处女与吴之边邑处女桑于境上，戏而伤卑梁之处女。卑梁人操其伤子以让吴人，吴人应之不恭，怒杀而去之。吴人往报之，尽屠其家。卑梁公怒，曰："吴人焉敢攻吾邑!"举兵反攻之，老弱尽杀之矣。吴王夷昧闻之怒，使人举兵侵楚之边邑，克夷而后去之。吴、楚以此大隆。(《吕氏春秋·先识览》)

（29）这个胡绥亦是个风月浪荡的人，虽有了这样好美色，还道是让狄氏这一分，好生心里不甘伏。谁知铁生见了门氏，也羡慕他，思量一网打尽，两美俱备，方称心愿。因而两人各有欺心，彼此交厚，共相结纳。(《拍案惊奇》卷三十二)

（30）幼小疾苦，故尔忧劳不可言。（《全晋文》卷二十四）①

（31）比王师荐发，戎务实繁，州县官僚，缘兹生过。（《全唐文》卷十二）

（32）若支先折，是废疾被折，故此殴牵支止依殴折一支，流二千里，有荫合同减、赎。（《唐律疏议》卷二十一）

（33）所以存亡殊致，始终不同，将以文若既明，名教有寄乎？（《文选》卷四十七）

（34）今帝王之所以得天心，以自安民之父母。（《太平经》卷一百十七）

（35）缘丧事仪卫，并皆官给，可见哀荣始终，礼洎泉壤。（《全唐文》卷三百五）

（36）蔡灵公弑逆无道，以至身死国灭。（《穀梁传注》卷十七）

（37）先君庄王为匏居之台，高不过望国氛，大不过容宴豆，木不妨守备，用不烦官府，民不废时务，官不易朝常。问谁宴焉，则宋公、郑伯；问谁相礼，则华元、驷骓；问谁赞事，则陈侯、蔡侯、许男、顿子，其大夫侍之。先君以是除乱克敌，而无恶于诸侯。（《国语·楚语》）

（38）伯夷、叔齐不念旧恶，怨是用希。（《论语·公冶长》）

（39）敬王十年，刘文公与苌弘欲城周，为之告晋。（《国语·周语》）

（40）而天性褊躁，喜怒不恒，每至威忿，楚朴特苦，引待南士，礼多不足，缘此人怀畏避。（《魏书》列传第四十七）

（41）不早斩黄皓，以致倾败。（《三国志裴注·蜀书·诸葛亮传》）

（42）不杀老弱，不猎禾稼，服者不禽，格者不舍，奔命者不获。凡诛，非诛其百姓也，诛其乱百姓者也。百姓有捍其贼，则是亦贼也。以故顺刃者生，苏刃者死，奔命者贡。（《荀子·议兵》）

（43）无药可服，以至于死。（《三国志·魏书·方技传》）

（44）为其俎豆管弦之间小不备，因是绝而不为。（《汉书·礼

---

① "故尔"即"故而"。

乐志》)

(45) 为的是二姨是见过的，亲上做亲，比别处不知道的人家说了来的好。所以二叔再三央我对父亲说。(《红楼梦》第六十四回)

(46) 天下的大害，固是州县不肖，也是那司院贪求。那我定要上几个本章，除除民害，砍几个贼头。(《聊斋俚曲·富贵神仙》)

(47) 由于好事者增加润色，至令失实。(《抱朴子·微旨》)

(48) 接敌而喜，进而不能止，敌人必骇，战由此胜也。(《新书·大政》)

(49) 疾举兵救之，由是薛遂全。(《吕氏春秋·慎大览》)

近代汉语中的这四十多个因果连词到了现代汉语中，有32种消失了，17种保留了下来，这是竞争导致的必然结果。因果连词是表达说明因果和推断因果的高度虚化的一类封闭性较高的虚词，但用来表达的形式却多达49种，有悖于语言经济性。按常理，在同一个时代、同一种文献中不会出现这么多，但近代汉语跨时很长，在历时上层层积累①，再加上方言色彩等因素影响②，才这样多。这些成员中显然有相当一部分是冗余成分而应被淘汰，淘汰的机制在于因果连词内部成员之间的相互竞争。李英哲、卢卓群（1997）提出连词发展过程中有同义者竞争导致单一化的现象，这在因果连词从近代到现代的演变中体现得非常明显，可以说是主流

---

① 由 (1) — (49) 可见，49 个因果连词虽然使用在近代汉语中，但只有"既"、"既然"、"缘为"、"因为"、"缘是"、"缘以"、"因是$_1$"、"不因"、"因着"、"因而"、"那"、"为的是" 12 个是在近代汉语中形成的，剩下的 37 个都是在这之前形成的。其中产生于上古的有"为"、"以"、"故"、"是故"、"是以"、"由此"、"由是"、"因此"、"以此"、"以是"、"是用"、"为之"、"以故"、"为此"，产生于上古到中古的过渡时期的有"因$_1$"、"由"、"以至"，产生于中古的有"缘"、"致使"、"为是"、"所以$_1$"、"因兹"、"致令"、"致使"、"所以$_2$"、"之所以"、"缘此"、"因是$_2$"、"由于"、"以至于"、"因此"、"以致"，产生于中古到近代的过渡时期的有"故此"、"为缘"、"为因"、"故而"、"缘兹"、"可见"，也就是说近代汉语中的这些因果连词是上古、中古、近代三个时期的积淀。这就是沈家煊（1994）所说的并存原则，即一种语法功能可以同时由几种语法形式来表示，一种新形式产生后，旧形式不是立即消失，而是与之并存。

② 近代汉语因果连词的方言色彩可能有，但不太明显，这与先秦不太一样。先秦有的因果连词有相当明显的方言色彩，如"肆"，见笔者发表的一篇论文《表果连词"肆"的语法化及其方言性质》（附录二）。

趋势，同义指的是意义和句法的相同。从意义上看，近代汉语有表因连词和表果连词之分，二者内部成员之间相互竞争；表因连词和表果连词又各有说明和推断之分，说明表因连词、说明表果连词、推断表因连词、推断表果连词四者内部成员之间相互竞争；说明表果连词中有中性义和消极义之分，中性义说明表果连词和消极义说明表果连词内部成员之间相互竞争。从句法上看，中性义说明表果连词中又有专用于由因及果句和专用于由果溯因句之分，二者内部各成员之间又有竞争关系。意义和句法不同的成员之间没有竞争关系。具体情形见表6。

表6   **近代汉语因果连词的竞争及结果**

			近代汉语	现代汉语
表因连词	说明		为、缘、因$_1$、以、由、缘为、为缘、因为、缘是、为因、缘以、为是、唯其、因是$_1$、不因、因着、由于、为的是	因$_1$、因为
	推断		既、既然	既、既然
表果连词	说明	中性义	专用于由因及果句：故、所以$_1$、因此、是故、是以、因兹、为此、以此、因而、故而、缘兹、故此、以是、是用、为之、缘此、因是$_2$、以故、由此、由是	所以$_1$、因此、为此、因而
			专用于由果溯因句：所以$_2$、之所以	所以$_2$、之所以
		消极义	致令、致使、以至、以致、以至于	致使、以至、以致、以至于
	推断		那、可见	那、可见

（二）竞争的规律

1. 保留与淘汰的规律

其一，如果因果连词表达效果基本相同，且使用频率有高低之别，那么使用频率低的倾向于被淘汰，使用频率高的倾向于被保留。陈新仁（2007）认为，词汇阻遏机制反映了语言使用者对词汇系统构成原则的一种顺应，它可以避免词汇系统内部出现具有相同使用价值的词项，因而有利于保证词汇系统的经济性，说的也是这个道理。但由于只是一种倾向而非必然，所以自然也有例外的情况。

（1）表因连词之间的竞争

例证一：从表2中可以看到，"唯其"、"因是$_1$"从宋代直到清代，使用频率都比较低，在现代汉语中消亡。与宋代使用频率很高的"为"、"缘"一样，二者表达的同是说明因果，且使用频率远不及"为"、"缘"，所以它们的使用空间就变得越来越小，以致最终被淘汰。

例证二：从表 2 中可以看到，"以"、"由"、"为是"、"为因"、"缘是"从晚唐五代直到清代，使用频率都比较低①，在现代汉语中消亡。与晚唐五代使用频率很高的"为"、"缘"一样，五者表达的同是说明因果，且使用频率远不及"为"、"缘"，所以它们的使用空间就变得越来越小，以致最终被淘汰。

例证三：从表 2 中可以看到，"不因"、"因着"从元代直到清代，使用频率都比较低，在现代汉语中消亡。与元代使用频率最高的"为"、"因"一样，二者表达的同是说明因果，且使用频率远不及"为"、"因"，所以它们的使用空间就变得越来越小，以致最终被淘汰。

例证四：从表 2 中可以看到，"为的是"在整个清代，使用频率都比较低，在现代汉语中消亡。与清代使用频率最高的"因"一样，"为的是"表达的同是说明因果，且使用频率远不及"因"，所以它的使用空间就变得越来越小，以致最终被淘汰。

例证五：从表 2 中可以看到，"缘为"从晚唐五代直到宋代，使用频率都比较低，在元代就消亡了，现代汉语中当然不会存在。与晚唐五代使用频率很高的"为"、"缘"一样，该词表达的同是说明因果，且使用频率远不及"为"、"缘"，所以它们的使用空间就变得越来越小，以致最终被淘汰。

例证六：从表 2 中可以看到，"为缘"从晚唐五代直到明代，使用频率都比较低，在清代就消亡了，现代汉语中当然不会存在。与晚唐五代使用频率很高的"为"、"缘"一样，该词表达的同是说明因果，且使用频率远不及"为"、"缘"，所以它们的使用空间就变得越来越小，以致最终被淘汰。

例证七：从表 2 中可以看到，"缘以"在整个晚唐五代，使用频率都

---

① 在宋代，"以"的使用频率似乎比较高，有 113 次之多，但那是因为《朱子语类》的文言性比较强，而"以"又具有一定的文言性，并不能反映口语中的真实情况。蒋绍愚（2005）也提到了由于出自不同学生的记录，《朱子语类》文白差异很明显。反观其他几个断代的情况，可以推断出宋代口语中"以"的使用频率也是比较低的。

比较低，在宋代就消亡了，现代汉语中当然不会存在。与晚唐五代使用频率很高的"为"、"缘"一样，"缘以"表达的同是说明因果，且使用频率远不及"为"、"缘"，所以它的使用空间就变得越来越小，以致最终被淘汰。

例外：从表2中可以看到，"由于"从晚唐五代直到清代，出现频率一直不高，却能保留到现代汉语中。与晚唐五代使用频率很高的"为"、"缘"一样，"由于"表达的同是说明因果，且使用频率远不及"为"、"缘"。

（2）表果连词之间的竞争

例证一：从表2中可以看到，"是故"、"是用"、"为之"、"以此"、"以是"、"由是"、"由此"、"因是$_2$"、"故而"、"缘此"、"故此"从晚唐五代直到清代，使用频率都比较低①，在现代汉语中消亡。与晚唐五代使用频率最高的"故"、"所以$_1$"一样，它们表达的同是中性义说明因果，且专用于由因及果句中，使用频率远不及"故"、"所以$_1$"，所以它们的使用空间就变得越来越小，以致最终被淘汰。

例证二：从表2中可以看到，"致令"、"以致"从晚唐五代直到元代，使用频率相差不大，都比较低，但到了明代，"以致"的使用频率有了明显的提高，而"致令"则仍保持着较低的使用频率。从明代直到清代，"致令"使用频率都比较低，在现代汉语中消亡。与明代使用频率较高的"以致"一样，"致令"表达的同是消极义说明因果，使用频率远不及"以致"，所以它的使用空间就变得越来越小，以致最终被淘汰。

例证三：从表2中可以看到，"缘兹"从晚唐五代直到宋代，使用频率都比较低，在元代就消亡了，现代汉语中当然不会存在。与晚唐五代使用频率最高的"故"、"所以$_1$"一样，该词表达的同是中性义说明因果，且专用于由因及果句中，且使用频率远不及"为"、"缘"，所以它的使用空间就变得越来越小，以致最终被淘汰。

例外一：从表2中可以看到，"那"在整个清代，其出现频率一直不

①　在明代，"以此"的使用频率似乎比较高，有122次之多，但这可以看成作者的个人习惯，并不能反映口语中的真实情况。反观其他几个断代的情况，可以推断出明代口语中"以此"的使用频率也是比较低的。类似因为作者个人习惯和语料的文言性导致出现率虚高的情况在表2中还有一些，不一一指出。

高，却能保留到现代汉语中。与清代使用频率较高的"可见"一样，"那"表达的同是推断因果，且使用频率远不及"可见"。

例外二：从表2中可以看到，"之所以"、"所以$_2$"在晚唐五代，二者的使用频率相差不大，都比较低，但到了宋代，"所以$_2$"的使用频率有了明显的提高，而"之所以"则仍保持着较低的使用频率。从宋代直到清代，"之所以"出现频率一直不高，却能保留到现代汉语中。与宋代使用频率较高的"所以$_2$"一样，"之所以"表达的同是中性义说明因果，且专用于由果溯因句中，使用频率远不及"所以$_2$"。

例外三：从表2中可以看到，"为此"从晚唐五代直到清代，其出现频率一直不高，却能保留到现代汉语中。与晚唐五代使用频率最高的"故"、"所以$_1$"一样，它们表达的同是中性义说明因果，且专用于由因及果句中，使用频率远不及"故"、"所以$_1$"。

例外四：从表2中可以看到，"因而"从明代直到清代，其出现频率在逐渐提高，最终保留到现代汉语中。与明代使用频率最高的"因此"一样，"因而"表达的同是中性义说明因果，且专用于由因及果句中，使用频率远不及"因此"。

例外五：从表2中可以看到，"以至"、"以至于"、"致使"从晚唐五代直到元代，同"以致"的使用频率相差不大，都比较低，但到了明代，"以致"的使用频率有了明显的提高，而"以至"、"以至于"、"致使"则仍保持着较低的使用频率。从明代直到清代，三者使用频率都比较低，却沿用到了现代汉语中。与明代使用频率较高的"以致"一样，三者表达的同是消极义说明因果，使用频率远不及"以致"。

其二，如果一个因果连词口语性弱，另一个因果连词口语性强，那么前者倾向于被淘汰，后者倾向于被保留。判断口语性强弱的根据为"语体同一规则"。所谓"语体同一规则"，指的是在词内或词间编码中，语素的语体多具有同一性，文言性的语素宜跟文言性的语素组合，口语性的语素宜跟口语性的语素组合（王东海，2002）。

"因"、"为"、"缘"表达的同是说明因果，在语言经济原则的制约下，三者也展开了竞争，最终"因"保留了下来，"为"、"缘"被淘汰。表因连词"缘"在元代开始衰落，到了明代就从口语中消失了；"为"在明代开始衰落，到了清代中期就从口语中消失了。从表2中可以看出，在晚唐五代，"为"的出现次数占到所有表因连词出现次数总和的25.25%，宋代是 14.4%，元代是 25.58%，明代是 7.18%；在晚唐五代，"缘"的出现次数占到所有表因连词出现次数总和的 24.07%，宋代是 24%，元代是 4.65%，明代是 0.25%；另据丁俊苗（2003）、张秋梅（2009）、刘伟（2011），在清代初期的《醒世姻缘传》中，"为"的出现次数还能占到所有表因连词出现次数总和的 3.26%，到了清代中期的《红楼梦》（前八十回）中，"为"的出现次数仅占所有表因连词出现次数总和的 0.61%，到了清代末期的《儿女英雄传》中，就再也见不到一个"为"了。显然是受到了另一个强势的表因连词"因"的影响。"因"的口语性要高于"为"和"缘"，其根据为"语体同一规则"。"缘"可以同文言性很强的"以"同义连用凝合为"缘以"，而"为"、"因"不能，所以"缘"的口语性要比"为"、"因"差，因而最先被淘汰；"为"可以同口语性较弱的"缘"同义连用凝合为"缘为"、"为缘"，而"因"不能，所以"为"的口语性要比"因"差，因而在"缘"之后被淘汰。相比之下，"因"的口语性是三者中最强的，所以最终成了表达说明因果关系的优选形式，而"为"和"缘"竞争不过"因"，消亡了。

其三，单音节倾向于被淘汰，双音节倾向于被保留。这是符合汉语的双音节化趋势的。

"故"、"所以$_1$"、"因此"之间也展开了相互竞争，最终"所以$_1$"、"因此"保留了下来，成了现代汉语中用得最多的两个表果连词。"故"是从先秦到元代使用频率最高的表果连词，从明代开始衰落，清代口语中很少再用，因此也未能在现代汉语中保留下来。从表 2 中可以看出，在晚唐五代，"故"的出现次数占到所有表果连词出现次数总和的 42.11%，宋代是 59.22%，元代是 48.25%，明代是 4.66%；另据丁俊苗（2003）、张秋梅（2009），在清代初期的《醒世姻缘传》中，"故"的出现次数还能占到所有表果连词出现次数总和的 3.51%，到了清代末期的《儿女英雄传》中，就再也见不到一个"故"了。其衰落的原因是它是个单音词，与汉语从东汉开始直到现在的双音节化趋势相悖，故而竞争不过双音节的"所以$_1$"和"因此"。

2. 保留下来的成员相互之间在使用频率的高低上较之近代汉语也有不同的规律

其一，单音节倾向于降低，双音节倾向于增高。这也是符合汉语的双音节化趋势的。

"既"、"因"、"既然"、"因为"虽然沿用到了现代汉语中，但在使用频率上发生了一些变化。"因为"表达的是说明因果，"既然"表达的是推断因果，和"因"、"既"没有什么太大的区别，因此在相当长的一段时间内，它们的使用频率远低于运用得更加成熟的"因"、"既"。但由于是双音词，顺应了汉语双音节化的趋势（这种趋势在现代汉语中尤为强烈），所以能够在使用频率上实现反超。

其二，如果一个因果连词的同形词也是很常用的，另一个因果连词没有同形词或有同形词但不常用，那么前者倾向于降低，后者倾向于增高。

"因"常用作表"原因"义的名词或语素，"既"常用作表并列的时间副词，如"既……又……"中的"既"。为了与这两种用法区别，迫使人们更多地选择用法更为单纯的"因为"和"既然"，所以它们不仅沿用到了现代汉语中，而且使用频率上反超过了"因"和"既"，成了用得最多的表因连词。在现代汉语中，"所以$_2$"虽在使用，但其频率已远不及"之所以"，这与近代汉语中的情形大相径庭，是因为"所以$_2$"与"所以$_1$"同形，"所以$_1$"是极为常见的，"所以$_2$"易与之发生混淆，因而人们更倾向于用"之所以"。

其三，如果一个因果连词语法化的程度比另一个更深，典型性也比另一个更强，那么人们就更倾向于用前者。

不管是在近代汉语还是在现代汉语中，"因此"的使用频率均不及"所以$_1$"，这是因为"因此"既可作表果连词，又可作介宾结构，而"所以$_1$"只能是词，不能是结构，也就是说比"因此"结合得更加紧密，语法化的程度更深，充当表果连词的典型性也更强，所以人们多用"所以$_1$"。近代汉语中"可见"比"那"用得多，但到了现代汉语中却是"那"用得多于"可见"，这也是因为"可见"既可作表果连词，又可作述宾结构，如"由此可见"、"随处可见"，而"那"只能是词，不能是短语，也就是说比"可见"结合得更加紧密，语法化的程度更深，充当表果连词的典型性也更强，所以人们多用"那"。

同义者竞争导致单一化说的是成员的减少，但也有增加的情况，如在近代汉语向现代汉语的过渡时期产生了一个新的表果连词"那么"[1]。"那

---

① "那么"后来也可写作"那末"，如"贫穷既然是一个人的劳动，不能换到生活最低限的需要品，那末他与人口的关系，从上文里也就可以大略推出来了"（陶孟和《贫穷与人口问题》）。

么"在用法上和"那"相似：

(50) 天下的大害，固是州县不肖，也是那司院贪求。那我定要上几个本章，除除民害，砍几个贼头。(《聊斋俚曲·富贵神仙》)

(51) 现在答应你出去，那么除了老爷从前已经给你的，自然你带去，其余不能再向太太少爷要求什么。(《孽海花》第二十六回)

二　因果连词整体在使用频率上的变化

(一) 变化的表现

上文说过，有 17 个因果连词从近代汉语沿用到了现代汉语中，但是这些因果连词的使用频率较之近代汉语却大大提高了。

例证一：现代汉语中有一个表因连词"由于"，在整个近代汉语及从近代汉语向现代汉语的过渡时期的白话语境中出现较少，如"这大约总由于他心性过高，境遇过顺，兴会所到，就未免把他轻佻一路误认作风雅"(《儿女英雄传》第三十回)；在文言语境中出现较多，如"由于爱境，有逆有顺"(《苏轼文集》卷十二)，但总的来看出现频率不高。进入了现代汉语后已成了一个常用词了，不论是在使用频率还是在口语性上都远超过近代汉语。席嘉 (2010) 也曾注意到，不少连词是先在口语中产生，然后再用于书面语，但也有一些是先在书面语中产生，然后再用于口语，如"否则"、"此外"、"不仅"、"以及"、"以免"、"以便"等。席文观察是很仔细的，其实像这种从文言向白话扩散的现象在因果连词中也有，如"由于"和下文说的"以至于"。这两个词有一个共同特点，就是在近代汉语及以前的白话语境中很少出现，多出现在文言语境中，且出现频率不高，但进入了现代汉语后已成了一个常用词了，不论是在使用频率还是在口语性上都远超过近代汉语。

例证二：表果连词"以至于"自魏晋产生后直到"五四"之前，一般只接单音节词充当结果句，很少接双音节及双音节以上者，可见发展得很不成熟：

(52) 不听兰孙之言，以至于此。(《拍案惊奇》卷二十)

(53) 上不信下，下不信上，上下离心，以至于败。(《资治通

鉴·周纪》)

（54）阳气伏于阴下，见迫于阴，故不能升，以至于地动。(《左传正义》卷十九)

这在 49 个因果连词中是独一无二的现象，其他 48 个则多接较为复杂的结构，可见在近代汉语中，"以至于"连接能力是受到极大限制的，在使用上还很不成熟。究其原因，是因为它产生之初文言性就较强，以接单音节词居多，进入近代汉语中口语性并未有所增加，使用频率也不高，仍保留了原来的用法而未得到多少发展。但到了现代汉语中，"以至于"也已成了一个常用词了，不论是在出现频率还是在口语性上都远超过近代汉语。与此同时，所接的结果句也开始变得复杂起来，在使用上显得非常成熟了：

（55）他们的成长起点大多是那么卑微和渺小，在当时的社会中低人何止一头，以至于直到今天他们都觉得"往事不堪回首"、"昔年不愿一提"、"英雄不问出处"。

（56）有个别局管理不善，对节目的制作审查不严，以至于"星座运程科学预测"之类宣扬封建迷信的节目登堂入室，造成了不良的社会影响。

例外：表因连词"既"在近代汉语中的使用频率明显高于现代汉语，这是因为现代汉语中的"既"多作表并列的时间副词使用，而表因连词用法的典型形式是"既然"，"既"的表因连词用法显然就受到了压缩。而在近代汉语中，"既"的典型用法是作表因连词用，作表并列的时间副词的时候反而不多；"既然"的使用频率不高，远不如"既"。

（二）变化的原因

因果连词整体在使用频率上的大幅度提高是受到了西方语言的影响。贺阳（2008）通过对明清和现代的口语语料的调查，发现表示假设、条件、因果、转折四种逻辑关系的连词在后者中用得远比前者频繁，并认为起初汉语的主从复句分句与分句之间重意合而轻形合，而英语等印欧语则重形合而轻意合，但由于清末以来汉语受到了英语等印欧语的强烈影响，因而也变得重形合而轻意合了，这是一种欧化现象。他的调查结果如下表：

语料	语料年代	使用连词	不使用连词	小计
《水浒全传》	14 世纪	127/31.4%	277/68.6%	404
《西游记》	16 世纪	133/33.1%	269/66.9%	402
《红楼梦》	18 世纪	194/33.7%	381/66.3%	575
小计		454/32.9%	927/67.1%	1381
《骆驼祥子》	1936 年	307/57.7%	225/42.3%	532
《张贤亮小说自选集》	1979—1995 年	219/64.0%	123/36.0%	342
《毛泽东选集》第二卷	1937—1941 年	285/81.0%	67/19.0%	352
《胡绳文集》	1979—1994 年	337/91.1%	33/8.9%	370
小计		1148/71.9%	448/28.1%	1596

第 3、4 列百分比前的数字从上到下为在假设句、条件句、因果句、转折句中使用和不使用四种连词的次数。

三　因果连词系统对称性的变化

因果连词从近代汉语到现代汉语的发展主要体现在它们之间的相互竞争和其整体使用频率的变化上，这也是一个让系统变得更加对称的过程。近代汉语的表因连词可分为表说明和表推断两种，表果连词也可分为表说明和表推断两种。如果以出现频率高为强势，以出现频率低为弱势，20个表因连词可明显地分为两部分，一为强势表因连词（出现次数在 300次以上，包括 300 次，以"缘"为分界线），二为弱势表因连词（出现次数在 300 次以下，以"以"为分界线），前者又可分为强势说明表因连词和强势推断表因连词两种，后者又可分为弱势说明表因连词和弱势推断表因连词两种。同理，29 个表果连词也可明显地分为两部分，一为强势表果连词（出现次数在 400 次以上，包括 400 次，以"因此"为分界线），二为弱势表果连词（出现次数在 400 次以下，以"以此"为分界线），前者仅强势说明表果连词一种，后者又可分为弱势说明表果连词和弱势推断表果连词两种。具体情形见表 7。

表7	近代汉语因果连词体系的不对称性①
强势说明表因连词	因（591次）、为（376次）、缘（340次）
强势推断表因连词	既（943次）
弱势说明表因连词	以（145次）、因为（56次）、为因（30次）、为是（30次）、惟其（29次）、缘是（29次）、由（15次）、因是₁（7次）、为缘（5次）、不因（5次）、缘为（4次）、因着（2次）、缘以（1次）、由于、为的是
弱势推断表因连词	既然（128次）
强势说明表果连词	故（1664次）、所以₁（951次）、因此（441次）
强势推断表果连词	
弱势说明表果连词	以此（152次）、所以₂（69次）、是以（50次）、是故（39次）、以致（33次）、为之（22次）、由是（22次）、之所以（17次）、为此（13次）、因兹（12次）、致使（12次）、致令（12次）、故此（11次）、因而（8次）、缘此（7次）、由此（6次）、以至（5次）、以至于（5次）、以故（2次）、以是（2次）、因是₂（2次）、故而（1次）、缘兹（1次）、是用（1次）
弱势推断表果连词	可见（19次）、那

据观察，上表是不对称的，包含着空格。表因连词有强势弱势之分，强势和弱势又各有说明和推断之分；表果连词有强势弱势之分，弱势又有说明和推断之分，但强势只有说明而无推断，强势推断表果连词就是近代汉语因果连词体系中的一个空格。徐通锵（1998）指出，语言是一种自组织系统，会根据交际需要以及语言发展的内在规律而自发地进行适当合理的调整。据此我们也可以说，汉语语法是有自组织能力的，会在内部进行适当的调整以使不对称变得对称，使空格被填满，因此在整个系统中于过渡时期产生了推断表果连词"那么"，经过长时间的发展，"那"和"那么"在现代汉语中得到了大量的运用，于是就成了强势推断表果连词，使得现代汉语因果连词体系又变得对称了。现代汉语因果连词体系的对称性见表8。

_____

① 括号里的数字是因果连词在近代汉语四个断代中出现的总次数。"由于"、"为的是"、"那"不见于八部文献中，所以没有相应的数据。但可以肯定的是，既然在八部典型的近代汉语文献都不出现，显然使用频率不高，应归入弱势一栏。

表 8	现代汉语因果连词体系的对称性
强势说明表因连词	因为
强势推断表因连词	既然
弱势说明表因连词	因、由于
弱势推断表因连词	既
强势说明表果连词	所以$_1$、因此
强势推断表果连词	那、那么
弱势说明表果连词	以致、所以$_2$、为此、之所以、致使、因而、以至、以至于
弱势推断表果连词	可见

　　从上面的分析中可以看到，无论是近代汉语还是现代汉语，因果连词均有一定的数量，且均有强势和弱势之分。因果连词的语法意义是表达因果关系，这是自然界和人社会中的一种极为重要的关系，也是语言在运用中要经常涉及的，所以有着较高的出现频率。正因为如此，在语法化和词汇化的推动下，各式各样的因果连词就在不同的语境中形成了。由于人们倾向用其中的几种来表达因果关系，所以它们一经形成，相互之间就开始了竞争，竞争就决定了在使用频率上不可能完全划一，而是有多有少。在竞争中处于下风的，最终可能会被淘汰，即使被保留下来，也会成为弱势。而在竞争中处于上风的，最终往往被保留下来成为强势。

第四节　小结

　　通过以上论述，我们可以得出如下结论：
　　一、根据《祖堂集》、《敦煌变文校注》等文献可知近代汉语中的因果连词大致上有 49 种，其中表因连词 20 种，表果连词 29 种，分为单音节、双音节以及三音节三种形式。这些因果连词只有 12 种是在近代汉语中形成的，剩下的 37 种都是在此之前形成的，但到了现代汉语中却有 32 种消失了，不再使用，只剩下 17 种仍在使用。可见在这个演变过程中，同义者竞争导致单一化即成员的减少是主流趋势，但也有增加的情况。
　　二、哪些被淘汰，哪些被保留，是有一定规律的：首先，如果几个因果连词表达效果基本相同，且使用频率有高低之别，那么使用频率低的倾向于被淘汰，使用频率高的倾向于被保留；其次，如果一个因果连词口语性差，另一个因果连词口语性强，那么前者倾向于被淘汰，后者倾向于被保留；再次，单音节倾向于被淘汰，双音节倾向于被保留。最后，这个规律不是绝对的，而是相对的，有例外的。

三、保留到现代汉语中的因果连词相互之间在使用频率的高低上较之近代汉语也有不同，哪些增高了，哪些降低了，也有一定的规律：首先，单音节倾向于降低，双音节倾向于增高；其次，如果一个因果连词的同形词也是很常用的，另一个因果连词没有同形词或有同形词但不常用，那么前者倾向于降低，后者倾向于增高；最后，如果一个因果连词语法化的程度比另一个更深，典型性也比另一个更强，那么人们就更倾向于用前者。

四、保留在现代汉语中的因果连词在使用频率上较之近代汉语有很大的提高，这是受到了英语等印欧语的强烈影响。"那"、"那么"在现代汉语中的广泛运用填补了近代汉语中缺乏强势推断表果连词的空格，是现代汉语因果连词系统所做的一次自我调整。

五、值得注意的是，在因果连词从近代汉语向现代汉语的发展中，社会因素起了很大的作用，19、20世纪之交所掀起的白话文浪潮和"五四"时的白话文运动所提出的言文一致主张无疑促进了这种发展。

第二章　近代汉语因果句的句式

因果句根据标记之间是否有搭配关系，可分为独用句式和搭配句式。递用句式和并用句式本质上也是独用和搭配，理应归入独用句式和搭配句式中去，但考虑到它们在句法和语义上的特殊之处，我们将其分离出来单独讨论。调查的语料仍然是《祖堂集》、《敦煌变文校注》等八部文献。

第一节　独用句式

所谓独用句式，是指因果句中只使用单个因标或果标的句式。据此近代汉语因果句中的独用句式可分为两种，一是使用表因连词的独用句式，包括"既 p，q"、"为 p，q"、"q，为 p"、"缘 p，q"、"q，缘 p"、"因$_1$ p，q"、"q，因$_1$ p"、"以 p，q"、"既然 p，q"、"由 p，q"、"q，由 p"、"缘为 p，q"、"q，缘为 p"、"为缘 p，q"、"q，为缘 p"、"q，因为 p"、"缘是 p，q"、"缘以 p，q"、"q，以 p"、"q，缘是 p"、"q，为是 p"、"因为 p，q"、"为因 p，q"、"q，为因 p"、"为是 p，q"、"因是$_1$ p，q"、"不因 p，q"、"因着 p，q" 28 种：

(1) 汝既证无漏，可现神变。(《祖堂集·大迦叶尊者》)

(2) 只为杀的人多，情愿为僧。(《水浒传》第七回)

(3) 辞君莫怪归山早，为忆松萝对月宫。(《祖堂集·大颠和尚》)

(4) 缘蔡京身为禁从，外结后族，交缔东朝。伏望独断，出之于外。若果用蔡京，则治乱自此分矣，祖宗基业自此坏矣！(《大宋宣和遗事》元集)

(5) 国妃与四军走去，盖缘我军马入关。(《三朝北盟会编·茅斋自叙》)

（6）因得了赦宥罪犯，思乡要回东京。（《水浒传》第二回）

（7）平生少疾，皆因月孛光辉。（《金瓶梅词话》第二十八回）

（8）以海印三昧印定，前学后学无别有路。（《祖堂集·仰山和尚》）

（9）既然如此，今日一会，当为何人？（《祖堂集·福先招庆和尚》）

（10）实由朱勔父子侵害东南之民，怨结数路，方腊一呼，四境响应，屠割州县，杀戮吏民，天下骚然，弥年不已。（《大宋宣和遗事》利集）

（11）窃谓教化陵夷，风俗颓败，皆由取士不得真才，而教化无以仰赖。（《金瓶梅词话》第四十八回）

（12）缘为上行下效，捷于影响，可以见人心之所同者如此。（《朱子语类》卷十六）

（13）三藏果见知心念去处，缘为涉境。（《祖堂集·仰山和尚》）

（14）为缘你供养修持，舍了此经一千五百卷，有此功行，他投害你不得。（《金瓶梅词话》第五十九回）

（15）心生爱慕，为缘远公是菩萨相，身有白银相光，身长七尺，发如涂漆，唇若点朱。（《敦煌变文·庐山远公话》）

（16）凄凉，因为我心上放不下，更不知你在谁家。（《金瓶梅词话》第四十五回）

（17）缘是主司出题目，多是将不相属处出，致举子不得不如此。（《朱子语类》卷一百一十八）

（18）缘以君重臣轻，标名有其先后。（《敦煌变文·降魔变文》）

（19）周祖后稷，以其有功德。（《朱子语类》卷一百七）

（20）也无如礼乐何，缘是它不仁了。（《朱子语类》卷二十五）

（21）"小人闲居为不善，无所不至。见君子而后厌然，揜其不善，而著其善。"只为是知不至耳。（《朱子语类》卷十六）

（22）因为天晚，到这庄上投宿。（《水浒传》第五回）

（23）为因俺这里无人帮护，拨他来做提辖。（《水浒传》第三回）

（24）前日太守委我一纸批文，为因黄泥冈上一伙贼人打劫了梁中书与丈人蔡太师庆生辰的金珠宝贝，计十一担，正不知是甚么样人打劫了去。（《水浒传》第十七回）

（25）天汉州桥下众人，为是杨志除了街上害人之物，都敛些盘缠，凑些银两，来与他送饭，上下又替他使用。（《水浒传》第十二回）

（26）因是宋公明生发背疮在寨中，又调兵遣将，多忙少闲，不曾见得。（《水浒传》第六十七回）

（27）不因奸佞居台辅，合是中原血染人。（《金瓶梅词话》第三十回）

（28）因着气恼，不能运转，滞在胸膈间。（《金瓶梅词话》第七十六回）

二是使用表果连词的独用句式，包括"p，故 q"、"p，所以₁q"、"p，因此 q"、"p，是故 q"、"p，是以 q"、"p，因兹 q"、"p，致令 q"、"p，致使 q"、"p，为此 q"、"p，以此 q"、"p，因而 q"、"p，故而 q"、"p，缘兹 q"、"p，故此 q"、"所以₂q，p"、"之所以 q，p"、"p，可见 q"、"p，以至 q"、"p，以是 q"、"p，为之 q"、"p，缘此 q"、"p，以致 q"、"p，以至于 q"、"p，故此 q"、"p，因是₂q"、"p，以故 q"、"p，由此 q"、"p，由是 q" 28 种①：

（29）佛在世时留此教，故今相欢造盂兰。（《敦煌变文·目连缘起》）

（30）本朝皇帝圣心喜悦，所以遣良嗣、武仲充贺功使副。（《三朝北盟会编·燕云奉使录》）

（31）烧断桥缆，陷没数千人，虏因此不得济。（《大宋宣和遗事》利集）

（32）更以方便，令其不枉人民，是故于此中尊。（《敦煌变文·

---

① 表果连词的独用句式包括由表果连词参与构成的超词形式的独用句式。如"对船上头目看见李俊等船上并无军器，因此就不放箭"（《水浒传》第九十八回），实际上是"p，因此就 q"，但仍归入"p，因此 q"中。

维摩诘经讲经文》)

（33）海上所议，尽还燕民燕地，是以岁输旧与契丹银绢。(《三朝北盟会编·茅斋自叙》)

（34）胁不至席，因兹立号，名胁尊者。（《祖堂集·伏驮密多尊者》)

（35）朝廷遣将非仁义，致令壮士心劳切。（《水浒传》第八十回)

（36）雪娥暗泄蜂媒事，致使干戈肘腋傍。(《金瓶梅词话》第二十五回)

（37）虑恐平王相捕逐，为此星夜涉穷途。(《敦煌变文·伍子胥变文》)

（38）在此十分之好。只恐高太尉追捕到来，负累了你，恐教贤弟亦遭缧绁之厄，不当稳便，以此两难。(《水浒传》第二回)

（39）本月十五日，一时见本官衙内许多银酒器皿，因而起意，至夜乘势窃取入己。(《水浒传》第三十回)

（40）却自思惟前佛后佛，皆同此路，如人行路新旧同辙。故而记之也。(《祖堂集·五冠山瑞云寺和尚》)

（41）恐畏中途生进退，缘兹忧惧乃频眉。（《敦煌变文·降魔变文》)

（42）原来西门庆有心要梳笼桂姐，故此发言，先索落他唱。(《金瓶梅词话》第十一回)

（43）某所以奋不顾身，止念在廷臣寮皆有父母妻子，独主上孤立于此。(《三朝北盟会编·绍兴甲寅通和录》)

（44）今魄之所以能运，体便死矣。(《朱子语类》卷三)

（45）径拿进来与你瞧，可见我不失信。(《金瓶梅词话》第十二回)

（46）却徘徊不进，坐视其父之危急而不恤，以至城陷。(《朱子语类》卷一百三十)

（47）盖所居父母之邦，不可废臣子之节。今契丹自为戎首，窃稳奸谋，燔烧我里庐，虔刘我士女，报之以怨，抚乃以仇。以是竟思戴舜以同心，不可助桀而为虐。(《三朝北盟会编·燕云奉使录》)

（48）彦泽纵兵大掠京城二日，都城为之一空。(《五代史平话·

晋史平话》)

（49）须要此物，缘此三年未得释去。(《大宋宣和遗事》利集)

（50）祸根起于王安石引用婿蔡卞及姻党蔡京在朝，陷害忠良，奸佞变诈，欺君虐民，以致坏了宋朝天下。(《大宋宣和遗事》元集)

（51）朕不用种师道言，以至于此！(《大宋宣和遗事》利集)

（52）恐怕丧了你行止，显的俺每阴骘了。故此先把几句风话来，教你认范。(《金瓶梅词话》第十九回)

（53）正撞见侯健这个兄弟出来食饭，因是得知备细。(《水浒传》第四十一回)

（54）低头食之，又多为竹筒所滚，脚下不得地，以故士马俱毙。(《朱子语类》卷一百三十六)

（55）重贵寝其命，不遣使宣召。由此知远怨望新主重贵。(《五代史平话·晋史平话》)

（56）其三千人奔大金国，具言中国虚实。又易州常胜军首领韩民义怨守臣章综，率五百人见粘罕，曰："常胜军惟郭药师有报国心，如张令徽、刘舜仁之徒，因张觉皆觖望。"由是彦宗、余睹辈力劝南朝可图，仍不必以众，因粮就兵可也。(《三朝北盟会编·茅斋自叙》)

第二节　搭配句式

所谓搭配句式，是指因果句中只使用两个标记且其中一为因标一为果标的句式。韩礼德（1976）给搭配下了这样一个定义"体现词项在某种显著的临近范围内组合关系的线性共现"（姚双云、邢福义，2008：43）。这个定义有以下几个关键词需要注意：一是"词项"。包括实词和虚词，所以可以是实词与实词组合，如"拿来"、"好油"；也可以是虚词与虚词组合，如"因为……所以……"、"因此就"；还可以是实词与虚词组合，如"极大"、"白吃"。二是临近范围。临近范围可大可小，可以是连续组合，两项之间不插入任何成分，如"吃酒"、"武艺高强"；也可以是非连续组合，多出现于句间，如"一来……二来……三者……"、"只要……就……"；还可以出现在一句之内，如"为……故"、"既……时"。三是组合关系。这里组合关系指的是两个词项之间横向的结构关系（如主谓、述宾）或非结构关系（如"因此就"、"因为……所以……"），无论是哪一种关系，都可以表达一种完整的组合意义，而该组合意义正是由两个词项所表示的词汇意义或语法意义构成的。四是显著。就是说这种共现一定要比较常见，至少是以大于偶然的概率出现。据此，我们也可以给本文所说的搭配下一个定义：体现因标与果标在某种显著的临近范围内组合关系的线性共现，这种共现是建立在原因句和结果句之间不同的语义组合上的。本文的搭配均是非连续的句间搭配，多是虚词与虚词的组合，如表因连词同关联副词、语气副词、承接连词和表果连词的组合；也有虚词和实词的组合，如表因连词同疑问代词的组合。近代汉语中的 15 种表因连词与不同的果标搭配可形成 188 种搭配句式①，相应的语义组合从结果句句类上分可归纳为两大类："原因 + 结果（疑问）"和"原因 + 结果（非疑问）"，每一类都有无附加语义和有附加语义两种情形②。

一　"原因 + 结果（疑问）"

第一类是"原因 + 结果（疑问）"，又可分为"原因 + 结果（有疑而问）"和"原因 + 结果（无疑而问）"，前者又可分为"原因 + 结果（对原因有疑而问）"、"原因 + 结果（对方式有疑而问）"、"原因 + 结果（对推断有疑而问）"。"原因 + 结果（对原因有疑而问）"包括"既 p，何/怎/又₂/且/何以/何故/如何/缘何/因何/凭何₁/亦更/为什摩/作摩生/因什摩/又何/何以却/却为甚/因甚却/如何却/为什摩却/又却如何 q"、"既然 p，如何/因什摩/为甚摩/却如何 q" 24 种。邢福义（2001）提出在现代汉语中，"既然"因果句存在一种"既然 A，那么 B，可是却非 B"的语义结构，是构成"既然 p，为什么 q"的语义基础。近代汉语中也是如此。"原因 + 结果（对原因有疑而问）"实际上是推断原因和推断结果的

---

① 近代汉语中的表因连词共 20 种，但其中"为的是"是在清初产生的，而此处对搭配的调查是基于晚唐五代到明代的八部文献，"由于"不见于八部文献，"缘以"、"不因"、"缘为"又只能独用，所以除去这 5 种，还剩下 15 种。

② 所谓附加语义，是指除因果义之外的其他语义，如下文所说的对疑问语气的加强以及累加义、类同义、限止义和委婉义等。这些意义是附加在因果义之上的，但与之并不矛盾，可以并存。有附加语义是因为果标由副词和疑问代词充当，附加的语义实际上就是副词和疑问代词的语法意义。

搭配，只不过这个结果是以询问某个原因的方式出现的，具体地说就是根据情形 A 按常理可推出情形 B，但现实却是非 B，与常理不符，所以要询问出现非 B 的原因。这种搭配的因标是推断表因连词"既"和"既然"，果标是询问原因的疑问代词，包括"何"、"怎"、"何以"、"何故"、"如何"、"缘何"、"因何"、"为甚"、"因甚"、"凭何$_1$"、"为什摩（为甚摩）"、"作摩生"、"因什摩"，加强疑问语气的语气副词"又$_2$"、"复"、"更"、"且"以及语气副词与语气副词的连用形式"亦更"①、疑问代词和语气副词的连用形式"又何"、"何以却"、"却为甚"、"因甚却"、"如何却"、"却如何"、"为什摩却"、"又却如何"：

　　（1）既称避难，何得恐吓？仍更踬打，使令坠翻？（《敦煌变文·燕子赋》）

　　（2）副使既知书，何故作右官？（《三朝北盟会编·靖康大金山西军前和议录》）

　　（1）是"既 p，何 q"，是"既"与"何"搭配，含义是根据"称避难"按常理可推出"不应恐吓……使令坠翻"，但现实却是"恐吓……使令坠翻"，与常理不符，所以要询问出现"恐吓，仍更踬打，使令坠翻"的原因。（2）是"既 p，何故 q"，是"既"与"何故"搭配，含义是根据"副使知书"按常理可推出"不应作右官"，但现实却是"作右官"，与常理不符，所以要询问出现"作右官"的原因。

　　吕叔湘（1980/1999）指出"又$_2$"有加强反问的用法，此时句中要出现疑问指代词，且须出现在"又$_2$"之后②。近代汉语中的情形与之相似，结果句中表"为什么"义的疑问代词前可加上"又$_2$"，以加强特殊疑问语气：

---

① "凭何$_1$"意思是"为什么"，"复"、"更"、"且"、"亦更"相当于"又$_2$"。

② 如果"又"出现在疑问代词前，则是语气副词"又$_2$"；如果"又"出现在疑问代词后陈述部分前，则是累加副词"又$_1$"。如"既征伐底是了，何故又有不得已意"（《朱子语类》卷二十五）。这是因为"又$_2$"的辖域是整个疑问部分，如（3）的"何传语"；"又$_1$"的辖域只是疑问部分中的陈述部分，如"何故又有不得已意"中的"有不得已意"。

（3）既不得意，又何传语？（《祖堂集·九峰和尚》）

（4）既有祖师意，又用西来作什摩？（《祖堂集·曹山和尚》）

（3）是"既 p，又何 q"，是"既"与"又₂"和"何"的连用形式搭配，含义是根据"不得意"按常理可推出"不须传语"，但现实却是"传语"，与常理不符，所以要询问出现"传语"的原因。（4）是"既 p，又 q"，是"既"与"又₂"搭配，含义是根据"有祖师意"按常理可推出"不用西来"，但现实却是"西来"，与常理不符，所以要询问出现"西来"的原因。为了使这种询问的语气变得更加强烈，就在句首加上了"又₂"。由于"又₂"是加强整个疑问语气的，其辖域是"何传语"以及"用西来作什摩"，所以必须出现在其前。如果去掉"又₂"，整个句子虽然还说得通，但疑问语气显然就弱了些。"又₂"可以加强反问语气，但也可以加强特殊疑问语气，如（3）、（4），二者的内部机制是一致的。

邢福义（2001）观察到了现代汉语中的一个现象：在"既然 p，为什么 q"中，如果"为什么 q"是针对事实的有疑而问，q 已成为事实，在语义上与 p 相逆，那么就可以在"为什么"前或"为什么"后加上"却₁"，以表示与常理的极端不合。近代汉语中的有疑而问也是如此，有时结果句中表"为什么"义的疑问代词前或后可加上表转折的语气副词"却₁"：

（5）既来讲和，却为甚教韩世忠来掩不备？（《三朝北盟会编·绍兴甲寅通和录》）

（6）既得遇得逢，为什摩却成屈？（《祖堂集·云居和尚》）

（5）是"既 p，却为甚 q"，是"既"与"却₁"和"为甚"的连用形式搭配，含义是根据"来讲和"按常理可推出"不应教韩世忠来掩不备"，但现实却是"教韩世忠来掩不备"，与常理不符，所以要询问出现"教韩世忠来掩不备"的原因；（6）是"既 p，为什摩却 q"，是"既"与"为什摩"和"却₁"的连用形式搭配，含义是根据"得遇得逢"按常理可推出"不成屈"，但现实却是"成屈"，与常理不符，所以要询问出现"成屈"的原因。这里"不应教韩世忠来掩不备"与"教韩世忠来掩不备"之间以及"不成屈"与"成屈"之间均有明显的转折关系，为了使这种转折关系变得更为明显、转折语气变得更加强烈，所以在"为甚"前和"为什摩"后加上了语气副词"却₁"。如果去掉"却₁"，整个句子虽然还说得通，但疑问语气显然就弱了些。如果"却₁"处于表"为什么"义的疑问代词前，那么为了进一步加强疑问语气，还可以在"却₁"前再加上"又₂"，如"既 p，又却如何 q"：

（7）狂简既是"志大而略于事"，又却如何得所为成章？（《朱子语类》卷二十九）

"又₂"是加强疑问语气的，"却₁"是加强转折语气的，二者连用使得结果句的疑问和转折语气都加强了。不过"原因＋结果（对原因有疑而问）"中结果句的疑问和转折语气本身就是存在的，加"又₂"或"却₁"只是为了凸显，一般来说凸显其中的某一类语气就可以了，没必要两者都凸显，所以单用一个"又₂"或"却₁"就可以了，没必要两个都用，因而这种搭配在近代汉语中极为罕见。

综上所述，"原因＋结果（对原因有疑而问）"式搭配可归纳为以下四种，即"既/既然 p，何/怎/何以/何故/如何/缘何/因何/凭何₁/为什摩/作摩生/因什摩 q"、"既 p，又₂/且/复/更/又何/亦更"、"既/既然 p，何以却/因甚却/如何却/却如何/却为甚/为什摩却 q"、"既 p，又却如何 q"。第一种不加强任何语气，第二种加强了有疑而问的语气，第三种加强了转折语气，第四种同时加强转折和有疑而问的语气，也就是说第一种无附加语义，后三种有附加语义。

再看"原因＋结果（对方式有疑而问）"，包括"既 p，争 q"、"既 p，如何 q"、"既 p，作摩生 q"、"缘 p，如何 q"4 种。这种搭配与"原因＋结果（对原因有疑而问）"十分相似，只不过结果是以询问某种方式的形式出现的，具体地说就是根据情形 A 按常理可推出情形 B，但现实却是非 B，与常理不符，所以要询问实现非 B 的方式。这种搭配的因标是表因连词"既"和"缘"，果标是表方式义的疑问代词，包括"争"、"如何"、"作摩生"：

（8）佛既不识，争知是乎？（《祖堂集·富那耶奢尊者》）

（9）他缘人命致重，如何打他鞭耻？（《敦煌变文·舜子变》）

（8）是"既 p，争 q"，是"既"与"争"搭配，含义是根据"佛不识"按常理可推出"应不知是"，但现实却是"已知是"，与常理不符，所以要询问实现"知是"的方式；（9）是"缘 p，如何 q"，是"缘"与"如何"搭配，含义是根据"他人命致重"按常理可推出"不应打他鞭耻"，但现实却是"要打他鞭耻"，与常理不符，所以要询问实现"打他鞭耻"的方式。"原因＋结果（对方式有疑而问）"式搭配可归纳为以下一种，即"既/缘 p，争/如何/作摩生 q"。这种搭配虽有转折和有疑而问的语气，但并未得到加强，也就是说无附加语义，这是与"原因＋结果（对原因有疑而问）"的最大不同之处。

再看"原因＋结果（对推断有疑而问）"，有"既然 p，莫非 q"、"既 p，还$_2$q"两种。这种搭配的语义是根据情形 A 按常理可推出情形 B，但对此不太确定，所以要询问对方情形 B 是否正确，或根据情形 A 可推出问题 B，且对相应的答案不甚清楚，所以要询问对方以获得答案。这种搭配的因标是表因连词"既然"、"既"，果标是表一般疑问的语气副词，即"莫非"、"还$_2$"：

（10）既然有此灵验之梦，莫非此处坊隅庙宇，有灵显之神，故来护佑兄长？（《水浒传》第九十七回）
（11）无情既有心，还解说法也无？（《祖堂集·慧忠国师》）

（10）是"既然"与"莫非"搭配，含义是根据"有此灵验之梦"按常理可推出"此处坊隅庙宇……故来护佑兄长"，但对此不太确定，所以要询问对方这种推断是否正确。（11）是"既"与"还$_2$"搭配，含义是根据"无情有心"可推出"还解说法也无"，且对相应的答案不甚清楚，所以要询问对方以获得答案。"原因＋结果（对推断有疑而问）"式搭配可归纳为以下一种，即"既/既然 p，还$_2$/莫非 q"。这种搭配有有疑而问的语气，且这种有疑而问的语气通过"莫非"、"还$_2$"得到了加强，也就是说有附加语义。

我们注意到，推断表因连词常与表有疑而问的疑问代词搭配，包括一般疑问和特殊疑问，而说明表因连词则几乎不能如此搭配①，这是因为推断因果重在推断，而由一个根据推出一个问题是很常见的事；说明因果重在陈述，既然是陈述，结果一般是已知的，不大可能是未知的，因而就不会以一般疑问和特殊疑问的形式出现。

"原因 + 结果（无疑而问）"包括"既 p，何/争/安/怎/那/怎的/何故/何因/如何/岂/宁/恰/却₂/还₃/莫不/又安/亦安 q"、"为 p，如何 q"、"缘 p，争/何/如何 q"、"争 q，缘 p"、"因₁p，争/怎/何/怎的/凭何₂q"、"既然 p，何/安/那/如何/何故 q"、"由 p，岂 q"33 种，与"原因 + 结果（有疑而问）"的差别在于前者的说话人在发问时只是以反问的方式表示对某种看法的确定和强调，不要求对方回答，并不想知道答案，而后者的说话人在发问时对问题的答案并不明确，要求对方回答②：

　　（12）（国相谓履曰："）副使既知书，何故作右官？（"履曰："读书无成，乃因武弁。"）（《三朝北盟会编·靖康大金山西军前和议录》）

　　（13）（又自指着心曰："这里不可欺也！吾儿将行，咱戒之曰：

----

① 说明因果句可以整个句子变成有疑而问，且均是一般疑问：

　　（a）横渠只是硬把捉，故不安否？（《朱子语类》卷三十四）（b）岂孔氏书所谓"传之子孙以贻后代"者，至是私有所传授，故班固得以述之欤？（《朱子语类》卷一百一十二）（c）莫非皇天有怒，不容宋江收捕方腊，以致损兵折将？（《水浒传》第九十二回）

表明说话人对造成某结果的原因心中有数，但不太确定，所以要询问一番究竟是不是此原因。此时原因句是新信息，是焦点，而结果句是旧信息，是背景，所以从语义上看，疑问语气贯穿的仅是原因句，但从句法上看，疑问语气贯穿的是整个因果句，因为原因句在前而结果句在后。推断因果句一般来说，原因句是旧信息，是背景，而结果句是新信息，是焦点，并且原因句在前而结果句在后，所以从语义上看，疑问语气贯穿的仅是结果句；从句法上看，疑问语气贯穿的也仅是结果句。

② 在设问的情况下，说话人在发问时对问题的答案已明确，不要求对方回答，会在发问结束后给出答案。如"建成既如此，王魏何故不见得？又何故不知太宗如此，便须莫事建成？（亦只是望侥倖）"（《朱子语类》卷一百三十六）一句，说话人显然是对"王魏何故不见得……便须莫事建成"两问的答案非常清楚，即后面的"亦只是望侥倖"。此句是设问句，仍是有疑而问，不是无疑而问（反问），因为虽然两问已知答案不要求别人回答，但并非以反问的方式表示对某种看法的确定和强调。

'赵大王若引兵北向渝关，急须引归，太原不可救也。'）您既要做天子，怎不用兵击退吾儿？（就唐主阴图禅位，亦未为晚。您为唐臣，负其主为不忠，乘时邀利为不义。不忠不义，何所容身于天地之间？"令左右将去剥取皮来，将付军中蒙鼓。）（《五代史平话·晋史平话》）

（12）是有疑而问，对方针对问题做了回答，从发问中无法得知作右官的原因；（13）是无疑而问，说话人说完话不要求对方回答，因而未给对方说话的机会，从发问中就可以得知这是在说"您应用兵击退吾儿"。

"原因＋结果（无疑而问）"实际上是原因和结果的搭配，只不过这个结果是以反诘疑问句（即反问句）的形式出现的。它在意义上与以相应陈述句形式表示的结果相同，但在语气上比后者有一种更为强烈的肯定。这种搭配的因标是表因连词"既"、"为"、"缘"、"因₁"、"既然"，果标是表反问义的疑问代词，有"何"、"争"、"安"、"怎"、"那"、"何因"、"如何"、"怎的"、"何故"、"凭何₂"；表反问义的语气副词，有"岂"、"宁"、"恰"、"却₂"、"还₃"、"莫不"，以及语气副词和疑问代词的连用形式"又安"、"亦安"①：

（14）只因八月内，哥儿着了惊唬，不好，娘昼夜忧戚，那样劳碌，连睡也不得睡，实指望哥儿好了，不想没了。成日着了那哭，又着了那暗气暗恼在心里，就是铁石人也禁不的，怎的不把病又犯了！（《金瓶梅词话》第六十二回）

（15）你既是聪明伶俐，恰不道长嫂为母！（《水浒传》第二十四回）

（14）是"因₁p，怎的q"，是"因₁"与"怎的"搭配，"怎的不把病又犯了"义即"自然把病又犯了"，但在语气上比后者有一种更为强烈的肯定；（15）是"既p，恰q"，是"既"与"恰"搭配，"恰不道长嫂为母"义即"应道长嫂为母"，但在语气上比后者有一种更为强烈的

---

① "凭何₂"为"怎么"义，"宁"、"恰"、"却₂"均为"难道"义，"那"后来写成"哪"，"亦安"相当于"又安"。

肯定。

有时结果句中表"哪"义的疑问代词前可加上表强调的语气副词"又$_2$"、"亦$_3$"，显然是为了加强反问语气：

（16）既与常人一同，又安得不以圣贤为己任？（《朱子语类》卷八）

（17）既曰用力，亦安有昏弱欲进而不能者？（《朱子语类》卷二十六）

（16）是"既 p，又安 q"，是"既"与"又$_2$"和"安"的连用形式搭配，"安得不以圣贤为己任"义即"自当以圣贤为己任"，但在语气上比后者有一种更为强烈的肯定。因为要这种肯定更进一步强烈，就在"安"前加上了"又$_2$"。（17）是"既 p，亦安 q"，是"既"与"亦$_3$"和"安"的连用形式搭配，"安有昏弱欲进而不能者"义即"自无昏弱欲进而不能者"，但在语气上比后者有一种更为强烈的肯定。因为要这种肯定更进一步强烈，就在"安"前加上了"亦$_3$"。

综上所述，"原因＋结果（无疑而问）"式搭配可归纳为以下三种，即"既/为/缘/因$_1$/既然/由 p，何/争/安/怎/那/何因/如何/怎的/何故/凭何$_2$/岂/宁/恰/还$_3$/却$_2$/莫不 q"、"争 q，缘 p"和"既/既然 p，又安/亦安 q"。前两种不加强任何语气，后一种加强了无疑而问的语气，也就是说前两种无附加语义，后一种有附加语义。

二　"原因＋结果（非疑问）"

同"原因＋结果（疑问）"一样，"原因＋结果（非疑问）"也有无附加语义和有附加语义之分。先看有附加语义的，具体包含四类，一是"原因＋结果（委婉）"，句式有"既 p，也$_2$q"、"既 p，亦$_2$q"、"既然 p，也$_2$q"3 种。这里的委婉专指委婉语气，是让结果听起来委婉一些，不那么生硬。这与吕叔湘（1980/1999：597）说的"也$_2$"能"表示委婉的语气。去掉'也'字，语气就显得直率，甚至生硬"是一致的。这种搭配的因标是推断表因连词"既"、"既然"，果标是表委婉义的语气副词"也$_2$"、"亦$_2$"：

　　（18）既是大爹可怜见，孩儿也是有造化的。（《金瓶梅词话》第
三十七回）

　　（19）既然如此，也有出身时。（《水浒传》第六回）

　　（18）是"既 p，也$_2$q"，是"既"与"也$_2$"搭配，根据"大爹可怜
见"可推出"孩儿是有造化的"；（19）是"既然 p，也$_2$q"，是"既然"
与"也$_2$"搭配，根据"如此"可推出"有出身时"。但为了使结论听起
来更缓和一些，不那么生硬，故加委婉义的语气副词"也$_2$"。"原因 + 结
果（委婉）"式搭配可归纳为以下一种，即"既/既然 p，也$_2$/亦$_2$q"。这
种搭配由于存在委婉语气，所以有附加意义。

　　二是"原因 + 结果（类同）"，包括"既 p，亦$_1$q"、"既 p，也$_1$q"、
"为 p，也$_1$q"、"缘 p，亦$_1$q"、"因$_1$p，亦$_1$q"、"亦$_1$q，为因 p" 6 种。
"原因 + 结果（类同）"中的结果和原因之间有行为或状态上的类同。这
种搭配的因标是表因连词"既"、"为"、"缘"、"因$_1$"、"为因"，果标是
类同副词"也$_1$"、"亦$_1$"：

　　（20）你既一家大小都好，也教我直直腰儿着！（《金瓶梅词话》
第三十一回）

　　（21）又缘彼佛寿命稍长，修行亦远。（《敦煌变文·妙法莲华经
讲经文》）

　　（20）是"既 p，也$_1$q"，是"既"与"也$_1$"搭配。原因句是"你一
家大小都好"，结果句是"也教我直直腰儿着"，等于说"你既然一家大
小都好，也应让我好"，原因句和结果句都有"某人好"这样一种语义，
因此就具有类同关系。（21）是"缘 p，亦$_1$q"，是"既"与"亦$_1$"搭
配，原因句是"彼佛寿命稍长"，结果句是"修行亦远"，"稍长"与
"远"都是时间长的意思[1]，二者之间有类同关系。"原因 + 结果（类
同）"式搭配可归纳为以下一种，即"既/为/缘/因$_1$p，也$_1$/亦$_1$q"。这种
搭配由于存在小句之间的类同关系，所以有附加意义。

――――――――――

　　①　"稍长"义为"很长"。

三是"原因+结果（累加）"，仅"因$_1$p，又$_1$q"一种。"原因+结果（累加）"表明结果对原因有行为或状态上的累加。这种搭配的因标是表因连词"因$_1$"，果标是累加副词"又$_1$"：

（22）因请他来这里坟上观看地理，被他说诱，又留他住了几日。（《水浒传》第三十二回）

（22）是"因$_1$p，又$_1$q"，是"因$_1$"与"又$_1$"搭配，原因句是"请他来这里坟上观看地理，被他说诱"，结果句是"又留他住了几日"。"请他来这里坟上观看地理"和"留他住了几日"是"爹娘"一前一后发出的两种动作，二者之间有累加关系。"原因+累加"式搭配可归纳为以下一种，即"因$_1$p，又$_1$q"。这种搭配由于存在小句之间的累加关系，所以有附加意义。

四是"原因+结果（限止）"，有"因$_1$p，方q"、"因$_1$p，才q"、"由p，方q"、"缘p，方q"、"为p，方q"、"以p，方q"、"缘p，始q"、"缘是p，方q"、"因$_1$p，方才q"、"因$_1$p，始q"、"因$_1$p，乃始q"、"因为p，才q"、"惟其p，方q"13种。吕叔湘（1980/1999：107）认为"表示只有在某种条件下，或由于某种原因、目的，然后怎么样。用于后一小句，前一小句常有'只有、必须，要；因为，由于；为了'配合"。我们完全同意吕先生的看法。"原因+结果（限止）"表明正是出现了某种原因，才能产生某种结果；若不出现这种原因，便不会产生这种结果。这种搭配的因标是表因连词"因$_1$"、"由"、"缘"、"缘是"、"因为"、"惟其"，果标是表初始义的时间副词"方"、"才"、"始"，以及时间副词与时间副词的连用形式"方才"、"乃始"①：

（23）直缘宿世修行到，方得长随无漏人。（《敦煌变文·长兴四年中兴殿应圣节讲经文》）

（24）因为你们通同作弊，弄出丑事来，才被他打发出门。（《金瓶梅词话》第八十六回）

---

① 这里的"乃"也是表初始义的时间副词，相当于"才"。

（23）是"缘 p，方 q"，是"缘"与"方"的搭配，含义是正因为"宿世修行到"，才"得长随无漏人"；若不是因为"宿世修行到"，便不会"长随无漏人"。（24）是"因为 p，才 q"，是"因为"与"才"的搭配，含义是正因为"你们通同作弊，弄出丑事来"，才"被他打发出门"；若不是因为"你们通同作弊，弄出丑事来"，便不会"被他打发出门"。"原因＋结果（限止）"式搭配可归纳为以下一种，即"因₁/由/缘/以/为/缘是/因为/惟其 p，方/才/始/方才/乃始 q"。这种搭配由于存在小句之间的必要条件关系，所以有附加意义。

再看无附加语义的，含"既 p，即/却₃/然/乃/便/遂/就/便却/即便/则/故/是以/所以₁/则便 q"、"为 p，遂/便/乃/当/即/就/因₂/却₃/故/所以₁/致令/是以/以至/为此/因此/以此 q"、"所以₂ q，为/缘/以/缘是 p"、"缘 p，便/乃/遂/即/遂即/则/于是/故/所以₁/以此/故此所以 q"、"之所以 q，缘/以 p"、"因₁ p，遂/乃/却₃/便/就/因₂/即/于是/故/因此/所以₁/为此/以此/由是/致使/以至/因而/以致/因此就 q"、"既然 p，便/就/却₃/却是 q"、"因为 p，便/就/遂/故/以此/因此/故此 q"、"以 p，遂/乃/于是/故/是以/是用/所以₁/故遂 q"、"由 p，遂/故/所以₁ q"、"为缘 p，所以₁ q"、"缘是 p，便/却₃/故/所以₁ q"、"为因 p，即/却₃/以此 q"、"为是 p，便/遂/故 q"、"惟其 p，然后/故/所以₁/是以 q"、"因是₁ p，却₃/故/因此 q"、"因着 p，就 q" 107 种。这种搭配的因标是表因连词"既"、"为"、"缘"、"因₁"、"既然"、"因为"，果标是表承接义的时间副词"即"、"却₃"、"然"、"乃"、"便"、"遂"、"就"、"当"、"因₂"、"却是"，承接连词"则"、"然后"、"于是"，以及表果连词"故"、"是以"、"所以₁"、"致令"、"以至"、"为此"、"因此"、"以此"、"所以₂"、"故此"、"致使"、"之所以"、"因而"、"以致"、"由是"①、时间

---

①　一般来说，说明表因连词和说明表果连词搭配，推断表因连词和推断表果连词搭配，例外的时候不多。像"既"与"故"、"是以"、"所以₁"这样推断表因连词与说明表果连词搭配虽然有，但并不常见，在所有搭配中占的比例是很小的：

（d）此无量寿国，既是净土，故无三灾，亦无忧热。（《敦煌变文·佛说阿弥陀经讲经文》）

（e）上面说人心之所同者既如此，是以君子见人之心与己之心同，故必以己度人之心。（《朱子语类》卷十六）

（f）君子既知人都有此心，所以有絜矩之道，要人人都得尽其心。（《朱子语类》卷十八）

副词和时间副词的连用形式"便却"、"即便"、"遂即"、"因遂"，以及
时间副词和承接连词的连用形式"则便"、时间副词和表果连词的连用形
式"故遂"、"因此就"，还有表果连词与表果连词的连用形式"故此所
以"①：

　　（25）既是有一个，就罢了。（《金瓶梅词话》第三十五回）
　　（26）因为这三岔路上通三处恶山，因此特设这清风寨在这清风
镇上。（《水浒传》第三十三回）

　　表因连词和表果连词搭配自然可以形成因果关系，与时间副词和承接
连词搭配也可以形成因果关系，这是因为因果关系具有时序性，原因总是
在前而结果总是在后，二者有着时间上的先后顺序和承接关系。一般来
说，表达这种单纯的因果关系果标（承接连词/表果连词/时间副词）只
需一个就够了，但有时会出现两个，这就形成了一种在语义上和谐的连
用，常见的有三种情形，一是时间副词与时间副词连用，如"便却"、
"即便"、"遂即"、"因遂"；二是时间副词与承接连词连用，如"则便"；
三是时间副词与表果连词连用，如"故遂"、"因此就"：

　　（27）既不论性，便却将此理来昏了。（《朱子语类》卷四）

────────────────

①　"却₃"、"然"、"当"、"因₂"、"却是"是时间副词，相当于"就"。另外，晚唐五代有
一种特殊的表果连词与表果连词的连用形式，即四音节的"故此所以"，共出现1次：此唱经缘
前文中明真身不动，众生疑，为是化身如来所说经法无福报，故此所以举化佛之教，巨有福报尚
不如持于此经。（《敦煌变文·金刚般若波罗蜜经讲经文》）"故此所以"显然是表果连词"故
此"和"所以₁"的连用。这种形式的连用在中古佛经中时有出现，如"是以故"、"所以
故"等：

　　（g）不久应当入般涅盘，是以故来。（释法显译《大般涅盘经》卷中）
　　（h）恐畏频头娑罗大王生嫉妒心，所以故减。（阇那崛多译《佛本行集经》卷第
四十七）

　　均是两个表果连词连用的形式。由于《金刚般若波罗蜜经讲经文》是佛教文献，所以尽管
它成于晚唐五代，但仍会受到中古佛经的影响而偶尔出现这种表果连词连用的形式，可以说是一
种特殊的仿古现象。

（28）既是"失其本心"，则便解滥淫。（《朱子语类》卷二十六）

（29）因跟一个叔伯哥哥来蓟州做知府，一向流落在此。续后一个新任知府却认得他，因此就参他做两院押狱兼充市曹行刑刽子。（《水浒传》第四十四回）

据杨荣祥（2005），不同的副词连用时，辖域大的副词一般在辖域小的副词之前，而承接义时间副词的辖域又基本上都是一致的，多为句中的VP，所以连用时哪个在前哪个在后往往具有任意性，有"便却"，也有"却便"；有"即便"，也有"便即"；有"遂即"，也有"即遂"：

（30）既不论性，便却将此理来昏了。（《朱子语类》卷四）

（31）行者就知有意，却便将计就计道："是，也好，你比悟净还有些膂力。"（《西游记》第四十九回）

（32）既是伯伯不肯去时，即便先送姆姆前行，我们自去下手。（《水浒传》第四十九回）

（33）妖王大笑陪礼道："娘娘怪得是！怪得是！宝贝在此，今日就当付你收之。"便即揭衣取宝。（《西游记》第七十回）

（34）吾缘染患，寸步难移，遂即将别。（《敦煌变文·维摩诘经讲经文》）

（35）少选到岸，即遂伏谒。（《苏轼文集》卷五十六）

（36）世儒既无高明广大之见，因遂尊崇其书。（《朱子语类》卷一百三十七）

（37）祖知是法器，乃曰："诸佛最初求道，为法忘形，汝今断臂吾前，求亦可在。"祖遂因与易名曰慧可。（《五灯会元》卷一）

时间副词与承接连词和表果连词连用也遵循谁的辖域大谁在前的原则。由于承接连词和表果连词的辖域是SVP，而承接义时间副词的辖域一般是VP，所以承接连词和表果连词往往出现在前，出现在后的情形几乎不见。

综上所述，无附加语义的"原因＋结果（非疑问）"式搭配可归纳为以下一种，即"既/为/缘/因$_1$/既然/因为/因着/以/由/为缘/缘是/为因/为是/惟其/因是$_1$ p，即/却$_3$/然/乃/便/遂/就/当/因$_2$/却是/则/于是/然后/故/是以/所以/致令/以至/为此/因此/以此/由是/故此/致使/是用/因而/以致/便却/即便/遂即/因遂/则便/故遂/因此就/故此所以 q"、"所以$_2$/之所以 q，为/缘 p"。这种搭配只是体现单纯的因果关系，并无任何附加语义。

三　搭配句式的演变

第一章提到了从近代汉语到现代汉语中因果连词的产生、消亡和保留，搭配也是如此。这有四种情形：

其一，如果旧的因标和果标均保留了下来，那么由二者构成的搭配也就保留了下来，这也体现了搭配上的一种稳定性。前面说过，因标是表因连词，果标包括"为什么"、"怎么"类疑问代词、"就"、"又$_1$"、"也$_1$"、"才"类关联副词，"岂"、"莫非"、"还$_2$"、"也$_2$"类语气副词，承接连词、表果连词以及"又何"、"为什摩却"、"因此就"等超词形式。到了现代汉语中，有 17 个因果连词保留了下来，疑问代词留下了"怎"、"哪"、"为什摩"，关联副词留下了"就"、"也$_1$"、"又$_1$"、"才"，语气副词留下了"还$_3$"、"也$_2$"、"又$_2$"，承接连词留下了"于是"、"然后"，超词形式留下了"因此就"、"为什摩却"，因而留下的搭配为"既 p，怎/那/为什摩/为什摩却/还$_3$/也$_1$/也$_2$/又$_2$/就/所以$_1$q"、"既然 p，那/为甚摩/就/也$_2$q"①、"因$_1$p，怎/就/又$_1$/才/于是/因此/所以$_1$/为此/致使/以至/因而/以致/因此就 q"、"因为 p，才/就/因此 q"。

其二，如果旧的因标和果标只要有一方消亡了，那么由二者构成的搭配也就消亡了。到了现代汉语中，有 32 个因果连词被淘汰了，疑问代词被淘汰了"争"、"如何"、"作摩生"、"何"、"安"、"何因"、"何故"、"何以"、"缘何"、"因何"、"为甚"、"因甚"、"凭何$_1$"、"凭何$_2$"、"怎的"、"因什摩"，关联副词被淘汰了"即"、"便"、"却$_3$"、"然"、"乃"、"遂"、"当"、"因$_2$"、"却是"、"亦$_1$"、"方"、"始"，语气副词被淘汰了"岂"、"且"、"宁"、"恰"、"却$_2$"、"还$_2$"、"莫不"、"亦$_2$"、

---

① "为什摩"和"为甚摩"到了现代汉语中当然是写成了"为什么"。

"莫非"，承接连词被淘汰了"则"，超词形式被淘汰了"便却"、"即便"、"遂即"、"因遂"、"则便"、"故遂"、"又安"、"亦安"、"亦更"、"方才"、"乃始"、"又何"、"何以却"、"却为甚"、"因甚却"、"如何却"、"却如何"、"又却如何"、"故此所以"，因而淘汰的搭配为"既 p，何/争/安/何故/何因/因何/如何/何以/缘何/凭何₁/怎的/作摩生/为什摩/因什摩/又何/又安/亦安/何以却/却为甚/因甚却/如何却/为什摩却/又却如何/岂/且/宁/恰/却₂/还₂/亦₁/亦₂/即/便/却₃/然/乃/遂/莫不/亦更/便却/即便/故/是以/则便 q"、"既然 p，何/安/如何/何故/因什摩/为甚摩/却如何/却₃/便/却是/莫非 q"、"为 p，如何/遂/便/乃/当/即/方/就/因₂/却₃/也₁/故/所以₁/致令/是以/以至/为此/因此/以此 q"、"因₁ p，争/何/凭何₂/怎的/方/亦₁/遂/乃/却₃/因₂/即/便/始/方才/乃始/故/以此/由是 q"、"缘 p，争/何/如何/亦₁/方/便/乃/遂/即/始/遂即/则/于是/故/所以₁/以此/故此所以 q"、"争 q，缘 p"、"因为 p，遂/便/故/以此/故此 q"、"以 p，方/遂/乃/于是/故/是以/是用/所以₁/故遂 q"、"由 p，岂/方/遂/故/所以₁ q"、"为缘 p，所以₁ q"、"缘是 p，方/便/却₃/故/所以₁ q"、"为因 p，即/却₃/以此 q"、"亦₁ q，为因 p"、"为是 p，便/遂/故 q"、"惟其 p，方/然后/故/所以₁/是以 q"、"因是₁ p，却₃/故/因此 q"、"因着 p，就 q"、"所以₂ q，为/缘/以/缘是 p"、"之所以 q，缘/以 p"。

其三，如果新的因标或果标产生了，那么由二者构成的新搭配就有可能产生。如果标"那么"是过渡时期产生的，结果在现代汉语初期就形成了一种新的搭配"既/既然 p，那么 q"：

（38）法律的职务既然在应付社会生活情形，那么，社会生活的情形变更，法律的目的也应该跟着变更。（高一涵《对于"治安警察条例"的批评》）

（39）古韵既和今韵不同，那么今人要做韵文，用前代的韵觉得勉强，随意用韵，那又各人不同。（潘公展《关于新文学的三件要事》）

再如现代汉语中新产生了因标"是由于"，结果就有了新的搭配"所以₂/之所以 q，是由于 p"：

（40）自己所以有今天，是由于赶上了 1978 年中央召开全国科学大会时那个"科学的春天"。

（41）之所以这样讲，是由于他提出了所谓"循环积累因果论"。

其四，旧的因标和果标如果重新组合，也可以形成新的搭配。就表因连词和表果连词的搭配而言，"既然"和"所以₁"、"可见"在近代汉语初期就已经存在了，但构成"既然 p，所以₁/可见 q"却是在现代汉语中：

（42）名牌既然有如此重大的价值与效应，所以创名牌的大企业家视名牌为生命。

（43）县团长既然这样说，可见这法子有人用过了。

"所以₂"产生于南北朝，"之所以"产生于东汉，"是因为"产生于清初，但构成"所以₂/之所以 q，是因为 p"却是在现代汉语初期：

（44）美国劳动界之所以能争得享受天然土地的权利，是因为美国的民治主义发展得最早。（张慰慈《美国劳动运动及组织》）

（45）美国所以有这样的劳动组织，是因为美国此刻的情形与前二三十年的状况不同。（同上）

"是因为"不是一个词，而是一个超词形式，更准确地说，是非短语结构。表因连词"因为"前的"是"为焦点标记，标记所接的原因句是焦点。①

---

① 下面几个例子也是如此：

（i）今日反不去，自然是因为昨儿气着了。（《红楼梦》第二十九回）

（j）听说太尊是因为晚日得了院上行知，除已补授实缺外，在大案里又特保了他个以道员在任候补，并俟归道员班后，赏加二品衔的保举，所以停刑三日，让大家贺喜。（《老残游记》第六回）

（k）亦说是因为看戏，随后就来。（《官场现形记》第五十回）

（i）原因句是"昨儿气着了"，结果句是"今日反不去"；（j）原因句是"晚日得了院上行知……赏加二品衔的保举"，结果句是"停刑三日，让大家贺喜"；（k）原因句是"看戏"，结果句是"随后就来"。

因果连词搭配是后来才产生的，最初只有独用的情形。不同搭配产生的时间未必完全一致，大致来说，如果双方形成得早，那么出现搭配的时间就早；如果有一方形成得晚，那么出现搭配的时间就晚。"为"形成于先秦，"所以₁"形成于魏晋，因此在唐代前中期就有"为 p，所以₁q"，而"既然"形成于晚唐五代，"那"形成于清初，因此直到清中后期才有"既然 p，那 q"：

(46) 直为先昧平生，所以致谬。(《文选》李善注卷二十一)
(47) 你既然不愿意守，那是谁也不能强你。(《孽海花》第二十六回)

当然也有例外，有时双方形成得早，出现搭配的时间反而晚。"既"形成于晚唐五代，"可见"形成于唐代前中期，但直到清中后期才有"既 p，可见 q"：

(48) 既是有此奇梦，可见姻缘前定。(《平山冷燕》第十九回)

另外我们也要注意到，使用频率对搭配出现的早晚也有一定的影响。表因连词使用频率提高了，与不同果标搭配的机会就会增加；表果连词使用频率提高了，与不同因标搭配的机会同样会增加，这就为新搭配的产生提供了条件。同样是与"可见"相配，"既 p，可见 q"出现要早于"既然 p，可见 q"，这是因为"既"、"既然"虽均形成于晚唐五代，但在后来的发展中前者出现频率要远超后者，在使用上显得更加成熟，所以组合能力自然就更强，与其他表果连词相配的可能性就越大。

第三节　递用句式

递用句式指的是前一个原因句为后一个结果句的原因，而后一个结果句又是其后的一个结果句的原因的因果句句式：

(1) 而今缘有信札，故词头有一两月不下者，中书以此觉得事多。(《朱子语类》卷一百二十八)

（2）这里若会得，是真佛光。故佛道一道，非青黄赤白色，透过须弥、卢围，遍照山河大地，非眼见，非耳闻，故五目不睹其容，二听不闻其响。（《祖堂集·大颠和尚》）

（1）是"缘 p，故 q，以此 q"递用句式，具体分析就是［（而今缘有信札）p（故词头有一两月不下者,）q（中书以此觉得事多）q］，可看作"缘 p，故 q"和"p，以此 q"的递用，前者的结果句"q"是后者的原因句 p；（2）是"p，故 q，故 q"递用句式，具体分析就是［（这里若会得，是真佛光。）p（故佛道一道……非耳闻,）q（故五目不睹其容，二听不闻其响)q］，可看作"p，故 q"与"p，故 q"的递用，前者的结果句 q 是后者的原因句 p。

递用句式表达的是递推因果，这是客观世界因果相互转化规律在语言中的体现。近代汉语中的递用句式绝大多数是一次递用，即"（A$_1$）p，A$_2$q，A$_3$q"[①]；极少数是二次递用，即"p，A$_1$q，A$_2$q，A$_3$q"，后者共 4 种：

（3）智照是能证之人，性地是所证之法，故不无能、所。是故古人云："以此无知之般若，证彼无相之真谛。"故智与性不同。（《祖堂集·五冠山瑞云寺和尚》）

（4）目连依教便修行，供养三尊及大众。福利遐超于鬼趣，愿我慈亲领受之。因兹息苦得停酸，免受倒悬三恶道。离却鬼身休恶趣，得向祇园礼世尊。因此厥号盂兰盆，接引众生交离苦。不独当初为目连，兼为今朝座下人。故知大圣不思议，流向阎浮化群生。（《敦煌变文·盂兰盆经讲经文》）

（5）恐是功深力到处，见得道理熟了，故言入于心，随即融化，更无渣滓。故其发见于日用之间，从容和顺，所以能发明圣人之道，非生将道理体贴力行之也。（《朱子语类》卷二十四）

（6）向无太宗皇帝英武仁恕，混一天下，夙夜听政，宵旰忘疲，用房、杜之贤相，任李靖之将才，信魏证之忠谋，听王珪之善谏，建

---

① A 表示因果标记。

府立卫，如周官乡遂之师；口分世业，似周官井田之制；限官任才，如六卿之承属；定律令格式，除肉刑、笞背，如五刑之禁暴。故能致贞观太平之治，使突厥之渠，系颈阙庭，蛮夷君长带刀宿卫；所以能制伏了突厥桀黠变诈之情，故免末年狼狈也。(《五代史平话·晋史平话》)

(3) 是"p，故 q，是故 q，故 q"，"不无能、所……证彼无相之真谛"是一次递用，"古人云……故智与性不同"是二次递用；(4) 是"p，因兹 q，因此 q，故 q"，"息苦得停酸……兼为今朝座下人"是一次递用，"厥号盂兰盆……流向阎浮化群生"是二次递用；(5) 是"p，故 q，故 q，所以$_1$q"，"言入于心……从容和顺"是一次递用，"其发见于日用之间……非生将道理体贴力行之也"是二次递用；(6) 是"p，故 q，所以$_1$q，故 q"，"能致贞观太平之治……所以能制伏了突厥桀黠变诈之情"是一次递用，"能制伏了突厥桀黠变诈之情，故免末年狼狈也"是二次递用。

递用句式可表示为"(A_1) p，(A_2) q_1，A_3q_2"或"(A_1) p，(A_2) q_1，A_3q_2，A_4q_3"，分解开来就是"(A_1) p，(A_2) q_1；q_1，A_3q_2"或"(A_1) p，(A_2) q_1；q_1，A_3q_2；q_2，A_4q_3"，也就是说，递用句式实际上是由 2 到 3 个独用或搭配句式糅合成的，相邻的两个句式有同义关系，后一句式的原因句就是或在语义上等同于前一句式的结果句，所以为了更经济地表达这种递推因果，就把因同义部分加以合并，保留前一部分，舍去后一部分，这样就形成了递用句式：

(7) 稽万物之理，故不得不化；不得不化，故无常操。(《韩非子·解老》)

(8) 俱感，故才并；才同，故业钧。(《论衡·书解》)

(7)、(8) 中的同义部分分别是"不得不化"和"才并"[1]。同义部分出现两次，违背了语言经济性，所以是不多见的，因而上述两例更常见

---

[1] "才并"与"才同"同义，所以可以看作是同义。

的表达应是"稽万物之理，故不得不化，故无常操"和"俱感，故才并（才同），故业钧"。在递用句式中，因为存在结果句当原因句使用的情形，带来了一定理解上的困难，所以一次递用已不如独用和搭配常见，二次递用已相当罕见，三次以及三次以上的递用几乎不存在，近代汉语和现代汉语皆是如此。

近代汉语中的一次递用句式有以下 33 种，可分为以下 3 类：

一是"p，A_2q，A_3q"，共 16 种，包括"p，故 q，故 q"、"p，故 q，所以$_1$q"、"p，故 q，是故 q"、"p，所以$_1$q，故 q"、"p，是故 q，故 q"、"p，因此 q，因此 q"、"p，故 q，是以 q"、"p，以此 q，故 q"、"p，是故 q，是故 q"、"p，所以$_1$q，是故 q"、"p，以此 q，为之 q"、"p，因此 q，以此 q"、"p，以此 q，因此 q"、"p，因此 q，以致 q"、"p，因此 q，故此 q"、"p，由此 q，故 q"：

（9）这里若会得，是真佛光。故佛道一道，非青黄赤白色，透过须弥、卢围，遍照山河大地，非眼见，非耳闻，故五目不睹其容，二听不闻其响。（《祖堂集·大颠和尚》）

（10）他那时觉得这边扶持不得，事势也极，故要附此边人，所以荐龟山。（《朱子语类》卷一百一）

（11）圆相中心人字者，表理智；上头牛字者，喻人想解。若有人虽依教分析三藏教典，而未显自己理智者，尽是想解。想解不生，则理智现前。故祛上头牛字，不祛圆相中心人字。是故经云："但除其病，而不除法。"（《祖堂集·五冠山瑞云寺和尚》）

（12）三藏觅国师意不得，被呵云："这野狐精！圣在何处？"若入自受用三昧去，玄谁得知？所以行解难知。故云：证者非见知，不证者非见知。（《祖堂集·仰山和尚》）

（13）食忍草牛，则明花严会中顿见实性之牛，故疾；露地白牛，则明法华会中会三归一牛，故迟。是故说文虽则不同，证理不异。故举同相同牛，明理智不异，不言来处全同也。（《祖堂集·五冠山瑞云寺和尚》）

（14）闲时在他铺中坐，武大无不奉承。因此，张宅家下人个个都欢喜，在大户面时，一力与他说方便。因此，大户连房钱也不问武大要。（《金瓶梅词话》第一回）

（15）盖曾子知万事各有一理，而未知万理本乎一理，故圣人指以语之。曾子是以言下有得，发出"忠恕"二字。（《朱子语类》卷二十七）

（16）朕昔从武皇畋猎时，秋稼方熟，忽有兽走入田中，遣马骑取之。比及得兽，则禾稼无成。以此思之，猎之有损无益乃如此，故不欲复游猎以妨民田耳。（《五代史平话·唐史平话》）

（17）智人不是本悟，愚人不是长迷。愚人忽悟真说，智人不是外来。若也不用真教，愚争成智人？若也不用真教，何处辩得利钝？是故众生若是根钝者，再闻真教，不晓性地；众生若是利根者，忽闻真教，顿晓性地，便是智人也。何处愚智有隔？是故当知凡圣不隔，根有利钝。（《祖堂集·五冠山瑞云寺和尚》）

（18）则其好善也必诚好之，恶恶也必诚恶之，而无一毫强勉自欺之杂。所以说自慊，但自满足而已，岂有待于外哉！是故君子慎其独，非特显明之处是如此，虽至微至隐，人所不知之地，亦常慎之。（《朱子语类》卷十六）

（19）见契丹使者，必箕踞谩骂，或密地遣人杀之。契丹以此责让于晋，晋主为之逊谢。（《五代史平话·晋史平话》）

（20）王伦见了俺两个本事一般，因此都留在山寨里相会，以此认得你师父林冲。（《水浒传》第十七回）

（21）原来那大江里渔船，船尾开半截大孔，放江水出入，养着活鱼，却把竹笆篾拦住，以此船舱里活水往来，养放活鱼。因此江州有好鲜鱼。（《水浒传》第三十八回）

（22）奈缘不知就里委曲之事，因此天子左右，未敢题奏，以致担误了许多时。（《水浒传》第八十二回）

（23）小弟两三岁时节，他也才勾四五岁，那时就同吃糖糕饼果之类，也没些儿争论。后来大家长大了，上学堂读书写字，先生也道："应二学生子，和水学生子，一般的聪明伶俐，后来已定长进。"落后做文字，一样同做，再没些妒忌。日里同行同坐，夜里有时也同一处歇。到了戴网子，尚兀是相厚的。因此是一个人一般，极好兄弟，故此不拘形迹，便随意写个曲儿。（《金瓶梅词话》第五十六回）

（24）是时有左企弓者，为金国谋，赏献一诗。诗曰：并力攻辽盟共寻，功成力有浅和深。君王莫听捐燕议，一寸山河一寸金。由此

金人要求不已，故无许燕之意。(《大宋宣和遗事》亨集)

二是"A_1p, q, A_3q"，共9种，包括"既p, q, 故q"、"为p, q, 故q"、"因$_1p$, q, 故q"、"既p, q, 所以$_1q$"、"为p, q, 因此q"、"为p, q, 所以$_1q$"、"因$_1p$, q, 因而q"、"缘p, q, 以致q"、"因$_1p$, q, 由是q"：

(25) 师既禀受，并有信衣，可赴京师设化，缁俗归依，天人瞻仰。故发遣中使薛简迎师。(《祖堂集·惠能和尚》)

(26) 为见三纲沦，九法斁，秉那直笔，做一卷书唤做"春秋"，褒奖他善的，贬罚他恶的。故孟子道是："孔子作'春秋'，而天下乱臣贼子惧。"(《五代史平话·梁史平话》)

(27) 却因学文，渐见些子道理。故文字依傍道理做，不为空言。(《朱子语类》卷一百三十九)

(28) 然奉祭祀者既是他子孙，必竟只是一气，所以有感通之理。(《朱子语类》卷三)

(29) 奈缘只为粮少房稀，恐日后误了足下，众位面皮不好，因此不敢相留。(《水浒传》第十九回)

(30) 只为从前不省察了，此端才见，又被物欲汩了。所以秉彝不可磨灭处虽在，而终不能光明正大，如其本然。(《朱子语类》卷一百一十八)

(31) 次后西门庆因与本妇通奸，前来强护，因而斗殴。(《水浒传》第二十七回)

(32) 他只说近日学中缘有待补，不得广取，以致学中无好文字。(《朱子语类》卷一百九)

(33) 因郎主失政，帝所居观中，官给时至时不至。由是饮食缺少，衣服破弊，无复接续。(《大宋宣和遗事》贞集)

三是"A_1p, A_2q, A_3q"，共8种，包括"既p, 则q, 故q"、"缘p, 便q, 故q"、"缘p, 故q, 故q"、"既p, 便q, 所以$_1q$"、"既p, 则q, 所以$_1q$"、"缘是p, 便q, 所以$_1q$"、"因$_1p$, 以此q, 因而q"、"为是p,

因此 q，所以₁q"：

(34) 意既诚，则好乐自不足以动其心，故心正。(《朱子语类》卷十五)

(35) 正缘气质不同，便有不相似处，故孔子谓之"相近"。(《朱子语类》卷四)

(36) 也只缘他好勇，故凡事粗率，不能深求细绎那道理，故有如事。(《朱子语类》卷二十八)

(37) 但既非理之常，便谓之怪。孔子所以不语。(同上)

(38) 既想为白骨，则视其身常如白骨，所以厌弃脱离而无留恋之念也。(《朱子语类》卷一百二十二)

(39) 缘是把自家底做浅底看，便没意思了，所以流入他空寂玄妙之说去。(《朱子语类》卷二十四)

(40) 因去溪边净手，水中照见自己头戴平天冠，身穿衮龙袍，以此向人道他有天子福分，因而造反。(《水浒传》第九十回)

(41) 为是无人可以当抵，又不怕你叫起撞天屈来，因此不曾显露。所以无有说话。(《水浒传》第七十一回)

一次递用和二次递用共现的因果标记主要是因果连词，如"既"、"为"、"因₁"、"缘"、"缘是"、"为是"、"故"、"所以₁"、"是故"、"因此"、"是以"、"以此"、"为之"、"以致"、"故此"、"因而"、"因兹"、"由此"，此外也有时间副词，如"便"；以及承接连词，如"则"。递用句式可看成独用句式与独用句式以及搭配句式与独用句式的组合，如"p，故 q，故 q"可看成独用句式"p，故 q"与独用句式"p，故 q"的组合，"为是 p，因此 q，所以₁q"可看成搭配句式"为是 p，因此 q"与独用句式"q，所以₁q"的组合，因此递用句式从本质上看仍然是独用句式和搭配句式。值得注意的是，递用往往是结果句的递用，并未发现原因句的递用。

与递用句式是由两个或多个因果句糅合得来的相似，近代汉语还有一种因果句也是由两个句子糅合得来的，但并非递用句式，而是独用或搭配句式：

（42）今日乃知一切诸法本来空寂，今日乃知菩提不远，是故菩萨不动念而至萨般若海，不动念而登涅盘岸。（《祖堂集·菩提达摩和尚》）

＝今日乃知一切诸法本来空寂，今日乃知菩提不远＋一切诸法本来空寂，菩提不远，是故菩萨不动念而至萨般若海，不动念而登涅盘岸

（43）只因宋江千不合，万不合，带这张三来他家里吃酒，以此看上了他。（《水浒传》第二十一回）

＝宋江千不合……带这张三来他家里吃酒＋只因带这张三来他家里吃酒，以此看上了他

（42）原因句是"今日乃知一切诸法本来空寂，今日乃知菩提不远"，结果句是"菩萨不动念而至萨般若海，不动念而登涅盘岸"，但原因句与结果句并不构成因果关系，并非"今日乃知一切诸法本来空寂"以及"今日乃知菩提不远"是"菩萨不动念而至萨般若海，不动念而登涅盘岸"的原因，而是原因句的宾语"一切诸法本来空寂"以及"菩提不远"是"菩萨不动念而至萨般若海，不动念而登涅盘岸"的原因。（43）原因句是"宋江千不合……带这张三来他家里吃酒"，结果句是"看上了他"，但原因句与结果句并不构成因果关系，并非"宋江不该带这张三来他家里吃酒"是"阎婆惜看上了她"的原因，而是原因句的宾语"带这张三来他家里吃酒"是"阎婆惜看上了她"的原因。这类因果句的特点是原因句与结果句没有严格的因果关系，而是原因句的某个组成部分（往往是宾语）与结果句存在严格的因果关系，全句是通过合并两个句子重复部分而成的。如（42）本来要说"今日乃知一切诸法本来空寂，今日乃知菩提不远"以及"一切诸法本来空寂，菩提不远，是故菩萨不动念而至萨般若海，不动念而登涅盘岸"两句，但二者由于"一切诸法本来空寂，菩提不远"是相同的，为了表达更经济些，将相同的部分重叠起来，于是就糅合成了一个句子。（43）本来要说"宋江千不合……带这张三来他家里吃酒"以及"只因带这张三来他家里吃酒，以此看上了他"等两句，但二者由于"带这张三来他家里吃酒"是相同的，为了表达更经济些，将相同的部分重叠起来，于是就糅合成了一个句子。此类句子还有：

（44）我悔不用其言，以至于此。（《二刻拍案惊奇》卷三十九）

＝我悔不用其言＋不用其言，以至于此

（45）如火将灭，也有烟上，只是便散。盖缘木之性已尽，无以继之。（《朱子语类》卷三）

＝如火将灭，也有烟上，只是便散＋火将灭，也有烟上，只是便散，盖缘木之性已尽，无以继之

（46）不应城崩倒，总为妇人来。（《敦煌变文·孟姜女变文》）

＝不应城崩倒＋城崩倒，总为妇人来

（47）不应玉塞朝云断，直为金河夜蒙连。（《敦煌变文·王昭君变文》）

＝不应玉塞朝云断＋玉塞朝云断，直为金河夜蒙连

（48）祸根起于王安石引用婿蔡卞及姻党蔡京在朝，陷害忠良，奸佞变诈，欺君虐民，以致坏了宋朝天下。（《大宋宣和遗事》元集）

＝祸根起于王安石引用婿蔡卞及姻党蔡京在朝，陷害忠良，奸佞变诈，欺君虐民＋王安石引用婿蔡卞及姻党蔡京在朝，陷害忠良，奸佞变诈，欺君虐民，以致坏了宋朝天下

　　江蓝生（2007）通过对现代北京话的"爱吃就吃，不爱吃就别吃"、"爱怎么着就怎么着"、甲骨文的"雨？不雨"、晚唐五代的"有师承？无师承"可分别进一步凝为"爱吃不吃"、"爱怎怎"、"雨不"、"有师承也无"的分析，认为谓语中有相同成分是双小句省略与紧缩的必要条件。省缩之后不但不妨碍表达，反而会使表达更经济、更便捷，所以人们会尽最大可能地减省格式中的羡余成分或准羡余成分。江蓝生（2008）又提出了概念叠加和构式整合这两个概念，是指在两个意义基本相同的概念叠加后，以通过删减其中某些成分（主要是相同成分）的方法整合为一个新的结构式，二者是发生在不同层面且前后相续的两个过程。概念叠加是意义层面的操作，发生在前，而构式整合则是句法层面的操作，发生在后。江文的讨论与我们的分析有相似之处：近代汉语递用句式以及一些独用和搭配句式也有类似因省略相同成分而产生的糅合过程，但不是两小句糅合为一个单句，而是两小句糅合为一个复句或句群。像这种糅合来的句子可以看成是一种由语义上的概念叠加和句法上的构式整合推动的一种省缩创新。

第四节　并用句式

并用句式指的是两个或两个以上的原因句之间，或者两个或两个以上的结果句之间有并列关系的因果句句式，可分为一般并用句式和特殊并用句式两种：

(1) 那张千、李万已得了宋江家中银两，又因他是个好汉，因此于路上只是伏侍宋江。(《水浒传》第三十六回)

(2) 宝贵奢华未是好，财多害己招烦恼。影响因兹堕却身，只为贪求心不了。(《敦煌变文·角座文汇抄》)

(1) 是"p，因₁p，因此 q"，为一般并用句式，具体分析就是〔(那张千、李万已得了宋江家中银两，)ₚ (又因他是个好汉，)ₚ (因此于路上只是伏侍宋江)_q〕，可看作两个原因句 p 共一个结果句 q。(2) 是"p，因兹 q，为 p"，为特殊并用句式，具体分析就是〔(宝贵奢华未是好，财多害己招烦恼。)ₚ (影响因兹堕却身，)_q (只为贪求心不了)ₚ〕，可看作两个原因句 p 共一个结果句 q，是把本来应处于"因兹 q"左侧或右侧的两个原因句分置在两侧。特殊并用句式的原因句是分置于结果句左右两侧的，这一点是与一般并用句式最大的不同之处。

并用句式表达的是并列因果，这是客观世界一果多因和一因多果现象在语言中的体现。近代汉语中的一般并用句式全是两句并用，不存在三句和三句以上的并用。并用句越多，理解起来难度就越大，所以二句并用已不如独用和搭配常见，三句并用几乎不见。

近代汉语中的一般并用句式有以下 44 种，可分为以下 14 类：

一是"A₁p，q，A₃q"，共 7 种，包括"既 p，q，岂 q"、"既 p，q，又₂q"、"既 p，q，也₂q"、"既 p，q，如何 q"、"既 p，何故 q，何故 q"、"既然 p，q，便 q"、"既然 p，q，怎 q"，此类是原因并用：

(3) 龙图既知我军力不能取，何不明白奏上，画与女真，使自取之，急修我边备，守白沟旧界，保吾故疆。岂可含糊苟目前小利，不防久远之患，爰指失掌。(《三朝北盟会编·茅斋自叙》)

(4) 李桂儿既赌个誓不接他，随他拿乱去，又害怕睡倒怎的？（《金瓶梅词话》第六十九回）

(5) 既你不肯，我把这酒礼收了，那尺头你还拿去，我也不留你坐了。（《金瓶梅词话》第七十七回）

(6) 既有个天下，兵须用练，弊须用革，事须用整顿。如何一切不为得！（《朱子语类》卷一百三十）

(7) 建成既如此，王魏何故不见得？又何故不知太宗如此，便须莫事建成？"（《朱子语类》卷一百三十六）

(8) 既然众位好汉肯作成山寨，且休上山，便烦请往祝家庄行此一事，成全这段功劳如何？（《水浒传》第四十九回）

(9) 嫂子既然分付在下，在下已定伴哥同去同来，怎肯失了哥的事。（《金瓶梅词话》第十三回）

二是"A_1p，p，A_3q"，共 6 种，包括"既 p，p，那 q"、"既 p，p，安 q"、"既 p，p，何 q"、"既 p，p，如何 q"、"既 p，p，何故 q"、"既 p，p，莫不 q"，此类是原因并用：

(10) 既是好汉中人物，他那里如今招纳壮士，那争你一个！（《水浒传》第四十六回）

(11) 既为冀州刺史，宦官亲戚在部内为害，安得不去之！（《朱子语类》卷一百一十八）

(12) 既是明大义，陈平信布皆项羽之臣，信布何待反而诛之？（《朱子语类》卷一百三十五）

(13) 既是迟钝之资，却做聪明底样工夫，如何得！（《朱子语类》卷八）

(14) 他既读不得书，濂溪说与他，何故必待二年之久觉悟？（《朱子语类》卷一百二十）

(15) 他既是小叔，王氏也是有服之亲，莫不不许上门行走？（《金瓶梅词话》第三十四回）

三是"p，A_2q，A_3q"，共 5 种，包括"p，是以 q，故 q"、"p，致

令 q，故 q"、"p，为之 q，为之 q"、"p，所以₁q，所以₁q"、"p，由是 q，因兹 q"，此类是结果并用：

（16）父母嫌伊门卑，令不交作新妇。我见世尊端正，又是净饭王子，三端六艺并全，文武两般双备。是以抛却父母，故来下界阎浮。（《敦煌变文·破魔变》）

（17）龙虎山中降敕宣，锁魔殿上散霄烟。致令煞曜离金阙，故使罡星下九天。（《水浒传》第七十回）

（18）本以憸邪奸险之资，济以寡廉鲜耻之行，谗谄面谀；上不能辅君当道，赞元理化，下不能宣德布政，保爱元元；徒以利禄自资，希宠固位，树党怀奸，蒙蔽欺君，中伤善类，忠士为之解体，四海为之寒心。（《金瓶梅词话》第十七回）

（19）必着许多，所以全得那爱，所以能爱。（《朱子语类》卷二十）

（20）圣恩与海泉俱涌，天阙与日月齐明；道教由是重兴，佛日因兹重曜。（《敦煌变文·降魔变文》）

四是"A₁p，p，q"，共 4 种，包括"既 p，p，q"、"既然 p，p，q"、"因₁p，p，q"、"为 p，p，q"，此类是原因并用：

（21）你既不与我徒弟，如今天色已晚，也走不出路去，番人且来不到此处，你且跟我到这寺中歇一夜，明早去罢。（《金瓶梅词话》第一百回）

（22）既然如此，这张一又走不动，都上车子坐地。（《水浒传》第五十六回）

（23）这月娘一来因孙雪娥被来旺儿盗财拐去，二者又是来安儿小厮走了，三者家人来兴媳妇惠秀又死了，刚打发出去，家中正七事八事，听见薛嫂儿来说此话，唬的慌了手脚，连忙雇轿子，打发大姐家去。但是大姐床奁箱厨陪嫁之物，交玳安雇人，都抬送到陈经济家。（《金瓶梅词话》第九十一回）

（24）吾为维摩卧病，我见居士缠痾，思问讯而如渴待浆，希传言而如繻索扣。（《敦煌变文·维摩诘经讲经文》）

五是"A_1p，A_2q，A_3q"，共4种，包括"因$_1p$，便q，便q"、"既p，又$_1$ q，就q"、"既p，便q，更q"、"既p，如何q，如何q"，此类是结果并用：

（25）只是因愧怍了，便卑狭，便被他隔碍了。（《朱子语类》卷十六）

（26）既是如此，大人何必又回下处，就在我这里歇了罢。（《金瓶梅词话》第七十一回）

（27）既知不是，便当绝断，更何必问！（《朱子语类》卷一百一十八）

（28）你既是引了青州五百兵马都没了，如何回得州去？慕容知府如何不见你罪责？（《水浒传》第三十四回）

六是"p，A_2p，A_3q"，共4种，包括"p，为p，q"、"p，为p，方q"、"p，由p，所以$_1q$"、"p，因$_1p$，因此q"、，此类是原因并用：

（29）便令退换誓书。更为所取人口未足，未许过界。（《三朝北盟会编·燕云奉使录》）

（30）至顺昌，为刘信叔所败；至楚州，又为粮绝，兵师离散，方得成和。（《朱子语类》卷一百三十一）

（31）解听经文，定获圣果。世上七珍之宝，偏除现在贫穷；身中七圣之财，能救当来险道。兼由起信差与谏择，所已经云劝令悟解。（《敦煌变文·维摩诘经讲经文》）①

（32）那张千、李万已得了宋江家中银两，又因他是个好汉，因此于路上只是伏侍宋江。（《水浒传》第三十六回）

七是"A_1p，A_2q，q"，共3种，包括"既p，如何q，q"、"既p，也$_2q$，q"、"既p，莫不q，q"，此类是结果并用：

（33）既是制使不肯在此，如何敢勒逼入伙。且请宽心住一宵，

---

① "所已"即"所以$_1$"。

明日早行。（《水浒传》第十二回）

（34）你每三口儿既遇着我，也不消搬去，便在此间住也不妨。（《金瓶梅词话》第九十八回）

（35）他既是叫将来了，莫不又打发他，不如请他两个来坐坐罢。（《金瓶梅词话》第四十五回）

八是"A_1p，A_2p，q"，共3种，包括"为 p，为 p，q"、"为 p，缘 p，q"、"为是 p，为是 p，q"，此类是原因并用：

（36）为随州杨坚，限百日之内，合有天分，为戴平天冠不稳，与换脑盖骨去来。（《敦煌变文·韩擒虎话本》）

（37）直为罪根深重，都缘不孝二亲。从此扑入坑中，常有铁轮在顶。动经千劫万劫，昼夜常受苦辛。（《敦煌变文·父母恩重经讲经文》）

（38）为是官司行下文书来，着落本村，但凡开客店的，须要置立文簿，一面上用勘合印信。每夜有客商来歇宿，须要问他：那里来？何处去？姓甚名谁？做甚买卖？都要抄写在簿子上。官司查照时，每月一次去里正处报名。为是小二哥不识字，央我替他抄了半个月。（《水浒传》第十八回）

九是"q，A_2p，A_3p"，共2种，包括"q，缘 p，为 p"、"q，为 p，因$_1p$"，此类是原因并用：

（39）且不肯出家。缘有孙陀罗是妻，容颜殊胜，时为恋着这妻。（《敦煌变文·难陀出家缘起》）

（40）色胆如天不自由，情深意密两绸缪。贪欢不管生和死，溺爱谁将身体修！只为恩深情郁郁，多因爱阔恨悠悠。（《金瓶梅词话》第六回）

十是"A_1p，A_2p，A_3q"，共2种，包括"缘 p，以 p，遂 q"、"缘 p，为 p，所以$_1q$"，此类是原因并用：

（41）却缘平日与自家有恩意往来，不是说亲戚，亲戚自是碍法，但以相熟，遂避嫌不举他。（《朱子语类》卷十三）

（42）直缘不感怀耽德，盖为全无养育情。所以向三途恶道里，长时受苦不休停。（《敦煌变文·父母恩重经讲经文》）

十一是"q，p，A_3p"，仅"q，p，缘p"1种，此类是原因并用：

（43）鹫峰王舍两俱美，余国余山难可此。莫说人皆智惠人，兼缘地总贤灵地。（《敦煌变文·双恩记》）

十二是"p，A_2p，q"，仅"p，因$_1$p，q"1种，此类是原因并用：

（44）一者年老的着了惊怕，二来身体胖大，因打开囊箧，内又没了细软东西，着了口重气，心中痰涌上来，昏倒在地。（《金瓶梅词话》第九十四回）

十三是"A_1q，A_2q，p"，仅"所以$_2$q，所以$_2$q，p"1种，此类是结果并用：

（45）贤人所以异于圣人，众人所以异于贤人，亦只争这些子境界，存与不存而已。（《朱子语类》卷一百一十七）

十四是"A_1p，p，q，A_4q"，仅"既然p，p，q，如何q"1种，此类是原因并用且结果并用：

（46）他既然不是你我的儿女，干养活他一场。他短命死了，哭两声，丢开罢了。如何只顾哭了去。（《金瓶梅词话》第五十九回）

现代汉语中的一般并用句式有了一个显著变化，即出现了三句并用：

（47）本届奥运会让人寄予无限希望，不仅因为它规模空前，也因为它在阔别故乡108年之后重返这片热土，更因为这里有着太多和奥运会有着密切关系的名胜古迹。

（48）但是就因为你不生气、你忍耐、你退让，所以摊贩把你的

家搞得像个破落大杂院，所以台北的交通一团乌烟瘴气，所以淡水河
是条烂肠子。

（47）是"它规模空前"、"它在阔别故乡 108 年之后重返这片热土"
以及"这里有着太多和奥运会有着密切关系的名胜古迹"3 个原因句并用，
（48）是"摊贩把你的家搞得像个破落大杂院"、"台北的交通一团乌烟瘴
气"以及"淡水河是条烂肠子"3 个结果句并用。三句并用明显是由两句
并用发展来的，即在两句并用的基础上又增加了一个原因句或结果句。

近代汉语中并用句之间在意义上包括 4 种情形，一是相同，二是互
文，三是然否对照，四是截然不同：

（49）直缘不感怀耽德，盖为全无养育情。所以向三途恶道里，
长时受苦不休停。（《敦煌变文·父母恩重经讲经文》）

（50）龙虎山中降敕宣，锁魔殿上散霄烟。致令煞曜离金阙，故
使罡星下九天。（《水浒传》第七十回）

（51）既是明得此理，须当推以及人，使各明其德。岂可说我自
会了，我自乐之，不与人共！（《朱子语类》卷十七）

（52）那张千、李万已得了宋江家中银两，又因他是个好汉，因
此于路上只是伏侍宋江。（《水浒传》第三十六回）

（49）中并用的两个原因句分别是"不感怀耽德"和"全无养育
情"，二者意义相同。（50）中并用的两个结果句分别是"煞曜离金阙"
和"使罡星下九天"，二者互文，应结合起来加以理解，可以理解成"使
煞曜、罡星离金阙、下九天"。（51）中并用的两个结果句分别是"须当
推以及人，使各明其德"和"岂可说我自会了……不与人共"，二者是然
否对照的关系，一正一反，前者是说应当如何做，后者是说不该如何做，
说不该如何做是为了衬托应该如何做，以达到强调的效果，全句的主体还
是原因句同从正面说的结果句的结合。也正因为如此，在然否对照的并用
句中一般都是然前否后，极少出现否前然后的情形。（52）中并用的两个
原因句分别是"那张千、李万已得了宋江家中银两"和"他是个好汉"，
二者截然不同。可以看出，从（46）到（49），并用句之间关联度在逐渐
降低，相同的关联度最大（意义相同），互文次之（意义不同，但需结合

起来才能进行完整表达），然否对照再次之（意义不同，但有联系，仅肯定部分便可进行完整表达，否定部分较虚，起衬托作用），截然不同最低（意义不同且无太大联系）。四种情形虽然从形式上看都是一果多因或一因多果，但真正的一果多因或一因多果是第四种，因为只有第四种在意义上是两个原因或结果，前三种本质上还是一个原因或结果。尤其是前两种，一般出现在韵文语境中，是为了顺应对称和押韵，所以并不常见，到了现代汉语中基本绝迹，第三、第四种则沿用到了现代汉语中。在近代汉语中，第三种出现得尤多，因为这种正反对照的方式进一步表达了对结果的肯定，有很强的表现力。

近代汉语中的特殊并用句式共 5 种 6 句，即 "p，所以$_1$q，缘 p"、"p，因兹 q，为 p"、"p，因此 q，为 p"、"所以$_2$q，为 p，所以$_1$q"、"所以$_2$q，缘 p，所以$_1$q"。前三种是一果多因，后两种是一因多果，不存在两句以上的并用：

（53）德孤，只是单丁有这些道理，所以不可靠，易为外物侵夺。缘是处少，不是处多。（《朱子语类》卷一百一十五）

（54）宝贵奢华未是好，财多害己招烦恼。影响因兹堕却身，只为贪求心不了。（《敦煌变文·角座文汇抄》）

（55）将为当时总烧却，检寻却得六十张。因此不知天上事，总为董仲觅阿娘。（《敦煌变文·董永变文》）

（56）江南所以再三遣使恳请上国，正为生灵不得休息，所以再遣某等前来，欲得早定和议。（《三朝北盟会编·绍兴甲寅通和录》）

（57）也只说当初所以致此，止缘将许多达官要位付之宦官，将许多儒生付之闲散无用之地，所以激起得如此。（《朱子语类》卷一百三十五）

按理说，不管是一个小句还是多个小句构成的原因句，都应当同时处于结果句的左侧或右侧，如果是处于左侧，那就是由因及果；如果是处于右侧，那就是由果溯因，这两种情形都是符合人们的认知方式的。而特殊并用句式的原因句是分置于结果句左右两侧的，实际上是由因及果再及因，与由因及果和由果溯因的认知方式相违背，所以才显得特殊，这一点与递用句式和一般并用句式均不同。这种情形产生的原因之一是为了顺应韵文中的押韵。为了顺应押韵的要求，就有可能将一个长句子的几个小句按一种非正常的语序排列。如（54）、（55）。二是为了使整个因果句显得更加均衡。如果原因句是由多个小句构成，并且这些小句均处于结果句的同一侧，那么就会显得头轻脚重或头重脚轻，所以就把组成原因句的多个小句分置于结果句两侧，这样看上去均衡些，也更便于理解，（53）—（57）都是如此。三是为了适应人们的认知顺序。因为人们的认知顺序是由因及果①，与由果溯因是相悖的，如果原因句处于最后，那么就有可能给人以句子未完之感，所以有时一个由果溯因句结束后，人们会再加上一个相同或相似的结果构成由因及果句，以适应认知顺序，方便理解，如（56）、（57）。四是为了追加原因。一个由因及果句结束后，有时感到原因还没说完，于是就在结果后再接一个原因，这样又与前面的结果构成了一个由果溯因句，如（53）。现代汉语中仍有这种特殊并用句式：

（58）但这些改革都是经营形式的改革，是在不触动旧的企业制度前提下的一种小修小补，所以不可能见效，因为它始终没有解决谁对企业的经营成果负责的问题。

（59）测电笔之所以能发亮，是因为靠人体形成了回路。因而使用电笔时，拇指和中指握住笔杆，食指必须按在笔夹或顶端的铆钉上，并让氖管小窗口朝着测试人。

一般并用句式和特殊并用句式共现的因果标记有五类，主要是因果连词，如"既"、"既然"、"因$_1$"、"为"、"为是"、"缘"、"以"、"由"、"是以"、"故"、"致令"、"为之"、"因兹"、"所以$_1$"、"所以$_2$"、"因此"、"由是"，也有疑问代词，如"怎"、"何"、"如何"、"何故"；时间副词，如"便"、"就"、"遂"、"即"；语气副词，如"安"、"岂"、"又$_2$"、"也$_2$"、"更"、"莫不"；累加副词，如"又$_1$"。并用句式在形式上可看成独用句式与独用句式、搭配句式与独用句式以及搭配句式与搭配句式的组合，如"q，为p，因$_1$p"可看成独用句式"q，为p"与独用句式"q，因$_1$p"的组合，"既p，q，岂q"可看成独用句式"既p，q"与搭配句式"既p，岂q"的组合，"缘p，为p，所以$_1$q"可看成搭配句式

---

① 见第五章第三节的相关论述。

"缘 p，所以₁q"与搭配句式"为 p，所以₁q"的组合，因此并用句式从本质上看仍然是独用句式和搭配句式。

第五节　"既/既然 p 时，q"式和"p，所以说 q"式因果句

这两种句式均有附加成分，一是在原因句后附上了助词"时"，一是在表果连词后附上了后缀"说"。这两个附加成分有其自身特点，所以单独列一节进行讨论。

一　"既/既然 p 时，q"式因果句

"时"作为一个表假设的助词，最初多用于"若 p 时，q"式假设句中，其中"若"是假设连词：

（1）后若欲败时，当在江湖边。（《晋书》志第十八）
（2）昂若在列时，则为华言。（《北史》列传第十九）

到了晚唐五代，出现了"既 p 时，q"式因果句，其中"既"是表因连词①：

（3）既沐如来教问时，遥凭大圣垂加护。（《敦煌变文·维摩诘经讲经文》）
（4）既闻时，须发侧，勤把经文与寻觅。（同上）

显然"既"是带上了一定假设色彩，与"若"有了相似之处，使得假设连词"若"与假设助词"时"共现这种用法被类推到了表因连词

---

①　江蓝生（2002）所举的"若 p 时，q"和"既 p 时，q"例证为"世尊若差我去时，今日定当过丈室"（《敦煌变文集·维摩诘经讲经文》）、"既相公不来时，张太尉管军事，节都在张太尉也"（《挥麈录·王俊首岳侯状》），分别是晚唐五代和宋代的，时代略嫌晚了些。我们认为"若 p 时，q"至迟在初唐就出现了，如（1）、（2），而"既 p 时，q"在晚唐五代肯定已经出现，如（3）、（4）。

"既"上。究其根源，与时间副词"既"常用于假设语境中有关。时间副词"既"可用于假设语境中，表示在假设情形下某种事件或状态已经产生了，用"若"替换后，句义基本保持不变①：

(5) 既能当一人，则身有何劳而为，垂衣裳而天下定。(《荀子·王霸》)

(6) 人既专一，则勇者不得独进，怯者不得独退。(《孙子·军争》)

(5) 可变为"若能当一人……垂衣裳而天下定"，(6) 可变为"人若专一……怯者不得独退"，前后语义是基本一致的。由于出现在假设语境中的频率较高，虽然最终未转变为假设连词，但却带上了一定的假设色彩，这与语气副词"诚"、"必"、"果"相似。由于这个原因，时间副词"既"还可与假设连词"若"构成一个非短语结构"既若"，相当于"如果已经"②：

(7) 君既若见录，不久望君来。(《先秦魏晋南北朝诗·汉诗·古诗为焦仲卿妻作》)

(8) 既若如此，佛在世制二百五十条戒又奚为？(《祖堂集·药山和尚》)

由于表因连词"既"是由时间副词"既"演变而来，所以仍保留了后者些许的假设色彩（尽管十分微弱）。

"既 p 时，q"式因果句宋、元二代沿用：

---

① 据萧旭（2007），《庄子·齐物论》"既使我与若辩矣"一句，成玄英疏曰："假使我与汝对争"；《世说新语·方正》"淮与宣帝书曰：'五子哀恋，思念其母，其母既亡，则无五子；五子若殒，亦复无淮'"中"其母既亡"一句，刘孝标注引作"若无其母"。这也是时间副词"既"有一定假设色彩的证据。

② "诚"、"必"、"果"也有类似情形，可分别与假设连词"若"构成一个非短语结构"诚若"、"必若"、"果若"，分别是"如果真的"、"如果一定"、"如果真的"之义：

(a) 汝诚若马都督，我为汝除之，何以报我？(《广志绎》卷五)

(b) 必若以臣代熙，臣请效死于此，不敢闻命。(《资治通鉴》卷九十二)

(c) 果若命分合该，于飞终效，姻缘当遇，甘心儿为你嗟吁。(萧德润《双调·夜行船》)

（9）既知悔时，第二次莫恁地便了，不消得常常地放在心下。（《朱子语类》卷一百一十六）

（10）既没时，且著布衫襟儿，抱些草去。（《原本老乞大》）

由于类推，少数说明因果句中也有了类似用法：

（11）圣人所以说出时，只是使人不迷于利害之途耳。（《朱子语类》卷一百一十六）

（12）它所以恁地说时，缘是这四者是本，发出来却有许多事；千条万绪，皆只是从这四个物事里面发出来。（《朱子语类》卷一百一十九）

假设助词"时"用于因果句，最初是出现在"既 p 时，q"中的，这是推断因果句。但"所以₂q 时，p"，如（11）、（12），是说明因果句，却也可以用假设助词"时"，这是因为两种句式在句序上和表义上有一定相似性：表达的都是因果关系，并且因果连词都出现在先行句，因此表因连词"既"与假设助词"时"共现这种用法被类推到了"所以₂q，p"上，产生了在"所以₂q"后附上"时"的用法。

"既 p 时，q"在明代达到顶峰，《水浒传》中有 21 句，并且出现了"既然 p 时，q"，共 12 句：

（13）既然令郎肯学时，小人一力奉教。（《水浒传》第二回）
（14）既然娘子这般说时，老身权且收下。（《水浒传》第二十四回）

但到了清代，"既/既然 p 时，q"式因果句基本上消失了，这是因为"时"作为一个假设助词与表推断因果的"既"和"既然"搭配毕竟不太和谐，所以尽管由于特殊原因二者实现了搭配，但却不能长久地维持下去。

二　"p，所以说 q"式因果句

"p，所以说 q"是一种近代汉语中常见的句式，其前身是"p，故曰 q"。"曰"后的 q 是直接引语，"曰"是动词，"说"的意思，整个因果句是表明某人或某文献说出特定的话的原因，先秦就出现了：

（15）是不知所以亡也，故臣曰晋先亡也。（《吕氏春秋·先识览》）

（16）夫势者，便治而利乱者也。故《周书》曰："毋为虎傅翼，将飞入邑，择人而食之。"（《韩非子·难势》）

（15）中"臣"说"晋先亡"的原因是"是不知所以亡也"，（16）中"《周书》"说"毋为虎傅翼……择人而食之"的原因是"夫势者，便治而利乱者也"。上述两例是"p，故 S 曰 q"，其中的 S 就是说话的人或文献，在结果句中充当主语。但更多的时候是略去说话的人或文献，因为它们都是已知信息，或在上文出现过，或根据听话人的背景知识可以被推断出来。这样一来就成了"p，故曰 q"：

（17）鄑叛而来，故曰取。（《左传·昭公四年》）

（18）天与之，人与之，故曰，天子不能以天下与人。（《孟子·万章上》）

（17）中略去了文献《春秋》，（18）中略去了说话人"我"，二者都是已知信息。

如果 q 与 p 是不同说话人说出的，那么此时的"曰"就不可省略，否则就背离了"整个因果句是表明某人或某文献说出特定的话的原因"这样一种含义。如（17）的 p 是"鄑叛而来"，q 是"取"，前者是说话人说出的，后者是《春秋》中的话，若将（17）变为"鄑叛而来，故取"，虽还可说得通，但已与原义不同了。原义是对《春秋》中为什么会说"取"做出"鄑叛而来"这样一种解释，而变换之后的意义更倾向于被理解为"鄑叛而来"与非引用的"取"之间有因果关系而联系在了一起，二者都是说话人自己的话，而非引用别人的。如果 q 与 p 都是同一说话人说出的，那么此时就成了"整个因果句是表明自己说出特定的话的原因"，"曰"就因多余而往往可以省略，省略后的因果句在句义上与原义保持不变。如（18）的 p 是"天与之，人与之"，q 是"天子不能以天下与人"，前者与后者均是同一说话人说出的，所以可将（18）变为"天与之……故天子不能以天下与人"。既然可以省略，那么"曰"的动词义就发生了一定程度的虚化。

"故曰"一直沿用到了近代汉语中，与之表达效果相当的是"所以说"。"所以说"出现于宋代，动词"说"也有虚实两种情形：

（19）通天地人只是这一气，所以说："洋洋然如在其上，如在其左右！"（《朱子语类》卷三）

（20）则天包地外，地在天中，所以说天之质大。（《朱子语类》卷七十四）

与"p，故曰q"一样，在"p，所以说q"中，如果q与p不是同一说话人说出的，那么此时的"说"多不省略，否则就背离了"整个因果句是表明某人或某文献说出特定的话的原因"这样一种含义。如（19）的p是"通天地人只是这一气"，q是"洋洋然如在其上，如在其左右"，前者是说话人说出的，后者是《中庸》的话，若将（19）变为"通天地人只是这一气，所以洋洋然如在其上，如在其左右"，虽还可说得通，但已与原义不同了。原义是对《中庸》中为什么会说"洋洋乎如在其上，如在其左右"做出"通天地人只是这一气"这样一种解释，而变换之后的意义更倾向被理解为说话人将"通天地人只是这一气"与非引用的"洋洋乎如在其上，如在其左右"作为有因果关系而联系在了一起，二者都是说话人自己的话，而非引用别人的。① 如果q与p都是同一说话人说出的，那么此时就成了"整个因果句是表明自己说出特定的话的原因"，

---

① 也有例外：

（d）心不可有一毫偏倚。才有一毫偏倚，便是私意，便浸淫不已，私意反大似身己，所以"视而不见，听而不闻，食而不知其味"。（《朱子语类》卷十六）

（e）缘这道义与那气凑合出来，所以"无是，馁也"。（《朱子语类》卷五十二）

（d）中的p是"心不可有一毫偏倚……私意反大似身己"，q是"视而不见……食而不知其味"，p是说话人说出的，q是《大学》中的话；（e）中的p是"缘这道义与那气凑合出来"，q是"无是，馁也"，p是说话人说出的，q是《孟子》中的话。两例中q与p的说话人不一致，但表示连词"所以₁"后的"说"仍省去了。"故曰"也有类似将其后"曰"省略的情形，如"非义之高者也，故'冉有曰："夫子为卫君乎？"子贡曰："诺，吾将问之。"入曰："伯夷、叔齐何人也？"曰："古之贤人也。"曰："怨乎？""求仁而得仁，又何怨？"出曰："夫子不为也"'"（《公羊传注》卷二十七）。

"说"就因多余而往往可以省略①，省略后的因果句在句义上与原义保持不变。如（20）的 p 是"则天包地外，地在天中"，q 是"天之质大"，前者与后者均是同一说话人说出的，所以可将（20）变为"则天包地外……所以天之质大"。与"故曰"相似，这里的 q 都是已知信息，在上文出现过。此时"说"同样出现了虚化。

　　到了清初，"所以说"仍在使用，但有了新的发展，即在"p，所以说 q"中，q 与 p 都是同一说话人说出的，但 q 已不再是已知信息，而是新信息了：

　　（21）只是我爱你不过，无计留春，所以说到这个地步，也只得由他罢了。（《无声戏》第六回）
　　（22）只要心诚意洁，便是佛也都可来享，所以说，只在敬不在虚名。（《红楼梦》第五十八回）

　　（21）中的"到这个地步，也只得由他罢了"和"只是我爱你不过，无计留春"都是同一说话人说出的，但前者是新信息；（22）中的"只在敬不在虚名"和"只要心诚意洁，便是佛也都可来享"都是同一说话人说出的，但前者是新信息。此时的"说"比已知信息时的"说"在意义上更虚，因为后者是对自己已说过的话进行引述，"说"仍有引语成分的意味，而前者是新信息，不再是对已说过的话进行引述，而是在进行一般的表达了，因此"说"引述引语成分的用法完全消失了，变成了一个后缀，"所以说"已基本上等同于表果连词"所以₁"。据董秀芳（2003），后缀"说"具有提顿的作用，在稍作停顿的同时提示下文，引起听话人的注意，它的后面常有一个明显的时间间隔，在书面上常以逗号表示。（21）、（22）的"所以说"就有提醒听话人注意后面"到这个地步，也只得由他罢了"和"只在敬不在虚名"两句的意味。随着表果连词"故"的逐渐衰落，"故曰"最终被"所以说"替代。

---

① 也有例外。如"某为见此中人读书大段卤莽，所以说读书须当涵泳，只要子细看玩寻绎，令胸中有所得尔"（《朱子语类》卷一百二十一）一句，其中 p 是"某为见此中人读书大段卤莽"，q 是"读书须当涵泳……令胸中有所得尔"，前者与后者都是同一说话人的话，但这里的"说"不可省，因为它必须与 p 中的"见"相呼应。

　　董秀芳（2003）认为"所以说"在现代汉语中已凝固成词，我们则认为随着"说"义的逐渐虚化，虽然与"所以₁"的凝合度也在提高，但仍未到变成词的地步，"说"仍然是词外成分而非词内成分，因为三音节凝合成词的难度要比双音节大得多。第一章说过，如果是双音因果连词添加词缀构成的形式，则认为其内部凝合程度还不够高，还未到成词的地步，仍当作相应的双音因果连词处理，"所以说"也是如此。

第六节　小结

　　根据标记之间是否有搭配关系，近代汉语因果句可分为独用句式和搭配句式。就搭配而言，本文选取的因标是表因连词，果标包括"为什么"、"怎么"类疑问代词、"就"、"又₁"、"也₁"、"才"类关联副词，"岂"、"莫非"、"还"、"也₂"类语气副词，承接连词、表果连词以及"又何"、"为什摩却"、"因此就"等超词形式。搭配在语义上首先可分为两大类，即"原因＋结果（疑问）"和"原因＋结果（非疑问）"，其中"原因＋结果（疑问）"又可分为"原因＋结果（有疑而问）"、"原因＋结果（无疑而问）"（有有附加语义和无附加语义两种情形），而"原因＋结果（有疑而问）"又包括"原因＋结果（对原因有疑而问）"（有有附加语义和无附加语义两种情形）、"原因＋结果（对方式有疑而问）"（仅有无附加语义一种情形）以及"原因＋结果（对推断有疑而问）"（仅有有附加语义一种情形）；"原因＋结果（非疑问）"有有附加语义和无附加语义两种情形，前者又有四小类："原因＋结果（累加）"、"原因＋结果（类同）"、"原因＋结果（限止）"以及"原因＋结果（委婉）"。从近代汉语到现代汉语的演变过程中，搭配也有产生、消亡和沿用，这与因标和果标的产生、消亡和沿用息息相关。递用句式和并用句式本质上也是独用和搭配，但它们在结构和语义上有其特殊之处。前者表达的是递推因果，这是客观世界因果相互转化规律在语言中的体现；后者表达的是并列因果，这是客观世界一果多因和一因多果现象在语言中的体现。

第三章　近代汉语原因句的修饰成分

第一节　原因句修饰成分的范围及意义

客观世界的因果关系是非常复杂的，进入人的认知之后，就带上了一定的主观色彩，变得更加错综复杂了。为了把这些错综复杂的因果关系尤其是原因的多样性用语言准确地表达出来，就必须运用一定的语言手段，其中极为重要的一种就是在"表因连词＋原因句"前添加副词，这在近代汉语中体现得十分明显①，这种用于表因连词前修饰原因句的副词属于原因句修饰成分中最常见的一类。② 通过对八部文献的调查，归纳出近代汉语原因句修饰成分有"只"③、"直"、"盖"、"都"、"尽"、"切"、"皆"、"总"、"但"、"良"、"自"、"亦$_1$"、"却$_4$"、"实"、"还$_1$"、"偶"、"每"、"又$_1$"、"正"、"止"、"更"、"特"、"委"、"也$_1$"、

---

① 也有在"表因连词＋原因句"前添加副词不是修饰原因句而是修饰结果句的，这种情形不常见：

(a) 一径因秋菊开的门迟了，进门就打两个耳刮子，高声骂道："贼淫妇奴才，怎的叫了怎一日不开？你做什么来折儿？我且不和你答话！"（《金瓶梅词话》第四十一回）

(b) 生生为这孩子不好，是白日黑夜思虑起这病来了。（《金瓶梅词话》第六十一回）

"一径"义为"直接"，修饰的是结果句"进门就打两个耳刮子……我且不和你答话"；"生生"义为"硬是"，修饰的是结果句"是白日黑夜思虑起这病来了"。

② 原因句修饰成分还包括一些表时间的名词性成分，如"今因祝家庄要和俺们做对头，经过此间，特献采段名马羊酒薄礼，只求一见，别无他意"（《水浒传》第四十八回）中的"今"。

③ 有时"只"写作"祇"，如"祇缘诸将勤拳劝，翻误老奴规谏谆"（《五代史平话·唐史平话》）。

"也₂"、"不"、"只是"、"也是"、"又是"、"莫不"、"奈缘" 31 种①，在语义上可以分为限定类的"只"、"但"、"止"、"特"、"只是"，共出现 289 次；推测类的"盖"，共出现 63 次；确定类的"直"、"切"、"却₄"、"实"、"良"、"正"、"委"、"自"，共出现 47 次；总括类的"都"、"尽"、"皆"、"总"、"莫不"，共出现 37 次；类同类的"亦₁"、"也₁"，共出现 22 次；累加类的"又₁"、"更"、"又是"，共出现 12 次；否定类的"不"，共出现 7 次；语气类的"也₂"、"还₄"、"也是"、"奈缘"，共出现 6 次；频率类的"偶"、"每"，共出现 5 次。这九种语义类在出现次数上的优先序列是限定类 > 推测类 > 确定类 > 总括类 > 类同类 > 累加类 > 否定类 > 语气类 > 频率类。②

限定类的五个副词均表示"只"义，修饰原因时是对原因进行范围上的限定，表示说话人主观认为导致某种结果产生的原因仅此一种，别无其他：

（1）只为有，所以来。（《祖堂集·云岩和尚》）

（2）但缘刘延庆遁走，失入燕之机会。（《三朝北盟会编·茅斋自叙》）

（1）中的限定副词"只"表示说话者主观认为导致"来"的原因仅"有"一种，别无其他；（2）中的限定副词"但"表示说话者主观认为导致"失入燕之机会"的原因仅"刘延庆遁走"一种，别无其他。这种意义本质上是对原因的确定和强调。

推测类的"盖"表示"大概"义，修饰原因时是对原因的可能性进行推测，表示说话人主观认为可能而并非一定是某种原因导致特定结果的产生：

（3）盖为此人曾杀那人，不斩他，则那人之冤无以伸。（《朱子

---

① 其中"也₂"、"莫不"、"奈缘"并不单用，而是分别与"只"和"皆"构成连用形式"也只"、"莫不皆"、"奈缘只"使用。

② 这九种语义类的划分参考杨荣祥（2005）。推测类和确定类本应属于语气类，但为了研究的需要，将二者从语气类中独立了出来。另外否定类放在第三章第四节中讨论，本节不提。

语类》卷一百一十一）

（4）盖缘素昧，未致礼容。（《大宋宣和遗事》元集）

（3）中的语气副词"盖"表示说话者主观认为可能而并非一定是"此人曾杀那人"导致了"不斩他，则那人之冤无以伸"；（4）中的语气副词"盖"表示说话者主观认为可能而并非一定是"素昧"导致了"未致礼容"。

确定类的八个副词均表示"正是、就是、确实"义①，修饰原因时是对原因进行确定和强调，表示说话人主观认为确实是某种原因导致特定结果的产生：

（5）正为此盐场在其中，莫须改正。（《三朝北盟会编·燕云奉使录》）

（6）实为住的房子不方便，待要寻闲房子安身，却没有银子，因此要求哥周济些儿。（《金瓶梅词话》第五十五回）

（5）中的语气副词"正"表示说话者主观认为正是"此盐场在其中"导致了"莫须改正"；（6）中的语气副词"实"表示说话者主观认为确实是"住的房子不方便，待要寻闲房子安身，却没有银子"导致了"要求哥周济些儿"。

总括类的五个副词均表示"全部"义，修饰原因时有两种意义：一是对原因进行范围上的总括，表示说话人主观认为自己所表达的原因就是导致相应结果产生的全部原因，别无其他原因了，相应副词的语义指向是指向表因连词所接的原因句，有"都"、"尽"、"皆"、"总"四个：

（7）大丈夫儿遭此难，都缘不识圣明君。（《敦煌变文·捉季布传文》）

（8）天下不安，皆由京、卞二人簸弄。　（《大宋宣和遗事》

---

① "自"表确定强调依杨荣祥（2005）。

元集)

(7) 中的总括副词"都"表示说话人主观认为自己所表达的原因"不识圣明君"就是导致相应结果"大丈夫儿遭此难"的全部原因, 别无其他原因了, "都"指向"不识圣明君"; (8) 中的总括副词"皆"表示说话人主观认为自己所表达的原因"京、卞二人簸弄"就是导致相应结果"天下不安"的全部原因, 别无其他原因了, "皆"指向"京、卞二人簸弄"。这种意义本质上也是对原因的确定和强调。

二是对因果句的话题或结果句自身进行范围上的总括。复数性质的话题中的每一个体均由某种原因而导致了特定的结果, 而复数性质的结果句的每一个体均是由某种原因造成的。相应副词及副词连用形式的语义指向是因果句的话题或结果句本身, 有"都"、"尽"、"皆"、"总"、"莫不"五个:

(9) 自古两国议和, 皆以势力相孚, 不能相下, 于是有讲和修睦之请, 息兵安民之议。(《三朝北盟会编·绍兴甲寅通和录》)

(10) 百劫千万受沉沦, 莫不皆因含欲境。(《敦煌变文·佛说阿弥陀经讲经文》)

(9) 中的总括副词"皆"表示复数性质的话题"自古两国议和"中自古以来两国的每一次议和均因"势力相孚, 不能相下"而有"有讲和修睦之请, 息兵安民之议"的结果, "皆"指向整个因果句的话题"自古两国议和"; (10) 中总括副词的连用形式"莫不皆因"表示复数性质的结果句"百劫千万受沉沦"中每一劫受沉沦均是由"含欲境"造成的, "莫不皆"指向结果句"百劫千万受沉沦"。总括类的这两种不同的意义是由因果句的话题或结果句是单数还是复数引起的, 如果是单数, 就指向原因句, 那么就是第一种意义; 如果是复数, 就指向因果句的话题或结果句, 那么就是第二种意义。总之总括副词修饰原因时第一种意义要比第二种意义常见。

类同类的两个副词均表示"也"义, 修饰原因时是表示被修饰的原因在上文曾出现过一次, 也就是说被修饰的原因共出现两次, 或表示被修饰的原因与在上文出现过的另一原因共同导致了同一结果, 总之两种原因之间有类同关系：

(11)（赵武灵王也是有英气，所以做得恁地。）也缘是他肚里事，会恁地做得。(《朱子语类》卷一百三十四)

(12)（至于客船不来，某见官中及上户自有米，遂出榜放客船米自便，不籴客船米。又且米价不甚贵。"又曰："悔一件事：南康煞有常平米，是庚寅辛卯年大旱时籴，米价甚贵。在法不得减元价，遂不曾粜。当时只好粜了，上章待罪，且得为更新米一番。）亦缘当时自有米，所以不动。(《朱子语类》卷一百六)

(11)中的类同副词"也₁"表示被修饰的原因"是他肚里事"与在上文出现过的另一原因"有英气"共同导致了"恁地做得"，两种原因之间有类同关系；(12)中的类同副词"亦₁"表示被修饰的原因"当时自有米"在上文曾出现过一次，即"某见官中及上户自有米"，也就是说被修饰的原因共出现两次，两种原因之间有类同关系。

累加类的三个副词均表示"又"义，修饰原因时是表示被修饰的原因与在上文出现过的另一原因共同导致了同一结果：

(13)那张千、李万已得了宋江家中银两，又因他是个好汉，因此于路上只是伏侍宋江。(《水浒传》第三十六回)

(14)至顺昌，为刘信叔所败；至楚州，又为粮绝，兵师离散，方得成和。(《朱子语类》卷一百三十一)

(13)中的累加副词"又₁"表示被修饰的原因"他是个好汉"与在上文出现过的另一原因"那张千、李万已得了宋江家中银两"共同导致了"于路上只是伏侍宋江"，原因与原因之间有累加关系；(14)中的累加副词"又₁"表示被修饰的原因"粮绝，兵师离散"与在上文出现过的另一原因"至顺昌，为刘信叔所败"共同导致了"方得成和"，原因与原因之间有累加关系。由于类同副词和累加副词在语义上有相通之处，所以在修饰原因时也有相似的地方，如均可表示被修饰的原因与在上文出现过的另一原因共同导致了同一结果。

语气类的四个副词均表示特定的语气，其中"还₄"、"也₂"、"也是"表示委婉地说出原因；"奈缘"表示此原因让人感到无奈①：

（15）（竹山道："是那东街上刘太监房子住的胡鬼嘴儿？他又不是我太医院出身，知道甚么脉！娘子怎的请他？"妇人道："）也是因街坊上人荐举，请他来看。（……"）（《金瓶梅词话》第十七回）

（16）奈缘只为粮少房稀，恐日后误了足下，众位面皮不好，因此不敢相留。（《水浒传》第十九回）

（15）中的语气副词"也是"是以委婉的方式说出原因"街坊上人荐举"以减轻尴尬，因为在对方的质问下已意识到了自己所犯的错误；（16）中的语气副词"奈缘"表示被修饰的原因"粮少房稀"是让人感到无奈的。

频率类的两个副词分别为"偶然"和"经常"义，表示被修饰的原因所指的事件是偶然发生的，或是经常发生的：

---

① 近代汉语中有"奈缘"一词，香坂顺一（1992）将其释为"无奈因为"，许少峰（2008）将其释为"只因，由于"，均不确定。此词是个语气副词，"无奈"的意思，而非"无奈因为"或"只因，由于"的意思，不能看成是"副词+表因连词"。虽然"奈缘"有时看上去像"无奈因为"或"因为"义：

（c）只是奈缘中间无有好人与你们众位作成，因此上屈沉水泊。（《水浒传》第八十一回）　　（d）奈缘张归娘是个硬心性的人，不肯从允，跪谢黄巢道："妾丈夫朱三，是大齐皇帝的弟弟，大齐皇帝便是妾的伯伯。皇帝新得天下，未有休兵之期，岂宜行这无道歹的勾当？"（《五代史平话·梁史平话》）

但更多时候只能作"无奈"解：

（e）观师精彩，甚是其器，奈缘不遇其人。（《祖堂集·华亭和尚》）　　（f）然则倚势欺人，奈缘事不孤起。（《明觉禅师语录》卷二）　　（g）日月光明满六虚，奈缘蒙瞽以为无。（《全宋诗》卷一七九六）　　（h）若北朝却要横岭为界，奈缘横岭在冷泉村北七里以来，上面有长城者是。（《续资治通鉴长编》卷二百六十五）　　（i）太后及魏国公主屡为敬瑭请命于唐主，奈缘凤翔诸将佐，皆劝唐主留了敬瑭，不可使之还镇。（《五代史平话·晋史平话》）　　（j）虽则微功上达，奈缘良将下沉。（《水浒传》第九十九回）　　（k）奈缘不知就里委曲之事，因此天子左右，未敢题奏，以致担误了许多时。（《水浒传》第八十二回）

　　（17）偶因抱疾，梦神人与药，睡觉顿愈。（《祖堂集·鼓山和尚》）

　　（18）每以邪见居怀，未崇三宝。（《敦煌变文·降魔变文》）

　　（17）中的频率副词"偶"表示被修饰的原因所指的事件"抱疾，梦神人与药"是偶然发生的；（18）中的频率副词"每"表示被修饰的原因所指的事件"邪见居怀"是经常发生的。

　　有时作为原因句修饰成分的是副词与副词的连用形式，如"也只"、"莫不皆"等，它们对原因的修饰是双重的。"也只"是委婉义与限定义的加合，"莫不皆"是双重总括，使总括义变得更浓：

　　（19）也只因倚恃功劳，邀求官爵，故朝廷差咱每收捕。（《五代史平话·梁史平话》）

　　（20）百劫千万受沉沦，莫不皆因含欲境。（《敦煌变文·佛说阿弥陀经讲经文》）

　　上述九种语义类，与原因关系最密切的是表确定强调的副词和表推测的副词。这是因为在客观世界中，原因远比结果重要，后者是显而易见的，而前者则是隐含的，需要人们去探索的，而在探索的过程中，往往不能一下找到原因，需要经过多次假设和反复验证，所以就有了可能原因和确定原因。从这个意义上说，可以将"可能"和"确定"看成是因果关系中与原因密切相关的两种内在特征，二者与原因的结合具有必然性。体现在语言上，就是"表确定强调或表推测的副词＋表因连词"的出现频率远高于"其他副词＋表因连词"。如在文献中，"只因"、"盖因"的使用频率就远高于"也是因"、"偶因"。值得注意的是，除"既"、"既然"外的表因连词前均可出现副词，而所有表果连词前均不能出现，这是因为这部分表因连词多源于动词，表果连词多源于名词或介宾结构、所字结构（席嘉，2010）。根据保持原则，实词变为语法成分后，多少还保持着原来实词的一些特点（沈家煊，1994），而动词可以受副词修饰，名词或介宾结构、所字结构一般不受副词修饰。"既"、"既然"前不出现副词也是这个道理："既"与"既然"均源自时间副词"既"，而时间副词"既"自然不能受任何副词修饰。

第二节　副词修饰原因句的两种情形：
直接修饰与间接修饰

由于是对原因句进行修饰，所以作为原因句修饰成分的副词一般均是直接加在表因连词的前面，中间不插入任何成分，构成的是"副词＋表因连词＋原因句"模式。① 但副词并不与表因连词发生直接关系，它是修饰整个原因句的，所以有时表因连词出不出现，都可以使用副词：

（1）盖为见行盐钞之法，天下方才通行，忽又改易，那旧钞皆成无用之物。（《大宋宣和遗事》元集）

（2）盖阴阳只管混了辟，辟了混，故周子云："混兮辟兮，其无穷兮。"（《朱子语类》卷九十八）

（3）又因没了头巾，却把焦黄发分开，缩做两个丫髻。（《水浒传》第七十三回）

（4）又恐于独之时有不到处，故必慎独。（《朱子语类》卷十六）

（1）、（3）去掉表因连词，（2）、（4）加上表因连词，整个句子都是成立的。

然而，有时表因连词不能随便加上或去掉，否则整个句子就不通了，或虽说得通意思却变了：

（5）只为你偷走下山，空教众兄弟赶了许多路。（《水浒传》第六十七回）

（6）人只有许多气，须有个尽时。（《朱子语类》卷三）

（7）只因有这些麸面在屋里，引的这扎心的半夜三更耗爆人，不得睡。（《金瓶梅词话》第八十六回）

---

① 在副词和表因连词之间也可插入原因句的主语，如"大率子贡缘他晓得，圣人多与他说话"（《朱子语类》卷二十七），以及"盖神宗因见《唐六典》，遂断自宸衷，锐意改之，不日而定，却不曾与臣下商量也"（《朱子语类》卷一百二十八），但不多。

　　（5）是"只"修饰 SVP 式原因句"你偷走下山"，有表因连词。若删去，就成了"只你偷走下山"，不合法。①（6）若在"只"后加表因连词"因₁"，就成了"人只因有许多气，须有个尽时"。虽合法，但意思却变了。原因就在于（6）中"只"是指向"有"的宾语"许多气"，表示对"许多气"的限定，而"人只因有许多气，须有个尽时"中"只"则是指向整个原因句"有许多气"，所以有句义上的差别。（7）若删去表因连词"因₁"，就成了"只有这些麸面在屋里……不得睡"。虽合法，但意思却变了。原因就在于（7）中"只"是指向整个原因句"有这些麸面在屋里"，而"只有这些麸面在屋里……不得睡"中"只"则是指向"有"的宾语"这些麸面"，表示对"这些麸面"的限定，所以有句义上的差别。由此可见，"副词 + 表因连词 + SVP"中的表因连词是否可省，取决于省去之前和省去之后副词的语义指向是否一致：如果省去表因连词，副词仍然是指向原因句，如（3），那么就可以省去；如果省去表因连词，副词不是指向原因句，如（7），那么就不能省去。同理，如果加上表因连词，副词仍然是指向原因句，如（4），那么就可以加上；如果副词不是指向原因句，如（6），那么就不能加上。

　　下面着重谈谈"副词 + 表因连词 + SVP"。上文已说过，"副词 + 表因连词 + SVP"中有时表因连词的删去和增添是比较随意的，这取决于副词自身的性质。一般说来，一个副词若可以直接修饰 SVP，那么在其后加上或删去表因连词也是顺其自然的，如"盖"，但如果一个副词不能直接修饰 SVP，那么就不能删去其后的表因连词，如"只"。不能直接修饰 SVP 的副词要想完成修饰 SVP 式原因句的任务，只能借助表因连词来实现，具体做法是在副词和原因句间插入表因连词。如"只"不能修饰"你偷走下山"，但在二者之间插入表因连词"为"，就可以达到间接修饰的效果。之所以会有这种现象，是因为在"副词 + 表因连词 + 原因句"中，副词并不与表因连词发生直接关系，它是修饰整个原因句的，而这里的原因句可以是 VP，也可以是 SVP。如果是前者，就是副词间接修饰 VP；如果是后者，就是副词间接修饰 SVP，所以有些原来只能直接修饰 VP 的副

---

　　① 有极个别的例子是"只"修饰 SVP 式原因句而又无表因连词的，属例外。如"故觉得枯燥，不惬条达，只源头处元不曾用工夫来"（《朱子语类》卷一百一十五），结果句是"觉得枯燥，不惬条达"，"只"修饰 SVP 式原因句"源头处元不曾用工夫来"。

词到了这个框架内就变得既可以直接修饰 VP 又可以间接修饰 SVP 了。在"副词 + 表因连词 + 原因句"中，表因连词起标示所接小句是原因的作用，而副词则起对此原因从各种语义角度进行修饰的作用。由此看来，副词修饰 VP 或 SVP 的功能要作具体分析，也就是说，要区分直接修饰和间接修饰。据杨荣祥（2005），在近代汉语中，几乎所有的副词都可以直接修饰 VP，而只有少数几个副词可以直接修饰 SVP，但只要是能进入"副词 + 表因连词 + SVP"中的副词，均可间接修饰 SVP。但要注意，直接修饰是常态，间接修饰只是一种特殊情况，二者是副词语法特点在不同语境中的表现。我们通常说一个副词能否修饰 SVP，是就其常态而言的。

席嘉（2010）认为出现在表因连词前的副词有很多，但发生词汇化的只有"范围副词 + 表因连词"中的一部分。他的理由是"范围副词起初是概括或限制范围表示'全部的'或'唯一的'原因，因为原因是一个可以计量的语义范畴，从理论上说可以受与量有关的范围副词的修饰。但对于因果关联来说，无论是否'全部的'或'唯一的'原因，都不影响结果的成立，'量'又成为一种冗余信息。因此范围副词表示概括或限制的意思逐步消失，转而表示强调，并开始与原因连词融合，最终由于原来的副词意义融入连词的关联功能而词汇化"（席嘉，2010：371—372）。说范围副词（相当于我们的限定类和总括类副词）表示的量成为一种冗余信息不完全正确。拿近代汉语中最常见的"只 + 表因连词"来说，"只"在此虽可表强调，但表限定的意义并未完全消失，因而与表因连词虽有一定程度的凝合，但远未到成词的程度，这在现代汉语中也是如此。非短语结构凝合成词的难度比一般短语要大得多，即使在现代汉语中，"范围副词 + 表因连词"也没有一例是被公认为词的，所以还是看成非短语结构为妥，充其量说它有词化的倾向。之所以有词化的倾向，除了与语义有关，还与韵律有关。据冯胜利（1997/2009），汉语的音步无非三种：标准音步、蜕化音步和超音步，任何一种句法结构都是由这三种音步构成的，其中标准音步是双音节，蜕化音步是单音节，超音步是三音节。一般情况下，标准音步的实现是绝对优先的、无条件的、不受限制的，而蜕化音步与超音步的实现则是有条件的、受限制的。前者的实现条件是单音节词在充当独立语段的语境中停顿或拉长音节的元音，后者的实现条件是在标准音步实现之后，如果还有剩下的单音节成分，那么这个单音节成分就必须黏附在一个相邻的双音节上构成三音节音步。"范围副词 + 表因连词"在近代汉语中多为双音节，且多处于句首，与原因句本身并不发生直接的句法关系，有一定程度的独立性，而双音节又恰好是一个标准音步，最容易实现，也最符合汉语习惯，所以经过频繁地使用，就有了词化的倾向。近代汉语中的"副词＋表因连词"多为双音节，也是为了要形成这种标准音步。

第三节　原因句修饰成分的发展

到了现代汉语中，原因句修饰成分的发展可以体现在三个方面：第一，一部分成员不再使用，如限定类的"但"、"止"、"特"、推测类的"盖"、确定类的"直"、"切"、"却"、"实"、"良"、"委"、"自"、总括类的"尽"、"皆"、"总"、"莫不"、类同类的"亦"、累加类的"更"、频率类的"偶"、"每"、语气类的"奈缘"，择一原则起了一定作用。根据择一原则，承担同一语法功能的多种并存形式经过竞争和淘汰，最后会缩减到少数几种，所以限定类留下了"只"、"只是"，确定类留下了"正"，总括类留下了"都"，类同类留下了"也$_1$"，累加类留下了"又"、"又是"，语气类留下了"也$_2$"、"也是"。至于缩减的机制，杨荣祥（2005）认为，在一组具有同义关系的副词中，组合能力强的副词，可能会将组合能力相对弱的副词排挤掉，如"都"战胜了"皆"，"也$_1$"战胜了"亦"。组合能力越强，出现在表因连词前的频率也就越高，因而每一类中被保留下来的一般是出现频率最高的，出现频率较低的都被淘汰了。在八部文献中，"只"出现267次，远超"但"（6次）、"止"（9次）、"特"（2次）；"正"出现13次，高于"切"（4次）、"却"（1次）、"实"（5次）、"良"（2次）、"委"（1次）、"自"（3次）；"都"出现13次，高于"尽"（4次）、"总"（3次）、"莫不"（1次）；"又"出现10次，高于"更"（1次）。其实不只是副词之间的互相排挤，组合能力相对弱的副词也可能被同义的组合能力强的形容词排挤掉。如"奈缘"在近代汉语中使用得不多，远低于同义的形容词"无奈"，最终前者消失于清代，而后者则沿用了下来，在现代汉语中用于表因连词前修饰原因句。当然也有例外，如"直"共出现了19次，高于"正"，但最后仍被淘汰了，这是因为"直"可能具有方言色彩。它在晚唐五代出现了18次，在宋代只出现了1次，元明两代均未出现，也未沿用到现代汉语中，可能是当时某一地的方言。许宝华、宫田一郎（1999）将这种"直"释为"必须"，与我们所说的表确定强调义相符，他们举的例子恰是敦煌变文中的一例："信心喻似水精珠，浊水偏能教令变，直使流泉深浑时，方知珠宝功勋力。（《敦煌变文集·维摩诘经讲经文》)"而"正"的使用频率虽略低，但却是共同语，所以沿用到了现代汉语中。另外，由于汉语由古到今的发展符合双音化的趋势，因此表推测的"盖"、表低频的"偶"、表高频的"每"分别被双音的"大概"、"也许"、"偶尔"、"经常"、"常常"等词取代。

第二，产生了新的成员。包括两种情形，一是原先没有这个副词，后来才产生，并可用于表因连词前修饰原因句。如表推测的语气副词"也许"不见于近代汉语，是在由近代汉语向现代汉语的过渡阶段中产生的：

（1）也许他是血痛，生化汤未尝不对。（《二十年目睹之怪现状》第二十五回）

（2）也许矮子今天就来，去不得，去不得！（《孽海花》第三十三回）

在现代汉语中用于表因连词前修饰原因句：

（3）也许因为他一直比别人高大，他相信他应该多做些事。

（4）也许因为中国跳水具有相当的优势，所以对于中国军团来说，25 日的"兴奋点"转移到暂时与金牌无关的比赛。

二是原先有这个副词，但开始不用于表因连词前修饰原因句，后来才有这种用法。如表确定强调的语气副词"就"宋代已经使用（杨荣祥2005），但直到清代中后期才进入"副词＋表因连词＋原因句"，一直延续到现代汉语中：

（5）就因这两个字上误事，几乎弄得身名俱败，骨肉沦亡。（《儿女英雄传》第十三回）

（6）就因为这个象牙球是我土生土长的地方，所以我有权利去喜爱它，也有义务毫无条件去保护它。

　　新成员的产生有两个原因，一是为了取代旧成员继续以某种特定的语义修饰原因句。如"盖"在过渡阶段即清代中后期仍在使用，但已是强弩之末了，基本上退出了口语，只出现在文言语境中：

　　（7）盖春航执迷已久，一时难悟，天天去寻联锦班，候着蕙芳。（《品花宝鉴》第十三回）
　　（8）盖此翁论诗专主性灵，虽妇人孺子，偶有一二佳句，便极力揄扬，故时人皆称之为诗佛。（《品花宝鉴》第五十五回）

　　但"盖"的表示对原因句推测的用法却出于表意的需要不能消亡，于是"也许"在过渡阶段应运而生。"也许"是新生的双音节推测副词，有很强的生命力，二者在并存的过程中相互竞争，但显然单音节的"盖"无法竞争过"也许"，终于在现代汉语中被彻底淘汰，而"也许"也继承了"盖"充当原因句修饰成分的用法，在现代汉语中进入了"副词＋表因连词＋原因句"，继续表示对原因句的推测。二是副词自身用法扩展所致。副词修饰谓词性成分是常见的、一般的，位于表因连词前修饰原因句相对来说则是不太常见、特殊的，所以副词形成后，总是先用于修饰谓词性成分，后来才扩展到位于表因连词前修饰原因句，即由常见、一般的用法延伸到不太常见、特殊的用法，这是很好理解的。上面所说的表确定强调的语气副词"就"宋代已经使用，但直到清代中后期才能充当原因句修饰成分，就是这个道理。
　　第三，保留下的某些成员在出现频率上发生了较大变化，这在最常用的修饰成分上体现得最为明显。近代汉语中出现频率最高的是确定强调类的"只"，"正"使用得不多，"正是"更少，而现代汉语中则是确定强调类的"正"、"正是"、"就"、"就是"四个，超过了"只"，尽管"只"的使用仍然很常见①。其中"正是＋表因连词＋原因句"产生于清初，"就是＋表因连词＋原因句"出现于现代汉语初期：

---

　　① 调查一下北京大学 CCL 语料库，发现"正因为"有 3459 例，"正是因为"有 966 例，"就因为"有 1357 例，"就是因为"有 1765 例，均高于"只因为"的 745 例。尽管这里的"因为"有一部分是原因介词，但仍然可以说明在现代汉语中，"正"、"正是"、"就"、"就是"作原因句修饰成分要多于"只"。

（9）奶奶正是因平日不曾管的惯。自今以后，便要整理家务。（《歧路灯》第七十四回）

（10）可惜我们女子同在专制国手下并没两样，就是因为我们女子没有选举权来表明我们个人的意思。（明慧《妇女选举权》）

在上述变化中，英语等印欧语的影响起到了部分作用。理由有二，一是在《儿女英雄传》和四大谴责小说中，"正/正是/就/就是＋表因连词＋原因句"共36次，远低于"只＋表因连词＋原因句"的172次，可见"正"、"正是"、"就"、"就是"直到过渡阶段充当原因句修饰成分的能力还远不及"只"，而到了现代汉语中便有了突飞猛进的增长，一下就超过了"只"，显然这与"五四"以来汉语受到了英语等印欧语的强烈影响有关。还有一条辅助证据支持此观点：贺阳（2008）通过对明清和现代的口语语料的调查，发现表示假设、条件、因果、转折等逻辑关系的连词在后者中用得远比前者频繁，并认为起初汉语的主从复句分句与分句之间重意合而轻形合，而英语等印欧语则重形合而轻意合，但由于清末以来汉语受到了英语等印欧语的强烈影响，因而也变得重形合而轻意合了，可见"五四"时期的这种语言接触确实能改变某些词的使用频率。二是在英语里，"确定强调类副词＋表因连词＋原因句"多表现为"just because"：

（11）We cannot refrain from exposing and criticizing mistakes and let those who made them slip away just because their cases fall within the category of contradictions among the people.

（12）Many countries have been able to develop industries and sophisticated industries rapidly just because they have powerful basic industries.

"just because"译为汉语即"正＼＼正是＼＼就＼＼就是因为"。"only because"（只因为）虽也可用，但毕竟不如"just because"常见。当然，更为重要的是汉语内部因素所起的作用："只"表确定强调义往往不纯粹、不鲜明，常与唯一义并存，而"正"、"正是"、"就"、"就是"表确定强调义则更纯粹更强烈，所以人们最终倾向于选择后四者。也就是说，最常用修饰成分的转变是内部因素和外部因素共同起作用的结果。

第四节　否定性原因句修饰成分

原因句前的修饰成分是为了表明原因的多样性，所以尽管种类繁多，但都是肯定性的，是对原因句的肯定。近代汉语中还有一种特殊的原因句修饰成分"不"，说它特殊，一是因为这种修饰成分是否定性的，是对原因句的否定；二是因为它用于假设语境中，与其他修饰成分用于非假设语境不同，所以单独放在本节中加以论述。"不"多用于"不因 p，争/怎/岂/安 q"中。"争/怎/岂/安 q"是反问句，在语义上相当于否定性的"非 q"：

（1）不因有信君王请，争得经文满世间。（《敦煌变文·长兴四年中兴殿应圣节讲经文》）

（2）不因邪佞欺人主，怎得金兵入汴城？（《大宋宣和遗事》亨集）

这种句式起源于唐代前中期：

（3）少府不因行使，岂肯相过？（张文成《游仙窟》）

（4）不因感衰节，安能激壮心。（《全唐诗》卷三五四）

"不因 p，q"所处的语境是假设语境，其中的"不"是否定副词，相当于"如果不"，是对已有的因果关系进行假设，假设在没有相应原因的情况下会是怎样一种结果，即"如果不因 p，q"，整个句子的蕴涵是一个现实语境的"因$_1$p，非 q"。（1）的蕴涵是"正因有信君王请，方得经文满世间"，（2）的蕴涵是"正因邪佞欺人主，方得金兵入汴城"，（3）的蕴涵是"少府正因行使，方肯相过"，（4）的蕴涵是"正因感衰节，方能激壮心"，四者的因果关系均是已经实现的。"不因 p，q"中的原因句和结果句与其蕴涵"因$_1$p，非 q"正好相反，即"不因 p"与"因$_1$p"相反，q 与"非 q"相反，这从以上四例中可以看得非常清楚。

上述"不因"是非短语结构，由于使用得较为频繁，因而可以认为其中有了一定程度的凝合，但还没有达到成词的程度，需要同近代汉语中的词汇"不因"区分开。后者在近代汉语中是一个表因连词，据袁宾（1997），产生于宋代：

　　（5）不因嗔责些儿个，便投军在太原营幕。（宋·无名氏《刘知远诸宫调》）

元明清沿用：

　　（6）不因高太尉带领梁山泊两个人来，有分教：风流浪子，花阶柳陌遇君王；神圣公人，相府侯门寻俊杰。直教龙凤宴中知猛勇，虎狼丛里显英雄。（《水浒传》第八十回）

　　（7）不因他这番一个迷藏一捉，一生也不曾作得一个好梦。只着了半世昏迷，迷而不觉。（《儿女英雄传》缘起首回）

表因连词"不因"是在表因连词"因$_1$"前加上前缀"不"而成的。"不"是近代汉语常见的一个前缀，并没有实在的意义，只起衬音的作用，常附于其他单音节或双音节的词根前而构成新词，据李崇兴、黄树先、邵则遂（1998），还有"不当不对"、"不甫能"、"不误间"、"不紧"、"不忿"等几种：

　　（8）却不曾弹得雀儿，不当不对把那邻家顾瑞的孩儿顾驴儿太阳穴上打了一弹。（《五代史平话·周史平话》）

　　（9）着兄弟说，不甫能盼得你来，守不的我一夜。（《死生交范张鸡黍》第三折）

　　（10）我不误间撞着你，我陪口相告，做小伏低，你就骂我做驴前马后，数伤我父母。（《神奴儿大闹开封府》楔子）

　　（11）想汉家宫中无边宫女，就与俺一个，打甚不紧？（《破幽梦孤雁汉宫秋》第二折）

　　（12）上面西门庆底下同室人吴氏，傍边只有李氏，再没别人，
心中就有几分不忿。（《金瓶梅词话》第三十九回）

　　"不"原是否定副词，现在虚化为一个无实义的前缀，原因就在于其
长期处于反诘式"不VP"中，这在先秦就出现了：

　　（13）我生不有命在天？（《尚书·西伯戡黎》）
　　（14）以君之灵，不有宁也！（《左传·僖公二十八年》）

　　在反诘式"不VP"中，否定副词"不"相当于"难道不"，是对已
有的情形进行反诘，用反诘加否定的方式来加强肯定，整个句子的蕴涵是
VP，也就是说，"不VP"与VP在表达上是等效的。既然如此，"不"的
意义也就慢慢地虚化了，最终彻底消失，成为一个前缀。

第五节　小结

　　近代汉语因果句可在表因连词前添加副词以修饰其所接的原因句，进
而表达错综复杂的因果关系尤其是原因的多样性。这样的副词有31种，
在语义上可以分为限定、推测、确定、总括、类同、累加、否定、频率、
语气9类。这些副词中有些既可以直接修饰VP式原因句，也可以直接修
饰SVP式原因句，不需要表因连词的出现；有些则只能直接修饰VP式原
因句，而不能直接修饰SVP式原因句，必须借助表因连词才可以间接修
饰SVP式原因句。由于某些"副词+表因连词"在语义上具有一定的凝
固性，又是双音节，且出现频率较高，于是有了词化的倾向，尽管最终并
未形成一个词。31种副词到现代汉语里有一部分不再作为原因句修饰成
分使用，但也有一部分保留了下来，其中某些成员在使用频率上有了较大
变化，另外还新产生了一些这样的副词。

第四章 近代汉语因果连词的形成

第一节 因果连词的形成

近代汉语因果连词数量众多，在探讨它们的产生时，我们选取其中有代表性的"为"、"由于"、"惟其"、"既"、"既然"、"故"、"以致"、"以至"、"致使"、"所以₂"、"之所以"、"可见"、"因而"、"那"、"因此"、"是以"、"由是"、"为的是"18个加以重点论述，其余的则简略叙述。

一 "为"

表因连词"为"是由原因介词"为"语法化而来。"为"在先秦可作原因介词，引介导致某种结果的原因：

(1) 为归汶阳之田故，诸侯贰于晋。(《左传·成公九年》)
(2) 梦见灶，为见公也。(《韩非子·内储说上》)
(3) 夫贤者宠至而益戒，不足者为宠骄。(《国语·晋语》)
(4) 秋，楚伐郑，及栎，为不礼故也。(《左传·庄公十六年》)

(1) 是"为NP，q"，(2)、(4) 是"q，为NP/VP"，(3) 是"S为VP，q"，总之均是原因介词"为"引介原因来修饰结果，形成了偏正结构"为p，q"或主谓结构"q，为p"。其中p可以是NP，如(1)、(4)；也可以是VP，如(2)、(3)。

如果p复杂化为SVP，那么往往要在S与VP间插入连词"之"，构成"S 之 VP"。"S 之 VP"本质上属于主谓结构，由于比较复杂，长度较长，所以与 q 间总有个停顿：

　　　（5）周鼎着象，为其理之通也。（《吕氏春秋·审分览》）

　　　（6）为使者之无远也，孤用亲听命于藩篱之外。（《国语·吴语》）

　　　（7）为仆人之未次，请除馆于舟道。（《左传·哀公二十一年》）

　　　（8）公孙蛮为少姜之有宠也，以其子更公女，而嫁公子。（《左传·昭公三年》）

　　　（9）文公为卫之多患也，先适齐。（《左传·闵公二年》）

　　（5）是"q，为 S 之 VP"，源于"q，为 NP/VP"；（6）、（7）是"为 S 之 VP，q"，源于"为 NP/VP，q"；（8）、（9）是"S_1 为 S_2 之 VP，q"，源于"S 为 VP，q"。之所以要插入"之"，目的是使主谓结构变为定中结构做"为"的宾语（郭锡良等，1999）。上述"为"可两解，看作原因介词或表因连词都可以，一旦 S 与 VP 间的"之"和 VP 后的"也"脱落了，那么最终就会导致真正的表因连词"为"在先秦的形成：

　　　（10）射不主皮，为力不同科。（《论语·八佾》）

　　（10）中的"为"是真正的表因连词，整个因果句为"q，为 SVP"，它源于因果判断句"q，为 S 之 VP 也"。[①] 表因连词"以"、"因"、

────────────────

　　① 席嘉（2010）认为表因连词"为"的来源是这样的：先秦有"为 p 故，q"式因果句，此时"为"是原因介词。后来发生了重新分析，出现了"为 p，故 q"式因果句，此时"为"就是表因连词了。这种说法我们认为欠妥。"为 p 故"是一个介宾结构，其中"为"是原因介词，"p 故"是名词性定中结构，p 是修饰名词"故"的，二者结合得非常紧密（先秦还有"为 p 之故，q"、"以 p 之故，q"），"故"不可能脱离 p 而与 q 相接，这种紧密性使得"为……故"构成了一个稳定的框式结构，因而也就没有席文说的那种来源。换句话说，"为 p，故 q"的形成与"为 p 故，q"无关，只是表因连词"为"和表果连词"故"相互搭配的结果。

"缘"、"由"的形成与"为"相似，都是由原因介词发展来的。① 表因连词"为缘"、"缘为"、"缘以"、"为因"、"因为"是表因连词"缘"、"为"、"因"、"以"同义连用而成的，"不因"、"因着"、"缘是"、"因是$_1$"、"为是"是表因连词"因$_1$"、"缘"、"为"后附后缀"是"、"着"以及表因连词"因$_1$"前附前缀"不"而成的。

二　"由于"

席嘉（2010：323）对表因连词"由于"形成的论述如下：

"由于"作原因连词来源于动词"由"与介词"于"的跨层组合。如：

（i）宋后家属，并以无辜委骸横尸，不得收葬，疫疠之来，皆由于此。（《后汉书·卢植传》）

（ii）臣闻天下之祸，不由于外，皆兴于内。（《后汉书·傅燮传》）

（iii）夫事有曲直，言有是非。直者不能不争，曲者不能不讼。讼争既施，则有忿怒之事矣。此由于不尚恭下者也。（《后汉书·列女传》）

---

① 参考马贝加（2009）、席嘉（2010）。席嘉（2010）认为"由"还有一条虚化途径，就是在"q，由 p"中从"在于"义动词直接演变为表因连词。这种说法大可不必，因为整个虚化过程如果能用一个源头说明清楚，就没必要去找两个。表因连词"由"最早是在"由 p，q"中形成的，时间是在西汉，如"由所杀蛇白帝子，杀者赤帝子，故上赤"（《史记·高祖本纪》）。其中"由"最初是原因介词，先秦就开始使用了，介词宾语一般为指示代词"是"：

（a）宋公求珠，魋不与，由是得罪。（《左传·哀公十一年》）
（b）骊姬既远大子，乃生之言，大子由是得罪。（《国语·晋语》）

"是"往往指代上文某一成分，如（a）指代的是"魋不与"，（b）指代的是"乃生之言"。如果被指代的成分较为复杂，且直接出现在"由"后，替换了原先的"是"，与其后部分有一个停顿，那么表因连词"由"就产生了。在"q，由 p"中，"由"最初是"在于"义动词，同样是在先秦开始使用，但直到南北朝"q，由 p"之"由"才有表因连词的用法，如"至于赤壁之败，盖有运数。实由疾疫大兴，以损凌厉之锋，凯风自南，用成焚如之势"（《三国志裴注·荀彧荀攸贾诩传注》）。可以认为表因连词"由"先用于"由 p，q"，后来才扩展到"q，由 p"中。如果承认这一点，就避免了出现第二种来源。

以上例句中的"由"都是动词，表示某一事项的来源或起源，"于"是介词，引介来源事项，"由于"表示的意思接近"来自"。"由于"在话语中逐步发生两方面的变化：一方面，一件事的起源有时也是这件事发生的原因，"由于"由表示"来源"向表示原因过渡。另一方面，"于"起初作介词联系简短的词或词组，主要是名词性成分，如例（i）、（ii）；随着联系的内容逐步趋于复杂，也可连接谓词性成分或小句。由此进一步演化，如：

　　（iv）身危由于势过而不知去势以求安，祸积起于宠盛而不知辞宠以招福。（陆机《豪士赋》序）
　　（v）今若以叔母为期亲，令代公随母补兵，既违大功不谪之制，又失妇人三从之道。由于主者守期亲之文，不辨男女之异，远嫌畏负，以生此疑。（《宋书·何承天传》）
　　（vi）由于释女耶输陀罗未生欢喜，是故衣服及余璎珞少分供给，发遣安置随宜处所。（隋·阇那崛多《佛本行集经》51）

　　例（iv）中的"由于……"既可以分析为"身危"的谓语，表示"源于……"，与下句的"起于"结构相同，相互呼应；也可以分析为"由于"连接分句"势过而不知去势以求安"，用在主语前，表示"因为"。这例是"由于"由韵律词向语法词过渡中的用法。例（v）、（vi）中的"由于"连接主谓句表示原因，表示"源于"的源词意义基本消失，例（vi）中与结果连词"是故"形成关联，应当都已经是原因连词。
　　席文的意思很明显是说表因连词"由于"是从动词"由"与介词"于"的跨层组合一步步语法化而来的。先是跨层组合"由于"在语义上发生变化，从"来自"义演变为表原因，接着所联系的成分逐渐变复杂，最终独立成为分句，标志着表因连词"由于"的正式形成。这种说法看上去很合理，但仔细一分析，遇到的最大问题就是如果演变途径真是如此，那么"由于"变为表因连词后应该先出现在由果溯因句中，再出现在由因及果句中，因为跨层组合"由于"就是原因位于其后而结果位于其前，即"q由于p"，变为表因连词后在保持原则的作用下，还保留着跨层组合时的一些句法特点。但实际上，据本人调查，"q，由于p"这种因果句不管是在汉语历史上还是在现代汉语中，都不曾出现过，出现的只有"由于 p，q"。也就是说，表因连词"由于"只用于由因及果句，而不用于由果溯因句。这是因为表由果溯因的"由于"一直保持着像（iii）、（iv）那样的动词状态，无法起到连接前后两个小句的作用，所以尽管它的"来自/源于"义也是因果义，但始终未演变为表因连词，而且它的"在于"义在现代汉语中已经消失了，因此整个句式"q 由于 p"也就随之消亡了，所以现代汉语中没有"q，由于 p"。席文举的例（iv）中的"由于"只能分析为"来自/源于"义的跨层组合，而不能分析为表因连词，这是因为"势过而不知去势以求安"不是一个分句，它仅仅是"由于"的宾语。

我们认为，表因连词"由于"是在兼动词和表因连词二义于一形的"由"的影响下通过相因生义而来的。所谓相因生义，即"甲词有 a、b 两个义位，乙词原来只有一个乙$_a$义位，但因为乙$_a$和甲$_a$同义，逐渐地乙词也产生一个和甲$_b$同义的乙$_b$义位"（蒋绍愚，2005：82）。据此可以推出，如果甲$_a$非连词，有一同形的连词甲$_b$；乙$_a$非连词，没有与之同形的连词乙$_b$，但因为乙$_a$和甲$_a$同义，于是逐渐地产生了和连词甲$_b$同义的连词乙$_b$，且乙$_a$与乙$_b$也是同形的，典型的例子如"由于"。"由"在先秦可作"在于"义动词①，后接表原因的宾语，西汉沿用：

（11）国家之败，由官邪也。（《左传·桓公二年》）
（12）夫士民之所以叛，由偏之也。（《说苑·至公》）

（11）等于说"国家之败在于官邪"，结果是"国家之败"，原因是"官邪"；（12）等于说"士民之所以叛在于偏之"，结果是"士民叛"，原因是"偏之"。

"由于"最初见于西汉，为非短语结构，是表"顺应"义的动词"由"和对象介词"于"连用，意思是顺应某事物：

（13）民疾君之侈也，是以由于逆命。（《说苑·辨物》）
（14）凡音由于人心，天之与人有以相通，如景之象形，响之应

---

① "在于"义相当于"来自/源于"义。

声。(《史记·乐书》)

"由于逆命"指顺应了逆命,"由于人心"指顺应了人心。东汉时开始作"在于"义动词①,后接表原因的宾语。"在于"义比"顺应某事物"义更虚化,承载它的形式内部凝合度也就比后者更高,因此可以看作一个词:

　　(15) 其本乃由于围成,失大得小而不能节用。(《公羊传注》卷二十四)
　　(16) 祸难所发,由于勇力。(《论衡·言毒》)

(15) 等于说"其本在于围成",结果是"其"②,原因是"围成";(16) 等于说"祸难所发在于勇力",结果是"祸难发",原因是"勇力"。整个句子就成了判断句,被判断部分为结果,判断词为"由于",判断部分为原因,本质上是由果溯因。

席嘉(2010)认为"由"在西汉产生了表因连词的用法:

　　(17) 由所杀蛇白帝子,杀者赤帝子,故上赤。(《史记·高祖本纪》)
　　(18) 由重其豫,惟恐不及,是以百举而不陷也。(《说苑·权谋》)

这样"由"既能表原因,又有"在于"义,而"由于"最初只有"在于"义,所以受前者影响,"由于"在魏晋时发展出了表原因义的用法,成了表因连词:

　　(19) 由于好事者增加润色,至令失实。(《抱朴子·微旨》)

---

① 在"臣闻三季之弊,由于烦刑;火德之兴,在于三约"(《魏书》列传第七)以及"其兴也必由于积善,其亡也皆在于积恶"(《贞观政要·教戒太子诸王》)中,"由于"与"在于"对举,亦可证"由于"有"在于"义。

② "其"指代的是上文的"孔子曰'不患寡而患不均,不患贫而患不安'"。

（20）由于为君，故得纵意也。（《抱朴子·诘鲍》）

（19）中"由于"用于 SVP 之前，又与表果连词"至令"搭配①；（20）中用于 VP 之前，又与表果连词"故"搭配，显然都是表因连词，产生的过程就是相因生义。上文说过表因连词"由于"形成的语法化说遇到的最大问题就是无法解释为什么现代汉语和古代汉语中只有"由于 p，q"，却找不到"q，由于 p"。这就雄辩地说明了"由于"变为表因连词并未经历语法化，而是受到了兼动词义和表因连词义二义于一形的"由"的影响，因而用相因生义来解释更为合理些。相因生义属于词汇层面上的变化，不涉及句法层面，不受保持原则的制约，所以可以先出现在"由于 p，q"中。

三 "惟其"

表确定强调义的语气副词"惟"在先秦可与指示代词"其"连用，用于"惟其 p，q"中，后代沿用：

（21）维其有章矣，是以有庆矣。 （《诗经·小雅·裳裳者华》）②

（22）维其有之，是以似之。（同上）

（23）惟其可以感格得来，故只说得散。（《朱子语类》卷三）

（24）惟其胸中了然，知得路径如此，知善之当好，恶之当恶，然后自然意不得不诚，心不得不正。（《朱子语类》卷十五）

（21）、（22）中"惟"是副词，修饰"其有章"和"其有之"；"其"是代词，使谓词性成分"有章"和"有之"自指化。如果"惟其"后的成分较复杂，就不容易自指化了，如（23）、（24），"其"也就不能再看成自指标记了，但仍然可看作主语或修饰语。如（23）理解为主语就是"其（可以感格得来）"，（24）理解为修饰语就是"（其胸中）了然……恶之当恶"。（23）、（24）两例中的"惟其"若省去，剩下的 p 与

---

① "至令"即"致令"。

② "维其"即"惟其"。

q 可以构成完整的句子，所以这里的"其"已经出现了一定程度的虚化，整个"惟其"的凝合度有了一定提高，看作确定强调义非短语结构或连词都可以。如果"惟其"出现在 SVP 前，且"其"的可及度消失，不作主语和修饰语用，亦不作自指标记用，就彻底变成了一个表因连词，时间是在宋代：

（25）惟其此心无主宰，故为私意所胜。（《朱子语类》卷一百二十）

（25）中的"此心无主宰"是复杂的 SVP，很难被自指，"其"不能再看作自指标记，且"其"无所指，不能作主语，另外"其"后紧接一个充当修饰语的指示代词"此"，因而本身也不能做修饰语了，所以只能属前，不能属后，因此这里的"惟其"是真正的表因连词。

四 "既"、"既然"

"既"在先秦可作时间副词，表示某种动作已经完成或某种状态已经实现：

（26）秦、晋围郑，郑既知亡矣。（《左传·僖公三十年》）
（27）文王既没，文不在兹乎？（《论语·子罕》）

两例中的"S 既 VP"并不出现在因果语境中，而下面两例则出现在因果语境中：

（28）既窃利之，敢不识乎！（《晏子春秋·内篇杂下》）
（29）太子既善郑，郑信太子。（《史记·伍子胥列传》）

（28）是"既 VP，q"，"既 VP"与 q 之间有因果关系；（29）是"S 既 VP，q"，"S 既 VP"与 q 之间有因果关系。此时"既"可两解，看作副词或连词都是允许的。

真正表因连词"既"的形成要满足以下条件，即出现在"既 SVP，

q"中，且先行句 SVP 与后续句 q 之间有推断因果关系，时间是在晚唐五代①：

> （30）既功未齐于诸佛，何故名为善知识？（《祖堂集·岑和尚》）

> （31）既尽眼勿标，为什摩不许全好手？（《祖堂集·雪峰和尚》）

（30）是原因句的主语"功"在表因连词"既"后，（31）是原因句的主语"尽眼"在表因连词"既"后。时间副词"既"一般不可能出现在主语前②，一旦出现在主语前，就只能理解为表因连词，出现在主语前正是表因连词的典型位置。

在东汉，表完成义的时间副词"既"后可加上指示代词"然"，构成一个状中结构"既然"，义为"已经这样"：

> （32）天星既然，又四国失政相似，及为王室乱皆同。（《汉书·五行志》）

> （33）失之毫厘，差以千里，是既然矣。（《汉书·赵充国辛庆忌传》）

到了晚唐五代，时间副词"既"因为变成了表因连词，所以"既然"就可以被理解为"既然这样"，但由于"然"在当时的口语中多作后缀使用③，指示代词的用法已退出了口语，所以人们也就不再把它理解为指示代词了，而是将其看作后缀，附在前面的"既"上，构成了一个新的双

---

① 《汉语大词典》引《庄子·齐物论》"使同乎若者止之，既与若同矣，恶能止之"（第654页）一句来证明表因连词"既"产生于战国时期，但正像我们所说的，只有到了晚唐五代表因连词"既"才正式形成，之前一些似是而非的例子均属于两解的情况，不能完全肯定就是表因连词。

② 例外罕见，如"既乡校不毁，而郑国以理"（《全唐文》卷五百四十七）。

③ 据王云路（2010），中古时期"然"常附在时间副词后作后缀用，有"忽然"、"奄然"等，且副词后缀与连词后缀是相通的，如"当"、"复"、"是"既可作副词后缀，也可作连词后缀。另外"然"不仅可作副词后缀，还可作形容词后缀，如"坦然"、"惘然"等。

音节表因连词"既然"①:

　　(34) 既然如此,今日一会,当为何人? (《祖堂集·福先招庆和尚》)

　　(35) 既然任摩,何用更见贫道? (《祖堂集·慧忠国师》)

"既然"在晚唐五代形成后,后面只接指示代词"如此"、"任摩",这是因为"既然"本有"既然这样"之义,现在"然"已作后缀用了,不再表示"这样"了,那么就必然要用别的指示代词去表示"这样"。

五 "故"

蓝鹰(1991)对"故"的来源和形成过程有这样的阐述:

"故"在句中单独成句,即"故,……"这个"故"总括前面的原因,意为"由于此故",而有某种结果,它有谓词性。后来才发展为属后一分句的。如:

　　吾少也贱,故,多能鄙事。(《论语·子罕》)
　　乐岁终年饱,凶年免于死亡,然后驱而之善,故,民之从之也轻。(《孟子·梁惠王》)

蓝文的观点是可取的。"故"最初应是一个原因义名词,由于是一个单音节,不利于单独成句,后来与结果句之间的停顿就消失了,附在了结果句之前,自身的"由于此故"义也因处于因果语境中而弱化,最终发展为一个表果连词。"故"在西周就有了较为成熟的表果连词用法,其具体的形成过程由于语料的限制已很难追寻了,蓝文的阐述也只是一种推测,但这种推测应是合理的。表果连词"是故"的词汇化与之相仿,最初是一个原因义名词性结构,这一点可供参证。"故而"是后附后缀"而"产生的一个新双音表果连词,这个"而"原先是写成"尔"的,

---

① 丁健(2011)认为"x然"式连词的形成并非直接在词根x后加上词缀"然",而是一个代词"然"的语义逐渐虚化消失而成为音段成分,并与其前紧邻的x凝合为双音词的过程。这种观点与笔者的看法基本吻合。

后来才改为"而"。

表果连词"故"有时会和指示代词"此"连用，这个"此"可作主语，也可作定语：

（36）故子胥善谋而吴戮之，仲尼善说而匡围之，管夷吾实贤而鲁囚之。故此三大夫岂不贤哉！而三君不明也。（《韩非子·难言》）

（37）是故骈于明者，乱五色，淫文章，青黄黼黻之煌煌非乎？而离朱是已。多于聪者，乱五声，淫六律，金石、丝竹，黄钟、大吕之声非乎？而师旷是已。枝于仁者，擢德塞性以收名声，使天下簧鼓以奉不及之法非乎？而曾、史是已。骈于辩者，累瓦结绳窜句，游心于坚白异同之间，而敝跬誉无用之言非乎？而杨、墨是已。故此皆多骈旁枝之道，非天下之至正也。（《庄子·骈拇》）

（36）是作定语，（37）是作主语。两例中的"故此"视为一个表果连词也未尝不可，但真正成为一个表果连词是在唐代前中期：

（38）若支先挛，是废疾被折，故此殴挛支止依殴折一支，流二千里，有荫合同减、赎。（《唐律疏议》卷二十一）

由于主语往往可以省略，且被修饰的成分在上文独一无二，非常明确，所以"此"的意义就逐渐虚化了，并且与处于句首的"故"恰好可以构成一个双音词，于是最终与"故"结合在了一起成了一个表果连词。（38）中的"此"不能再看成主语或定语了。

六　"以致"、"以至"

非短语结构"以至"的"以"在先秦可以是原因介词，"至"可以是表"到了某种境地"义的动词，整个结构的意思是"由于某种原因到了某种境地"，可用于"p，以至 VP"中。此句式的特点是先说原因，接着再用"以至"引出相应的结果，"以"后的介词宾语 p 由于在前出现过，所以悬空了，其语义结构是"p，由于 p 到了 VP 这种境地"：

（39）不相信，以至无奸。（《韩非子·内储说上》）

这里的"以至"看作连词也行。到了魏晋，"以至"可用于 SVP 之前，标志着表果连词"以至"的正式形成：

（40）蔡灵公弑逆无道，以至身死国灭。（《榖梁传注》卷十七）

（41）归家淫思七日，不寝不食，以至骨立。（《列子·仲尼》）

与"以至"相似，非短语结构"以致"的"以"在东汉可以是原因介词，"致"可以是表"招致"义的动词，整个结构的意思是"由于某种原因招致了某种事物或情形"，可用于"p，以致 VP"中。此句式的特点是先说原因，接着再用"以致"引出相应的结果，"以"后的介词宾语 p 由于在前出现过，所以悬空了，其语义结构是"原因 p，由于原因 p 导致了结果 VP"。此时"以致"视为连词亦可：

（42）孝宣皇帝赏罚信明，施与有节，记人之功，忽于小过，以致治平。（《汉书·何武王嘉师丹传》）

（43）且灵公无道，民众不悦，以致见杀。（《公羊传注》卷十五）

非短语结构"以致"表示的是"由于某种原因招致了某种事物或情形"，"以至"表示的是"由于某种原因到了某种境地"，"招致了某种事物或情形"就等于说"使得到了某种境地"。二者仅有使动和自动的区别，在语义上有着共通性①，在结构上相同，均为"原因介词'以'＋动

---

① 这一点从"致"与"至"的混用上也可以看出。如"故唐、虞日孳孳以致于王，桀、纣日愀愀以致于死，不知后世之讥己也"（《淮南子·缪称训》）以及"故于此乎天乃使武王至明罚焉"（《墨子·明鬼》）两句，前一句的"致"是自动，应为"至"；后一句的"至"是使动，应为"致"。

词"，所以受表果连词"以至"同化①，"以致"在南北朝成了一个真正的表果连词②：

（44）南国何意作如此任使，以致奔败。（《宋书》列传第十九）

（45）后帝知朱徽、杜崇失胡和，又禁其上书，以致反畔。（《后汉书》列传第七十九）

表果连词"以至于"的产生与"以至"相当，只不过同"以"结合的一为"至"一为"至于"罢了。

七　"致使"

先秦时表"导致"义的动词"使"可用于"p，使 SVP"中，表示由于 p 导致 S 产生了 VP 这种情形，其中的"使 SVP"是兼语结构：

（46）人臣有大臣之尊，外操国要以资群臣，使外内之事非己不得行。（《韩非子·三守》）

（47）弃田以为园囿，使民不得衣食。（《孟子·滕文公下》）

"p，使 SVP"有一个特点，就是将"使"变为表果连词"故"后全句仍然成立，如将（46）变为"人臣有大臣之尊……故外内之事非己不得行"，将（47）变为"弃田以为园囿，故民不得衣食"，都是成立的。这是因为因果句表达的就是某种原因导致了某种结果这样一种语义，但

---

① 一旦某个因果连词有了位于 SVP 前的用法，那么与该因果连词在形成前结构和语义相同或相近且有相同或相近演变途径的同时或后时形式不管是否能够处于 SVP 前，都可以看作因果连词。这种同化作用在汉语史上是很普遍的，如在确定动结式出现时代时常常要借助一个符合若干条件的充当"结"的鉴定词，鉴定词所在的"动＋结"一旦确定为动结式，那么同时代的其他"动＋结"也都可以看作动结式，而这些"动＋结"中的"结"不一定都符合鉴定词所符合的那些条件（蒋绍愚、曹广顺，2005），这就是一种同化作用。

② 孙书杰（2010）也考察了"以致"的词汇化过程。孙文的过程与我们的相似，但变为表果连词的时间是定在宋代之后，主要是因为宋代之后"以致"后接的成分逐渐复杂多样化。当然，如果保守一些，以用法的成熟时期为因果连词的形成时期也是可以的，但本书是以初见时期为形成时期。

"导致" 义已高度虚化，在形式上不需出现，只需出现原因和结果即可，而 "p，使 SVP" 本身就是一个因果句，p 是原因，SVP 是结果，有此二者足以表达一个完整的因果关系，因而中间的那个 "使" 的意义已经有些虚化，以至可以用表果连词来替代。所以，动词 "使" 就有了向表果连词转化的倾向，但最终并没有完成这一转化。于是就在 "使" 的前面加一用法与之相似的动词 "致"①，构成一个新的双音词 "致使" 来完成 "使" 的这种向表果连词转化的趋势，同时也是为了顺应双音化趋势，时间是在南北朝：

（48）兼遣察战等为使，惊扰州郡，致使交趾反乱。（《宋书》志第二十二）

（49）而乃泛万里之海，入疫疠之乡，致使尊弱涂炭，百罹备经。（《三国志裴注·蜀书·许麋孙简伊秦传》）

两例中的 "致使" 已凝为一个动词，当然看作连词也可以。但只有当 "致使 SVP" 变为 "致使 VP" 时，才真正成为表果连词，因为此时 "使" 后的兼语消失，"使" 的意义也就彻底虚化了，从而与 "致" 凝合在了一起，时间是在南北朝：

（50）其宣德太仆刘朗之、游击将军刘璩之坐不赡给兄子，致使随母他嫁，免官禁锢。（《魏书》列传第八十六）

另一表果连词 "致令" 的形成与 "致使" 相似，"令" 也是表 "导

---

① "致" 南北朝可表 "导致" 义，用于 "p，致 VP/SVP" 中，表示由 p 导致 VP 这种情形的产生，其中的 "致 VP" 是述宾结构：

（c）吾式遏无素，致境芜民瘠。（《宋书》列传第六十）
（d）晋文公以沐辞竖头须，致有图反之诮。（《颜氏家训·风操》）

与 "p，使 SVP" 相似，将 "p，致 VP/SVP" 中的 "致" 变为表果连词 "故" 后全句仍然成立，如将（c）变为 "吾式遏无素，故境芜民瘠"，将（d）变为 "晋文公以沐辞竖头须，故有图反之诮"，都是成立的。

致”义的动词。

八　“所以₂”、“之所以”

表果连词“所以₁”的形成绪论中已谈过，这里只提一下“所以₂”和“之所以”。“所以”在先秦是一个所字结构，可指称某种行为或状态出现的原因，可用于判断句“S 所以 VP，p 也”中。① 其中 S 是“所以 VP”的定语，同时 S 也是 VP 的主语：

(51) 辱害所以为罚，充也。(《吕氏春秋·离俗览》)

(52) 荣利所以为赏，实也。(同上)

(51)、(52) 中“所以”理解为表果连词也未尝不可，但确定无疑的表果连词是在后接 SVP 且 SVP 后的“者”和后续句后的“也”脱落的情形下才形成的，时间是南北朝：

(53) 所以存亡殊致，始终不同，将以文若既明，名教有寄乎？(《文选》卷四十七)

表果连词“之所以”的产生与“所以₂”相仿，只不过前者多了一个所字结构“所以”与定语标记“之”凝合成非短语结构的过程。“之所以”在先秦是一个非短语结构，可指称某种行为或状态出现的原因，多用于判断句“S 之所以 VP 者，p 也”中。② 其中 S 是对“所以 VP”修饰的定语，同时 S 也是 VP 的主语：

(54) 夫马之所以能任重引车致远道者，以筋力也。(《韩非子·人主》)

(55) 厉公之所以死者，唯无德而功烈多，服者众也。(《国语·

---

① 只有极个别的例子是用在“所以 SVP，p”中的，如“所以尤者多故，其要必因人所喜与因人所恶。东面望者不见西墙，南乡视者不睹北方，意有所在也”(《吕氏春秋·有始览》)。

② 只有极个别的例子是用在“S₁ 之所以 S₂VP，p”中的，如“人主之所以身危国亡者，大臣太贵，左右太威也”(《韩非子·人主》)，因此这种情形不予考虑。

晋语》)

东汉时期，原因句后的语气词"也"脱落了，并且"之所以"可以同表因连词"以"搭配：

　　(56) 夫世之所以为乱者，不以贼盗众多，兵革并起，民弃礼义，负畔其上乎？(《论衡·治期》)

此例中"之所以"理解为表果连词也未尝不可，但结果句"世为乱者"仍有复指"世为乱"的"者"，而确定无疑的表果连词是在后接 VP 且 VP 后的"者"和原因句后的"也"脱落，同时与表因连词搭配的情形下才形成的。以此为标准，表果连词"之所以"形成于东汉[①]：

　　(57) 今帝王之所以得天心，以自安民之父母。(《太平经》卷一百十七)

九　"可见"

刘亚辉、姚小鹏 (2011：28—30) 对表果连词"可见"形成的论述如下。

"见"的本义是看见，最初的"可见"是行为义短语，表示"可以看

---

　　① 肖奚强、王灿龙 (2006) 考察了"之所以"的词汇化过程。文中描述的过程与我们相似，并且认为到南宋时期，"之所以"的表果连词用法已相当成熟。这个结论是可信的，但说的并非形成时期。表果连词"之所以"应形成于东汉，经过一段时间发展，到了宋代才变得成熟。魏晋、南北朝和唐代均有用例：

　　(e) 孝武之所以能奋其军势，拓其外境，诚因祖考畜积素足。(《三国志·魏书·钟繇华歆王朗传》)

　　(f) 丈人之所以未极遐蹈，或在不近全菜邪？(《南齐书》列传第二十二)

　　(g) 齐人之所以务于赋输，用给公上，其大抵馈军实奉边备而已。(《全唐文》卷四百八十三)

　　(h) 但臣之所以奉檄载驰，释巾从务，贪荣徇禄，惟迫于甘旨。(《全唐文》卷二百十九)

见"的意思。例如：

（i）尚乃入报子胥，曰："父幸免死，二子为侯，使者在门，兼封印绶，汝可见使。"（《吴越春秋·王僚使公子光传》）

（ii）老子曰：……月望日夺光，阴不可以承阳，日出星可见，不能与之争光，末不可以强于本，枝不可以大于干，上重下轻，其覆必易。（《通玄真经·上德》）

略进一步，"可见"由"可以看见"引申出"可以感觉"义。例如：

（iii）虽未能究其微妙，然大指之趣，略可见矣。（《楚辞·离骚》）

（iv）……天憗州华之间，故生宿麦，中岁而熟之，君子察物之异，以求天意，大可见矣。（《春秋繁露·循天之道》）

进一步发展，"可见"能以 NP + VP 作为宾语。例如：

（v）如杀宰相武元衡于靖安里门外，分明宰元衡入朝，出靖安里，贼乘暗害之。亦可见坊门不可胡乱入，只在大官街上被杀了。（《朱子语类·礼七》）

（vi）观此事，可见武帝求才不遗微贱，得人之盛，诚非后世所及。（《容斋随笔·任安田仁》）

"可 + 见 + NP + VP"的经常出现无疑为"可见"的语法化创造了重要句法条件。"可 + 见 + NP + VP"的谓语部分复杂化，导致语义核心后移，"可见"变成了次要成分，它在长期使用中理据模糊，分界发生转移，由"可/ + 见 + NP + VP"，变成了"可见/ + NP + VP"。如例（v）、例（vi）的"可见"，就处在由"可 + 见"向"可见"的发展过程中，它们既能理解为"亦可/见坊门不可胡乱入"和"可/见武帝求才不遗微残"，也能理解为"亦/可见/坊门不可胡乱入"和"可见/武帝求才不遗微贱"。

语法化的关键是语法功能的转变，在"可见"语法化过程中，充当谓语的客观陈述性"可见"因分布定型和语义专化而逐渐转化为充当高层谓语的主观评注性成分。随着使用频率的增加,在汉语双音化趋势的推动下,"可见"逐渐凝固成一个评注性副词。作为一个表示认识性情态的成分,它通常表示对句子所表达的命题的看法或态度。例如:

（vii）倘不因彗星之变,元祐党碑怎生能碎么！可见当时蔡京附会徽宗,恣行骄淫,天心仁爱,不得不示变以儆之也。（《大宋宣和遗事·元集》）

（viii）哥哥当日在汉江之上,情愿舍了嫂嫂、侄儿,留您兄弟,岂知嫂嫂、侄儿,安然无事。可见天道无亲,常与善人,信不诬也。（《全元杂剧·郑廷玉·楚昭王疏者下船》）

凝固后的副词"可见"用于前后句之间,表推度,意为"可以做出判断或结论",这时的"可见"已转变为"言者"本人的一种主观陈述和主观感受。评判义"可见"的发展高峰是在明代后期。例如:

（ix）嘉靖初年大礼之议,至于发言盈庭,死者接踵,兹乃至两宫之礼,无一人片语者,可见士气人心日以委靡。（《谷山笔麈》卷二）

（x）钟鼓体虚,为声闻而招击撞;麋鹿性逸,因豢养而受羁磨。可见名为招祸之本,欲乃散志之媒。（《菜根谭·修省》）

（xi）后来此人整整活到九十一岁,无疾而终。可见阳世间有冤枉,阴司事再没有不明白的,只是这一件事阴报虽然明白,阳世间见的钱钞到底不曾显还得,未为大畅。（《二刻拍案惊奇》卷十六）

首先我们要说明的是,刘文认为表果连词"可见"（即评判义"可见"）形成于明代,并不符合事实,刘文所说的那种评判义的"可见"早在唐代前中期就形成了:

（58）缘丧事仪卫,并皆官给,可见哀荣始终,礼洎泉壤。（《全唐文》卷三百五）

（58）中的"可见"连接原因句"丧事仪卫，并皆官给"和结果句"哀荣始终，礼洎泉壤"，两句之间有推断因果关系，且"可见"后出现了主语"哀荣"，还同表因连词"缘"搭配，于是这里的"可见"自然就是一个表果连词了。唐代表果连词"可见"用得还很少，到了宋代就慢慢多了起来：

（59）廖初举郑厚与某人，可见其贤此二人。（《朱子语类》卷一百二）

（60）是民之感化如此，可见天下人人心都一般。（《朱子语类》卷十八）

元代沿用：

（61）至祥符中以其太重，减七百余斤，可见当时亦无定制，各以意从长斟酌造之。（《金史》志第二十四）

（62）孝、弟、慈三件上行下效，可见人同此心。（《鲁斋遗书·大学直解》）

综上所述，表果连词"可见"绝不可能是在明代才产生的，而是早在唐代就出现了。

刘文认为"'可＋见＋NP＋VP'的经常出现无疑为'可见'的语法化创造了重要句法条件"无疑是正确的，但由于"可见"早在唐代就出现了，而唐代及其以前的时期"可＋见＋NP＋VP"极为罕见，到了宋代才多了起来（这点刘文已作了阐述），所以"可见"也不会是在"可＋见＋NP＋VP"中产生的，也就是说，"可见"并非通过语法化的方式产生的。

我们认为，"可见"是对表推断的凝固结构"由（以、自、用）此（是）观之"一步步替代而来的。"可见"在先秦是一个述宾结构，义为"可以见到"：

（63）人主欲观之，必半岁不入宫，不饮酒食肉，雨霁日出，视之晏阴之间，而棘刺之母猴乃可见也。（《韩非子·外储说左上》）

(64) 是所谓"视乎不可见，听乎不可闻，为乎不可成"，此之谓也。(《荀子·君道》)

先秦时"可见"不能接任何成分，不能用在原因句和结果句之间以表示推断因果关系，表推断因果的用法产生于唐代前中期，这一点前文已说过。

表果连词"可见"的形成与先秦时的固定结构"由（以、自、用）此（是）观之"有关。先秦固定结构"由（以、自、用）此（是）观之"为"据此来看某个问题"之义，可用于原因句和结果句之间，构成"p，由（以、自、用）此（是）观之，SVP"，表示根据原因句表达的依据推出结果句表达的结论，已具有了明显的连接作用：

(65) 齐五战之国也，一战不克而无齐。由此观之，夫战者，万乘之存亡也。(《韩非子·初见秦》)

(66) 汤、武，千乘也，而士皆归之。桀、纣，天子也，而士皆去之。孔、墨，布衣之士也，万乘之主、千乘之君不能与之争士也。自此观之，尊贵富大不足以来士矣，必自知之然后可。(《吕氏春秋·季冬纪》)

(67) 楚之有直躬，其父窃羊而谒之吏。令尹曰："杀之！"以为直于君而曲于父，报而罪之。以是观之，夫君之直臣，父之暴子也。(《韩非子·五蠹》)

(68) 然则从人之性，顺人之情，必出于争夺，合于犯分乱理而归于暴。故必将有师法之化，礼义之道，然后出于辞让，合于文理，而归于治。用此观之，然则人之性恶明矣，其善者伪也。(《荀子·性恶》)

(69) 昔者舜使吏决鸿水，先令有功而舜杀之；禹朝诸侯之君会稽之上，防风之君后至而禹斩之。以此观之，先令者杀，后令者斩，则古者先贵如令矣。(《韩非子·饰邪》)

(70) 戎人生乎戎，长乎戎，而戎言不知其所受之。楚人生乎楚，长乎楚，而楚言不知其所受之。今使楚人长乎戎，戎人长乎楚，则楚人戎言，戎人楚言矣。由是观之，吾未知亡国之主不可以为贤主也，其所生长者不可耳。(《吕氏春秋·孟夏纪》)

（71）君之行义回邪，无德于国，穿池沼，则欲其深以广也；为台榭，则欲其高且大也；赋敛如拗夺，诛僇如仇雠。自是观之，茀又将出。（《晏子春秋·外篇》）

正因为表示的是根据原因句表达的依据推出结果句表达的结论这样一种承接语义，本身具有一定独立性，所以才用于二句之间以起一个承上启下的过渡作用，类似于现代汉语中所说的独立成分。"由（以、自、用）此（是）观之"中的"之"指代的对象就是与结论相关的某个问题，而该问题又未在上文出现过，但可以根据上下文推出，如（65）中的"之"指的就是与"夫战者，万乘之存亡也"相关的问题"战争的重要性"，"由此观之"即"据此来看战争的重要性"；（66）中的"之"指的就是与"尊贵富大不足以来士矣，必自知之然后可"相关的问题"来士的方法"，"自此观之"即"据此来看来士的方法"。到了西汉，出现了表"据此来看某个问题，可以得出某结论"义的"此可以见"，用于"p，此可以见SVP"中：

（72）天之序，必先和然后发德，必先平然后发威。此可以见不和不可以发庆赏之德，不平不可以发刑罚之威。（《春秋繁露·威德所生》）

比较一下"由（以、自、用）此（是）观之"与"此可以见"，区别有三处：其一，取消了介词"由（以、自、用）"，因为单独一个指示代词"此"能够充当状语，表示"据此"之义；其二，添加了助动词"可以"，表示能够做出某种推断；其三，用"见"代替了"观之"。"观之"意为"看某个问题"，而不涉及是否得出结论；"见"意为"看某个问题，可以得出某结论"，不仅是观察问题，更是表明已得出结论。

魏晋时又产生了"可以见"，即"p，可以见SVP"，这是去掉了"此可以见"中语义上指代原因的"此"后形成的，因为原因在先行句中就出现过，省略"此"并不影响理解：

（73）今使人免必死而就戮刑者，犹欣然喜于去重而即轻，脱炙烂而保视息，甘其苦痛，过于更生矣。人但莫知当死之日，故不暂忧耳。若诚知之，而刖劓之事，可得延期者，必将为之。况但躬亲洒扫，执巾竭力于胜己者？可以见教之不死之道，亦何足为苦。(《抱朴子·勤求》)

"可以见"进一步发展，到了唐代前中期，用"可"替换"可以"，就成了"可见"了。整个演变是"由（以、自、用）此（是）观之"→"此可以见"→"可以见"→"可见"，本质上是一个凝固结构替换的过程。先是以"由（以、自、用）此（是）观之"为基础发展出"此可以见"，再由"此可以见"为基础发展出"可以见"，最后由"可以见"为基础发展出"可见"。"由（以、自、用）此（是）观之"之类结构的功能本来就已非常接近表果连词了，但由于音节过长而不能凝合，在逐渐从形式上演变为双音节的"可见"后，就立即成了表果连词。"可见"最初不能用在原因句和结果句之间以表示推断因果关系，但经过上述演变之后就可以了。

十　"因而"

"因而"在先秦是一个非短语结构，可表"接下去发生了某事"义。其中"因"是"接着"义的动词，表示接着某一事又发生了另一事①；"而"是连词，表示两事在时间上的前后相承。该非短语结构可用于"x，因而 y"中，表示"出现了一种情形 x，接着 x 又出现了一种情形 y"：

(74) 庄子之楚，见空髑髅，髐然有形，撽以马捶，因而问之曰。(《庄子·至乐》)
(75) 崔杼归无归，因而自绞也。(《吕氏春秋·慎行论》)

以上两例中"因"后的宾语分别为"撽以马捶"和"崔杼归无归"，即"因撽以马捶而问之曰"和"因崔杼归无归而自绞也"，等于说"接着撽以马捶一事又发生了问之曰一事"和"接着崔杼归无归一事又发生了自绞一事"，但为了避免重复，宾语就悬空了。本来是"x，因（宾语）

---

① 如"加之以师旅，因之以饥馑"(《论语·先进》)。

而 y”，“而”是连词，连接的是状语“因（宾语）”和中心语 y，但宾语一旦悬空，这里的“因而”就可视为非短语结构，也就是说“因”与“而”之间有了一定的紧密度，因为“因而”的前后为两个相继发生的事件 x 和 y，“因而”可以看作一个整体起状语的作用来修饰 y，表“接着某事又发生了另一事”之义。不同的是，(74) 中“因而”前的部分与其后的部分没有因果关系，(75) 中“因而”前的部分与其后的部分有因果关系。上述用在因果语境中的非短语结构“因而”还可以作另一种解读，即将其中的“因”看作原因介词，后面的原因宾语悬空了，相当于“因某个原因而”①，这种理解加强了“因而”表达因果关系的能力。

东汉可用于“p，S 因而 VP”中：

(76) 咎在常阴念善恶，鬼神因而趋善恶。(《太平经》卷一百三十七至一百五十三)

(77) 为此积久，四方蔽塞，贤儒因而伏藏，久怀道德，悒悒而到死亡。(《太平经》卷八十八)

(75) — (77) 中的“因而”均处于因果语境中，硬要看成表果连词当然也可以，但正因为 VP 前的位置是状语而非表果连词的典型位置，所以从理论上说“因而”只有在出现于 SVP 前的情形下才真正演变为一个表果连词，而“因而”位于 SVP 前是在明代②：

(78) 这个胡绥亦是个风月浪荡的人，虽有了这样好美色，还道

---

① 据赵大明 (2007)，先秦“因”已有原因介词的用法，他举的例子是“《襄二三·三》盈曰：‘虽然，因子而死，吾无悔矣。我实不天，子无咎焉’”。此例中“因”与“而”之间出现了原因宾语，由此可见我们这里的解读是合理的。

② 董秀芳 (2002/2011) 认为表果连词“因而”形成于南北朝，举的例子是：

(i)（丽戎之山）其阴多金，其阳多玉，始皇贪其美名，因而葬焉。（北魏·郦道元《水经注·渭水三》）

(j) 绍宗麾兵径进，诸将从之，因而大捷。(《北齐书·慕容绍宗传》)

两例中“因而”是出现在 VP 前而不是 SVP 前，所以不能肯定就是表果连词，仍然可作两解。

是让狄氏这一分，好生心里不甘伏。谁知铁生见了门氏，也羡慕他，思量一网打尽，两美俱备，方称心愿。因而两人各有欺心，彼此交厚，共相结纳。(《拍案惊奇》卷三十二)

(79) 无一不合。因而两边各通了姓名住址。(《拍案惊奇》卷三十八)

(80) 为想我女，成病几死，因而彼此私情。(《喻世明言》卷四)

十一 "那"

在清代，如果修饰名词或名词性结构的指示代词"那"用在后续句的句首，并且后续句与先行句之间有推断因果关系，此时的"那"在语义上就有了一定的虚化，可作两解，既可以理解为指示代词，又可以理解为表果连词。相应地，整个句子也可作两解，既可以理解为"p，（那NP）VP"，又可以理解为"p，那（NPVP）"：

(81) 又道是既已变了人像，那鹰犬还如何认得？(《醒世姻缘传》第一回)

(82) 你既说得真，晁源又信得实，那计氏不得不死了。(《醒世姻缘传》第十二回)

(81)、(82) 中的指示代词"那"分别修饰的是名词"鹰犬"和"计氏"，均用在后续句与先行句之间且位于后续句句首。"已变了人像"和"那鹰犬还如何认得"之间以及"你说得真，晁源又信得实"和"那计氏不得不死了"之间有推断因果关系，更为重要的是，由于"鹰犬"和"计氏"所指非常明确，都是独一无二的，因此"那"的指代性就受到了削弱，所以既可以理解为指示代词，又可以理解为表果连词；整个句子既可以理解为"又道是既已变了人像，（那鹰犬）还如何认得"和"你既说得真……（那计氏）不得不死了"，又可以理解为"又道是既已变了人像，那（鹰犬还如何认得）"和"你既说得真……那（计氏不得不死了）"。

只有当"那"与其后的成分不具备修饰关系时，可及度完全消失①，"那"才真正由一个指示代词语法化为一个表果连词，指示代词义完全消退，表示推断因果：

（83）天下的大害，固是州县不肖，也是那司院贪求。那我定要上几个本章，除除民害，砍几个贼头。（《聊斋俚曲·富贵神仙》）

（84）草木尚且如此，那人的癖好一发不足怪了。（《无声戏》第六回）

（83）、（84）均为清初的例子。其中"那"均用在后续句句首，且后续句同先行句之间有推断因果关系，但由于两例中的"那"与其后的成分并不具备修饰关系②，所以此时的"那"只能理解为表果连词，表示推断因果，整个句子只能理解为"天下的大害……那（我定要上几个本章……砍几个贼头）"和"草木尚且如此，那（人的癖好一发不足怪了）"。可见表果连词"那"产生于清代初年，这已是近代汉语末期了。

表果连词"那么"虽不是在近代汉语中产生的，但由于与"那"形式相近意义相同，也放在这里提一下。在清代，指示代词"那么"可用于一个话对的后一话轮之首③，为了衔接而复指前一话轮的全部或部分内容，有一定的独立性，是"那样"的意思。由于处于两个有因果关系的句子间，"那么"受语境的影响，就带上了一定的推断意义，即"既然那样，则……"此时的"那么"便可作两解，既可以理解为指示代词，又可以理解为表果连词：

---

① 据沈家煊、完权（2009），可及度指的是说话人推测听话人听到一个指称词语后，从头脑记忆或周围环境中搜索、找出该词语所指称的目标的难易程度。容易找出的可及度高，不容易找出的可及度低。

② （83）中的"那"与后面的"我"不构成修饰关系，（84）中的"那"与后面的"人"也不构成修饰关系，因为这里的"人"是泛指，而不是特指，用不着"那"来修饰。

③ 据邵敬敏（2001/2007），所谓话轮，指的是在会话中每一个说话人一次连续说的话；所谓话对，指的是前后相邻、内容相关并且分别由会话双方的两个话轮构成的会话单位。如（85），"那起初进来……他还理你哩"是一个话轮，"那么这们没情的人，我理他么"是一个话轮，二者合起来为一个话对；（86），"我们做官的人……自己是不能作主的"是一个话轮，"那末……搭子讨人身体差勿多哉"是一个话轮，二者合起来为一个话对。

（85）囚妇说：“那起初进来，身上也还干净，模样也还看的；如今作索象鬼似的，他还理你哩！”珍哥说：“那么这们没情的人，我理他么？”（《醒世姻缘传》第四十三回）

（86）只听见他说道：“我们做官的人，说不定今天在这里，明天就在那里，自己是不能作主的。”新嫂嫂道：“那末，大人做官格身体，搭子讨人身体差勿多哉。”（《官场现形记》第八回）

（85）中的“那么”是处于后一话轮之首，复指前一话轮的内容“那起初进来……他还理你哩”，“那么这们没情的人，我理他么”就等于说“既然那样，则这们没情的人，我理他么”；（86）中的“那末（那么）”是处于后一话轮之首，复指前一话轮的内容“我们做官的人……自己是不能作主的”，“那末……搭子讨人身体差勿多哉”就等于说“既然那样……则搭子讨人身体差勿多哉”。所以此时的“那么”既可以理解为指示代词，又可以理解为表果连词。由于多用于话轮之首，所以“那么”与被复指成分仍有一定间隔，复指的意味仍然存在，只有当“那么”用于叙述语境的后续句之首，所接句子同复指内容之间距离变短，“那么”的可及度和独立性衰弱，复指的意味消失，才真正由一个指示代词语法化为一个表果连词，指示代词义完全消退，表示推断因果：

（87）你令伯母听说没了，不知是甚么病，怪可怜的。那么你去罢。（《二十年目睹之怪现状》第二十三回）

（88）咱们就这么干，那么你明天好好给我办去！（《孽海花》第二十七回）

（87）、（88）均为清代中后期的例子，其中“那么”均用在叙述语境的后续句之首，原因同结果之间距离变短，“那么”的复指意味消失，且后续句同先行句之间，即“你令伯母听说没了……怪可怜的”和“你去罢”之间以及“咱们就这么干”和“你明天好好给我办去”之间有推断因果关系，所以此时的“那么”只能理解为表果连词，表示推断因果。①

────────────

① 张俊阁（2011）讨论了表果连词“那”、“那么”的形成，其结论与本书相同，即“那”产生于清代初期，“那么”产生于过渡时期。

十二　"因此"、"是以"、"由是"

"是以"、"由是"在先秦可为介宾结构，义为"因为这个原因"，其中"以"、"由"是原因介词，"是"为指示代词，可用于"p，是以/由是 VP"中：

(89) 维是偏心，是以为刺。(《诗经·魏风·葛屦》)
(90) 宋公求珠，魋不与，由是得罪。(《左传·哀公十一年》)

(89)、(90)中的"是以"、"由是"看成表果连词也可以，但正因为 VP 前的位置是状语而非表果连词的典型位置，所以二者只有出现于 SVP 前才会真正演变为一个表果连词，时间是在先秦：

(91) 今人有五子不为多，子又有五子，大父未死而有二十五孙。是以人民众而货财寡，事力劳而供养薄。(《韩非子·五蠹》)
(92) 疾举兵救之，由是薛遂全。(《吕氏春秋·慎大览》)

与"是以"、"由是"相同，"因此"在先秦可为介宾结构，义为"因为这个原因"，其中"因"为原因介词，"此"为指示代词：

(93) 今若杀之，此鲍叔之友也，鲍叔因此以作难，君必不能待也。(《管子·大匡》)

(93)中的"因此"是原因状语修饰中心语"作难"，"以"是连接状语和中心语的连词。若用于"p，S 因此 VP"中，则可视为表果连词，时间是在先秦：

(94) 楚人顺流而进，迎流而退，见利而进，见不利则其退难。越人迎流而进，顺流而退，见利而进，见不利则其退速。越人因此若势，亟败楚人。(《墨子·鲁问》)
(95) 楚之兵节，越之兵不节，楚人因此若势，亟败越人。(同上)

　　由于形成前与介宾结构"是以"和"由是"结构、语义相同且有相同演变途径，表果连词"因此"的形成显然受到了"是以"、"由是"的同化。表果连词"以故"、"因兹"、"因是₂"、"因此"、"是用"、"以是"、"以此"、"为此"、"缘兹"、"为之"、"缘此"、"由此"同"因此"、"是以"、"由是"相仿，均是由与自身同形的"因为这个原因"义介宾结构词汇化而来。

十三　"为的是"

　　"为的是"最早见于清代，起初是一个目的介词，相当于"为了"，引介所要达到的目的，用在目的句中：

　　　　(96) 巴巴的写了他的小名儿，各处贴着叫万人叫去，为的是好养活。(《红楼梦》第五十二回)

　　　　(97) 我不过说了那两句话，为的是大家好。(《红楼梦》第五十七回)

　　由于目的总是未然的、将来的，所以"为的是"与其后宾语构成的介宾结构总是充当后续句，而先行句总是为了实现这个目的而实施的行为，二者之间有一种时间先后的关系。如果这个宾语可以两解，既可以看作未然的，又可以看作已然的，那么整个句子也就既可以看作目的句，又可以看作因果句①：

　　　　(98) 又托随缘儿媳妇儿找人给安了根玉嘴儿湘妃竹杆儿的小烟袋儿，为的是上了路随身带着，上车下店使着方便。(《儿女英雄传》第四十回)

　　　　(99) 门生现在求老师赏个札子，不为别的，为的是将来回国之后，说起来面子好看些。(《官场现形记》第五十六回)

---

　　① 目的本身就是一种原因，但由于其自身的特殊性被独立出来，同一般原因拉开了距离。目的与原因的一个重要区别是前者未然而后者已然，因为目的是要实现的目标，所以为未然；原因是引起某一现象的现象，所以为已然。

（98）可理解为"又托随缘儿媳妇儿找人给安了根玉嘴儿湘妃竹杆儿的小烟袋儿"的目的是"上了路随身带着，上车下店使着方便"，也可理解为因为"上了路随身带着，上车下店使着方便"，所以"又托随缘儿媳妇儿找人给安了根玉嘴儿湘妃竹杆儿的小烟袋儿"；（99）可理解为"门生现在求老师赏个札子"的目的是"将来回国之后，说起来面子好看些"，也可理解为因为"将来回国之后，说起来面子好看些"，所以"门生现在求老师赏个札子"。此时"为的是"看作介词或连词都行。一旦只能理解为已然事实，就彻底转变成了表因连词，时间是在清初：

　　（100）为的是二姨是见过的，亲上做亲，比别处不知道的人家说了来的好。所以二叔再三央我对父亲说。（《红楼梦》第六十四回）

　　（101）等闲的人也不必叫他进屋门，为的是有一等人往往的就办作讨吃的花子，串店的妓女，乔妆打扮的来给强盗作眼线看道儿，不可不防。（《儿女英雄传》第三回）

（100）中"二姨是见过的……比别处不知道的人家说了来的好"和（101）中"有一等人往往的就办作讨吃的花子……不可不防"都是已然事实，尤其是（100）中的"为的是"，还同表果连词"所以₁"搭配，因此两例中的"为的是"已为表因连词。

第二节　小结

　　49个因果连词的形成路径可归结为13类①：一是"为"类，为"原因介词→表因连词"，在因果句"q，为 VP/S 之 VP"以及"为 VP/S 之 VP，q"中开始重新分析，判断标准是"为"引介的是一个较长的 SVP，使得原因和结果之间必须要有停顿，且 SVP 后没有语气词"也"；二是"由于"类，为"'在于'义动词→表因连词"，在兼动词和表因连词二义于一形的"由"的影响下相因生义而成，判断标准是"由于"表示说明因果，且能连接原因句和结果句，还可处于 SVP 前；三是"惟其"类，为"确定强调义

---

① 这里对形成路径的描述和分析均是针对每类代表词来说的。

非短语结构→表因连词"，在"惟其 p，q"中开始重新分析，判断标准是"惟其"出现在 SVP 前，且"其"的可及性消失，不做主语和修饰语用，亦不做自指标记用；四是"既"类，为"完成义时间副词→表因连词"，在"既 VP，q"中开始重新分析，判断标准是"既"出现在 SVP 前；五是"故"类，为"原因义名词性成分→表果连词"，在"p，故 q"中开始重新分析，判断标准是"故"与结果句之间的停顿消失，自身的名词性消失；六是"以至"类，为"'由于某种原因到了某种境地'义非短语结构→表果连词"，在"p，以至 VP"中开始重新分析，判断标准是"以至"出现在 SVP 前；七是"致使"类，为"'导致'义动词→表果连词"，在"p，致使 SVP"中开始重新分析，判断标准是"致使 SVP"变为"致使 VP"；八是"所以₁"类，为"原因义所字结构→表果连词"，在"p，所以 VP"中开始重新分析，判断标准是"所以"出现于句首并后接 SVP 且 SVP 后的"也"脱落；九是"可见"类，为"'可以见到'义述宾结构→表果连词"，是在表推断的凝固结构"由（以、自、用）此（是）观之"的基础上一步步替换而来，判断标准是"可见"连接原因句和结果句，两句之间有推断因果关系，且"可见"位于 SVP 前；十是"因而"类，为"'接下去实施了某种行为'义非短语结构→表果连词"，在"p，因而 VP"中开始重新分析，判断标准是"因而"出现在 SVP 前；十一是"那"类，为"指示代词→表果连词"，在"p，那 NPVP"中开始重新分析，判断标准是"那"不能修饰 NP，可及性完全消失；十二是"是以"、"由是"类，为"'因为这个原因'义宾结构→表果连词"，在"p，是以/由是 VP"中开始重新分析，判断标准是"是以"、"由是"出现在 SVP 前；十三是"为的是"类，为"目的介词→表因连词"，在"q，为的是 p"中开始重新分析，判断标准是 p 只能理解为已然事实。

十三类中，原因介词、原因义名词、"由于某种原因到了某种境地"义非短语结构、"导致"义动词、"在于"义动词、原因义所字结构、"接下去实施了某种行为"义非短语结构、"因为这个原因"义介宾结构、目的介词在语义上或多或少跟因果语义有些联系，而其余的则没有多大联系，但它们均位于前后两项之间或前项句首，且前后两项构成因果语境，所以都能顺利地完成演变。也就是说句法条件"位于前后两项之间或前项句首"和语境条件"前后两项构成因果语境"是促成上述演变最主要的因素，是必须实现的；语义条件"与因果义有联系"则是次要因素，不是必须要实现的。另外总的来说，在先行句与后续句之间有因果关系的情形下，表因连词产生的位置多是在先行句前端，此时就生成由因及果句；少数是在后续句前端，此时就生成由果溯因句。与之相反，表果连词产生的位置多是在后续句前端，此时就生成由因及果句；少数是在先行句前端，此时就生成由果溯因句。在这两种位置上的起点成分会因不是全句表达重心所在而慢慢退去自身的语义，最后贯穿全句高度虚化的原因义或结果义会逐渐占据这个语义空位，最终与起点成分的形式完全结合，于是就构成了各式各样的因果连词。

近代汉语因果连词形成路径总的情况见表9。

表9 **近代汉语因果连词的形成路径①**

起点类型	因果连词		
"可以见到"义述宾结构	可见		
原因介词	以、因、为、由、缘	与表因连词"缘"并用	为缘、缘为、缘以
		与表因连词"因"并用	为因、因为
		后附后缀"是"②	缘是、因是₁、为是
		后附后缀"着"	因着
		否定副词"不"用于其前	不因
"在于"义动词	由于		
确定强调义非短语结构	惟其		
完成义时间副词	既	后附后缀"然"	既然

---

① 这里的路径指的都是直接路径，终点是因果连词，起点是离之最近的某个词或结构，中间没有过渡阶段。如对表因连词"为"来说，起点是原因介词"为"而非动词"为"，尽管前者是由后者演变来的。

② 席嘉（2010）列出了"是"附着在近代汉语各类连词后充当后缀构成新的连词的情形，如"若是"（假设连词）、"况是"（递进连词）、"虽是"（让步连词）、"除是"（条件连词）、"或是"（选择连词）、"缘是"（因果连词）、"则是"（承接连词）。并认为这些新连词若去掉"是"后不影响它们在句子中的表达效果，因为这里的"是"非判断动词，表肯定、强调的作用也已弱化或消失，已变成了一个句内成分，符合虚化、附着、定位和附加类型意义这几个词缀的特点。我们同意席文的看法，因而把"缘是"、"为是"、"因是₁"看作分别由表因连词"缘"、"为"、"因"作词根附上后缀"是"构成的新的表因连词。但席文将"既是"看成是由表因连词"既"附上后缀"是"构成的新表因连词，这一点我们不同意，详见第六章第三节的相关论述。

续表

起点类型	因果连词		
原因义名词性成分	故、是故	与指示代词"此"连用	故此
		后附后缀"而"	故而
"由于某种原因到了某种境地"义非短语结构	以至、以至于、以致		
"导致"义动词	致使、致令		
原因义所字结构和非短语结构	所以$_1$、所以$_2$、之所以		
"接下去实施了某种行为"义非短语结构	因而		
指示代词	那		
"因为这个原因"义介宾结构	以故、因兹、因是$_2$、因此、是用、是以、以是、以此、为此、缘兹、为之、缘此、由此、由是		
目的介词	为的是		

因果连词的形成方式可分为四类，一是单纯的语法化，即只有语法化没有词汇化，此时起点必须是词而非结构，如"缘"、"为的是"。二是语法化的词汇化，即在词汇化过程中伴随着语法化，如"所以$_1$"在由所字结构变成连词后，原因介词"以"和指示代词"所"的意义都消失了，发生了虚化；"因此"在由介宾结构变成连词后，原因介词"因"和指示代词"此"的意义都消失了，发生了虚化。三是非语法化的词汇化，即在词汇化过程中不伴随着语法化，如"因为"一开始是"因$_1$"、"为"并用的并列结构，二者之间结合得还不够紧密，后来凝合为一个连词，但其中的语素"因"和"为"原因义前后基本没发生什么变化；"为是"一开始是表因连词"为"带后缀"是"，二者之间结合得还不够紧密，后来凝合为一个连词，但其中的语素"为"和"是"在语义上也没发生什么变化。四是既非语法化也非词汇化，这是一种极为特殊的情况，须符合一个条件，即没有经历一个重新分析的过程。如"由于"是在兼动词义和表因连词义二义于一形的"由"的影响下相因生义而成，"可见"是在表推断的凝固结构"由（以、自、用）此（是）观之"的基础上一步步替换而来的，没有在理解上两可的这样一个重新分析的阶段，因而不是语法

化，也不是词汇化。① 因果连词的形成方式见表10。

表10 　　　　　　　　　　　　　　**因果连词的形成方式**

因果连词的形成方式	定义	起点性质	语义是否虚化	是否有重新分析
单纯的语法化	只有语法化没有词汇化	词	是	是
语法化的词汇化	在词汇化过程中伴随着语法化	结构	是	是
非语法化的词汇化	在词汇化过程中不伴随着语法化	结构	否	是
既非语法化也非词汇化	直接演变	词或结构	是	否

　　需要注意的是，从起点成分到终点连词，变化程度是有差别的，有的深，有的浅。深的往往句法语义一起变，如"那"，不仅从代词变成了连词，而且从指代具体行为情状变成了表结果；再如"因此"，由"因为这个原因"义介宾结构变成连词后，原因介词"以"和指示代词"此"的意义都消失了，发生了虚化，而且均变成了语素。浅的往往只是句法虚化，语义则保持不变或变动不大，如"以"，只是从介词变成了连词，但原因义前后基本没发生什么变化；再如"因为"，不管是"因"还是"为"，都只是从连词变成了语素，原因义前后基本没发生什么变化，形成的新连词"因为"仍然是表因的。"故此"中的"故"原是表果连词，现在成了语素，语义未变，但"此"原是指示代词，现在成了语素，语义也消失了，整个词的意义全集中在了"故"上，这种情形可看成半深半浅，即一部分句法和语义一起虚化，另一部分只虚化句法，不虚化语义。

---

　　① 刘丹青（2009）认为，重新分析是语法历史演变的重要机制，语法化、词汇化以及其他一些历史语法演变都常经历重新分析，这是正确的。语法化、词汇化既然叫"化"，就是一个渐进的过程，必然有在理解上两可的阶段，也就必然会有重新分析，没有重新分析就一定不是语法化或词汇化。另据吴福祥（2005），典型的语法化指意义实在的词或结构变成无实在意义、仅表语法功能的语法成分，或者不太虚的语法成分变成更虚的语法成分。这是说语法化必然有虚化，没有虚化就一定不是语法化。当然虚化有明显与不明显之分，明显的就是典型的，不明显的就是非典型的。董秀芳（2002/2011）给词汇化下的定义是非词汇单位转变为词汇单位的过程，未明确提及是否有虚化，可见词汇化可以出现虚化，也可以不出现。

第五章 近代汉语因果句的主语位置和话题

第一节 因果句主语的位置

这里所说的因果句主语的位置指的是原因句或结果句的主语是在因果连词前还是后。现代汉语因果句中原因句和结果句的主语如果出现，其位置有两种：一是出现在因果连词前，二是出现在因果连词后：

(1) 你既已同意，就一言为定。

　＊既你已同意，就一言为定。

(2) 既然宇宙在膨胀，那么就可能有一个膨胀的起点。

(3) 黑洞既然看不见、摸不着，天文学家又是怎样发现和观察它的呢？

(4) 它的主要成分是镁、铁、硅元素，所以这一层又称"硅镁层"。

　＊它的主要成分是镁、铁、硅元素，这一层所以又称"硅镁层"。

(5) 之所以烧油的用户逐渐减少，是因为油价上涨惊人，且瑞典的油税高达53%。

(6) 抗生素之所以能延长食品的保存期限，主要在于它能干扰或阻碍病菌正常的新陈代谢，使病菌不能进行正常的生命活动，不能生长和繁殖。

(1) 是原因句主语"你"出现在表因连词"既"前，(2) 是原因句主语"宇宙"出现在表因连词"既然"后，(3) 是原因句主语"黑洞"

出现在表因连词"既然"前，（4）是结果句主语"这一层"出现在表果连词"所以₁"后，（5）是结果句主语"烧油的用户"出现在表果连词"之所以"后，（6）是结果句主语"抗生素"出现在表果连词"之所以"前。

从以上6例可以看出，对"既"而言，原因句主语只能出现在前，不能出现在后；对"既然"而言，原因句主语既能出现在前，也能出现在后；对"所以₁"而言，原因句主语不能出现在前，只能出现在后；对"之所以"而言，原因句主语既能出现在前，也能出现在后。当然，这是就现代汉语来说的。如果把上限定为近代汉语，下限定为现代汉语，这期间这四个因果连词相对应的主语位置不是一成不变的，而是呈现出以下这样一种情形，见表11。

表11 "既"、"既然"、"所以"、"之所以"对应的因果句主语位置的演变

	既	位置	例证
因果连词／时期	晚唐五代	前/后	既功未齐于诸佛，何故名为善知识？（《祖堂集·岑和尚》） 佛既不识，争知是乎？（《祖堂集·富那耶奢尊者》）
	宋	前/后	古人既如此说，也不须如此去寻讨。（《朱子语类》卷十六） 既首言知止矣，如何于此复说能虑。（《朱子语类》卷十四）
	元	前/后	咱每既得天命，则人怨其如我何？（《新编五代史平话·唐史平话》） 既宋聚殁于王事，理宜优恤其家。（《通制条格》卷七）
	明	前/后	殿下既用此人，就留在宫中伏侍殿下。（《水浒传》第二回） 既下药不好，先生看他命运如何？（《金瓶梅词话》第七十九回）
	清	前/后	他既是你女婿，便带了你去亲见太爷面裏，省得乱跑。（《红楼梦》第二回） 既你说了，又何必退，明儿说给他老子好生管他就是了。（《红楼梦》第七十二回）
	现代	前	你既已同意，就一言为定。
	既然	位置	例证
	晚唐五代	前	彼戎既然杀戮，去者宁不夷伤？（《全唐文》卷一百二十二）
	宋	前/后	它既然挂绿，立见豪富。（《张协状元》第三十出） 既然草偃风行，不免随波逐浪。（《圆悟佛果禅师语录》卷二）

续表

	元	前/后①	既然他谨谨相邀，我与你亲身便往。（《关大王单刀会》第三折）
因果连词/时期	明	前/后	这厮们既然大弄，必然早晚要来俺村中啰唣。（《水浒传》第二回）
			既然相公不准所告，且却有理。（《金瓶梅词话》第九回）
	清	前/后	如今你既然告诉他，如今我再要这个，也没趣儿。（《红楼梦》第六十二回）
			既然丫头们的东西都在这里，就不必搜了。（《红楼梦》第七十四回）
	现代	前/后	既然宇宙在膨胀，那么就可能有一个膨胀的起点。
			黑洞既然看不见、摸不着，天文学家又是怎样发现和观察它的呢。
	所以	位置	例证
	晚唐五代	前/后	此娑婆世界，以音声为佛事，如来所以现世二相。（《敦煌变文校注·佛说阿弥陀经讲经文》）
			缘忧仙者怪迟，所以朕怀愁苦。（《敦煌变文校注·祇园因由记》）
	宋	前/后	彼时中国已不能到，三苗所以也负固不服。（《朱子语类》卷二）
			夜为鬼，所以鬼夜出。（《朱子语类》卷三）
	元	前/后	粘罕已陷太原，斡离不已据真定，朝廷犹集议弃三关地之便否，尚持论于可弃不可弃之间。金虏所以有"待汝家议论定时，我已渡河"之诮也。（《新刊大宋宣和遗事》贞集）
			吾王世世忠于唐室，所以老奴三十余年，捃拾财赋，召补兵马，誓灭逆贼，复唐宗社耳。（《新编五代史平话·唐史平话》）
	明	前/后	我问他，如何不说，我所以打他。（《金瓶梅词话》第九回）
			城中兵微将寡，所以他去求救。（《水浒传》第五十四回）
	清	前/后	但是我们冯大爷务必叫小弟过来看看，小弟所以不得不来。（《红楼梦》第十回）
			这贾菌与贾兰最好，所以二人同桌而坐。（《红楼梦》第九回）
	现代	后	它的主要成分是镁、铁、硅元素，所以这一层又称"硅镁层"。

---

　　① 对"既然"而言，由于所能够找到的语料的限制，元代只能找到因果句主语出现在后而找不到因果句主语出现在前的例子，但这并不意味着元代没有因果句主语出现在前的用法。因为晚唐五代、宋代以及明代、清代、现代都有因果句主语出现在前的用法，唯独元代没有，所以可以推出这是受到了语料的限制，而非语言发展的自身原因导致的。一种用法在以前的时期出现过，在以后的时期也出现过，唯独在当下没有，这就意味着该用法经历了"存在—存在—消失—存在—存在—存在"这样一个演变途径，而这种演变途径很明显不符合语言发展的逻辑，因而也不可能存在。所以，尽管在语料上找不到相应的例证，但我们根据语言演变规律可以断定元代有因果句主语出现在前的用法，"存在—存在—存在—存在—存在—存在"这种演变途径才符合语言发展的规律。

续表

	之所以	位置	例证
因果连词/时期	晚唐五代	前	齐人之所以务于赋输，用给公上，其大抵馈军实奉边备而已。(《全唐文》卷四百八十三)
	宋	前	人之所以生，理与气合而已。(《朱子语类》卷四)
	元	前	民心之所以不服，良以是也。(《南村辍耕录》卷十)
	明	前	圣人之所以为圣，只是其心纯乎天理，而无人欲之杂。(《传习录》卷上)
	清	前	法兰西国史之所以有一千八百三十二年之一一年，其亦原因于此乎！(《浙江潮·少年军》)
	现代	前/后	之所以烧油的用户逐渐减少，是因为油价上涨惊人，且瑞典的油税高达53%。 抗生素之所以能延长食品的保存期限，主要在于它能干扰或阻碍病菌正常的新陈代谢，使病菌不能进行正常的生命活动，不能生长和繁殖。

从表 11 中可以看出，上述四个因果连词有着各不相同的演变历程。我们想知道的是，出现上述演变历程的原因和机制何在？该问题学术界鲜有论及，也是我们力求解决的。本节的目的就是以汉语中四个有代表性的因果连词"既"、"既然"、"所以₁"、"之所以"为例来窥豹一斑，通过研究相应的因果句主语位置从近代汉语到现代汉语的发展，来归纳其中的规律。

一　"既"对应的因果句主语位置的演变

（一）表因连词"既"的形成

"既"在先秦可作时间副词，表示某种动作已经完成或某种状态已经实现：

（7）秦、晋围郑，郑既知亡矣。(《左传·僖公三十年》)

（8）文王既没，文不在兹乎？(《论语·子罕》)

两例中的"S 既 VP"并不出现在因果语境中，而下面两例则出现在因果语境中：

（9）既窃利之，敢不识乎！（《晏子春秋·内篇杂下》）

（10）太子既善郑，郑信太子。（《史记·伍子胥列传》）

（9）是"既VP，q"，"既VP"与q之间有因果关系；（10）是"S既VP，q"，"S既VP"与q之间有因果关系。此时"既"可两解，看作副词或连词都是允许的。

真正表因连词"既"的形成要满足以下条件，即出现在"既SVP，q"中，且先行句SVP与后续句q之间有推断因果关系，时间是在晚唐五代[①]：

（11）既功未齐于诸佛，何故名为善知识？（《祖堂集·岑和尚》）

（12）既尽眼勿标，为什摩不许全好手？（《祖堂集·雪峰和尚》）

（11）是原因句的主语"功"在表因连词"既"后，（12）是原因句的主语"尽眼"在表因连词"既"后。时间副词"既"一般不可能出现在主语前[②]，一旦出现在主语前，就只能理解为表因连词，出现在主语前正是表因连词的典型位置。

（二）表因连词"既"对应的因果句主语位置的演变

从表11中可知，"既"在晚唐五代产生后，主语出现在前和后都可以，一直延续到清代都是如此，但到了现代，主语出现在后的用法消失了，只留下了主语在前的用法。

主语位置的成因

表因连词"既"由表完成义的时间副词"既"演变而来，后者最初用在"S既VP，q"中。此时VP的主语S只能加在"既"的前面，构成

---

① 《汉语大词典》引《庄子·齐物论》"使同乎若者止之，既与若同矣，恶能止之"（第654页）一句来证明表因连词"既"产生于战国时期，但正像我们所说的，只有到了晚唐五代表因连词"既"才正式形成，之前一些似是而非的例子均属于两解的情况，不能完全肯定就是表因连词。

② 例外罕见，而且是出于后人的仿古之作，如"既乡校不毁，而郑国以理"（《全唐文》卷五百四十七）。

"S既VP"这样一种主谓结构，"既VP"是对S的陈述。表因连词"既"一旦形成，最初是出现在"既SVP，q"中，后来才扩展到"S既VP，q"中，也就是说后来"S既VP，q"中的"既"也可以看成表因连词，时间也是在晚唐五代：

（13）佛既不识，争知是乎？（《祖堂集·富那耶奢尊者》）
（14）汝既无心，佛岂有心耶？（《祖堂集·僧璨》）

在晚唐五代的"S既VP，q"中，S与其后的VP可以构成一个完整的主谓结构，而这个主谓结构就是q的原因，又因为此时表因连词"既"已经产生，受此影响，"S既VP，q"中的"既"自然也可被看作表因连词。

副词"既"后VP如果有主语，只能加在"既"的前面，如（7）、（8），所以语法化为表因连词后，"既"后VP如果有主语，当然可以加在"既"的前面，这是符合保持原则的。至于可以出现在SVP前，则是受到了"既VP，q"的同化。晚唐五代时"既VP，q"的数量是相当多的，在"既VP，q"中，整个推断原因都处于"既"后，所以这就形成了一股推动力，使得推断原因SVP也可出现在"既"后，于是就有了"既SVP，q"，"既"也从而由时间副词变为表因连词。

二　"既然"对应的因果句主语位置的演变

（一）表因连词"既然"的形成

在东汉，表完成义的时间副词"既"后可加上指示代词"然"构成一个状中结构"既然"，义为"已经这样"：

（15）天星既然，又四国失政相似，及为王室乱皆同。（《汉书·五行志》）
（16）失之毫厘，差以千里，是既然矣。（《汉书·赵充国辛庆忌传》）

到了晚唐五代，时间副词"既"首先变成了表因连词，所以"既然"

就可以被理解为"既然这样",但由于"然"在当时的口语中多作后缀使用①,指示代词的用法已退出了口语,所以人们也就不再把它理解为指示代词了,而是将其看作后缀,附在前面的"既"上,构成了一个新的双音节表因连词"既然"②:

　　(17) 既然如此,今日一会,当为何人? (《祖堂集·福先招庆和尚》)
　　(18) 既然任摩,何用更见贫道? (《祖堂集·慧忠国师》)

"既然"在晚唐五代形成后,后面只接指示代词"如此"、"任摩",这是因为"既然"本有"既然这样"之义,现在"然"已作后缀用了,不再表示"这样"了,那么就必然要用别的指示代词去表示"这样"。

(二) 表因连词"既然"对应的因果句主语位置的演变

从表11中可知,"既然"在晚唐五代产生后,主语只能出现在前,不能出现在后,但从宋代开始,出现了主语在后的用法,于是从宋代直到现代都是主语既可出现在前,又可出现在后。

1. 主语位置的成因

"既然"在晚唐五代产生后,很快就脱离了"既然这样"的语义框架,出现了主语在前的用法:

　　(19) 彼戎既然杀戮,去者宁不夷伤? (《全唐文》卷一百二十二)
　　(20) 社稷既然有奉,人民于是知归。(《全唐文》卷一百十三)

宋代又出现了主语在后的用法:

---

　　① 据王云路 (2010),中古时期"然"常附在时间副词后作后缀用,有"忽然"、"奄然"等,且副词后缀与连词后缀是相通的,如"当"、"复"、"是"既可作副词后缀,也可作连词后缀。另外"然"不仅可作副词后缀,还可作形容词后缀,如"坦然"、"惘然"等。
　　② 丁健 (2011)认为"x然"式连词的形成并非直接在词根 x 后加上词缀"然",而是一个代词"然"的语义逐渐虚化消失而成为音段成分,并与其前紧邻的 x 凝合为双音词的过程。这种观点与我们的看法基本吻合。

（21）既然事出意外，要须直下承当。（《圆悟佛果禅师语录》卷五）

（22）既然草偃风行，不免随波逐浪。（《圆悟佛果禅师语录》卷二）

这很显然是受到了形式相似语义相同的表因连词"既"的类推。"既"有"S 既 VP，q"和"既 SVP，q"两种用法，"既然"一开始只能接指示代词，不能用在主语前或主语后，但后来受"既"的同化，把"既"出现在主语前和主语后的用法类推到了自己身上，于是就有了"S 既然 VP，q"和"既然 SVP，q"。

2. 主语位置的演变

与"既"的主语在后用法逐渐消亡相比，"既然"的主语在后用法却一直保留到了现在，恰好与"既"形成了互补。这种互补形成的一个重要缘由是"既然"是双音节，而"既"是单音节。"既"与"既然"起初后面只能接 VP，后来才可以接 SVP，但"既然"接 SVP 显然比"既"接 SVP 更容易被人接受，因为句首的双音节音步是优先实现的（冯胜利，1997/2009），"既然 SVP，q"中双音节的"既然"处于句首，可以作为一个有意义的组块而先得到认知，剩下的原因 SVP 在句法和语义上都是完整的，并且就"既然 VP，q"而言，"既然"与 VP 之间有一个短暂的停顿，在这种情况下，在 VP 前插入 S 是比较容易的，即由"既然 VP，q"变为"既然 SVP，q"是比较容易的，这也是"既然 SVP，q"能在近代汉语和现代时期大行其道的原因。而"既 SVP"中句首的单音节"既"必须后接一个单音节成分才能构成标准音步，而这个标准音步一旦实现，在句法和语义上往往是不合法的，剩下的部分在句法和语义上也往往是不完整的，这就造成了认知上的困难。如"既然恩官在彼，黄信安敢不从（《水浒传》第三十四回)"、"既功未齐于诸佛，何故名为善知识"（《祖堂集·岑和尚》)"两句，前者中的"既然"为双音节，本身就可以构成一个标准音步，这个标准音步一旦实现，与其后的部分之间就会有一个停顿，从而将"既然"和"恩官在彼"隔成两个组块，而这两个组块在句法和语义上都是完整的，不存在理解上的障碍。后者中的"既"为单音节，本身无法构成标准音步，必须后接"功"才能构成标准音步，这个标准音步一旦实现，与其后的部分之间就会有一个停顿，从而将"既功"

和"未齐于诸佛"隔成两个组块，而这两个组块在句法和语义上都是不完整的，因为"既功"说不通，不合法，剩下的部分"未齐于诸佛"虽说得通但缺少主语，存在理解上的障碍。并且就"既VP"而言，标准音步实现后"既"与VP之间没有停顿，在这种情况下，在VP前插入S是比较困难的，即由"既VP，q"变为"既SVP，q"是比较困难的。在近代汉语中，修饰SVP的副词多是双音节副词，也是这个道理。①

三 "所以₁"对应的因果句主语位置的演变

（一）表果连词"所以₁"的形成

王力（1958/1980）指出，"所以"原先是表示"……的原因"的凝固结构，可以出现在如下句子中：

（23）既不能强，又不能弱，所以毙也。（《左传》僖公七年）
（24）岁云秋矣，我落其实而取其材，所以克也。（《左传》僖公十五年）

两句中的"所以"很像表果连词，但实际上仍是短语。只有在出现于句首并后接SVP且SVP后的"也"字脱落的情形下才由凝固结构真正变为了连词，他举的是唐代的例子：

（25）坐看清流沙，所以子奉使。（杜甫诗）

后来陈秀兰（1998）认为是在汉魏之际，见于汉魏佛经：

（26）于后一时，有一土蚤来到虱边，问言："汝云何身体肌肉肥盛?"虱言："我所依主人常修禅定，教我饮食时节，我如法饮食故，所以身体鲜肥。"（东汉失译《大方便佛报恩经》卷四）
（27）汝等当知，骄慢之结，多诸过咎，无所利益，所以众生不成道果，无不由此。（三国吴支谦译《菩萨本缘经》卷下）

---

① 杨荣祥（2005）列出了一些修饰SVP的副词，有"元来"、"果然"、"必然"、"的定"、"怕"、"大抵"、"忽然"、"早晚"8种。其中除了"怕"是单音节外，其他7个都是双音节。

陈文的说法是可信的。汉魏佛经口语性程度要高于同时期的中土文献，因而完全有可能出现连词"所以₁"，这也是目前依照王力先生的标准所能找到的最早的例证。

（二）表果连词"所以₁"对应的因果句主语位置的演变

从表 11 中可知，"所以₁"在汉魏之际产生后，主语只能出现在后，不能出现在前，但从南北朝开始，出现了主语在前的用法，于是从南北朝直到清代都是主语既可出现在前，又可出现在后，然而到了现代，主语出现在前的用法消失了，只留下了主语在后的用法。

1. 主语位置的成因

表果连词"所以₁"是由表原因义的所字结构"所以"演变而来。"所以"在先秦是一个所字结构，可指称某种行为或状态出现的原因，可用于判断句"p，S 所以 VP"中：

（28）围新密，郑所以不时城也。（《左传·僖公六年》）

（29）则政令不行而上下怨疾，乱所以自作也。（《荀子·致士》）

表原因义的所字结构"所以"均是加在 VP 前，因为"所以 VP"按层次分析应是"所（以 VP）"，原因介词"以"与其后的悬空宾语一起修饰 VP，接着指示代词"所"再与"以 VP"构成一个所字结构以提取并指称其中的悬空宾语，即"所（以 VP）"。只不过"所"与"以"是紧密相连的，恰好构成了一个双音节的组合，符合基本音步的要求，并且二者在一起可以表达一个完整的意义"x 的原因"，而作为结果的 x 正是其后的 VP，因此就发生了重新分析，使得二者在一定程度上发生了凝合，即"（所以）VP"。至于 VP 的主语，最初只能加在"所以"的前面，构成定中结构"S 所以 VP"。先秦的"所以 VP"中，起初"以"与 VP 结合得比较紧密，中间一般不能插入 VP 的主语 S，后来"以"与"所"之间的凝固性逐渐提高，相应地与 VP 的距离也就疏远了，以致最终可以将"所以"前的主语 S 插入到"所以"与 VP 之间，以构成一个完整的结果，这样就使得"p，所以 SVP"出现了，为表果连词"所以₁"的形成奠定了句法基础。

　　表果连词"所以₁"自汉魏之际产生后，使用频率并不高，后来才逐渐上升，并有了所接结果句的主语出现前的例子，时间是在南北朝：

　　　　（30）王之学华，皆是形骸之外，去之所以更远。（《世说新语·德行》）

　　　　（31）当由圣德渊重，厚地所以不能载。（《世说新语·言语》）

　　（30）是结果句的主语"去之"加在表果连词"所以₁"前，（31）是结果句的主语"厚地"加在表果连词"所以₁"前。先秦时期的"p，S所以VP"发展到后来，"S所以VP"后的"也"可以脱落，且"所以"前的S与其后的VP可以构成一个完整的主谓结构，而这个主谓结构就是前面原因句的结果，又因为此时表果连词"所以₁"已经产生，受此影响，"p，S所以VP"中的"所以"自然也可被看作表果连词。表原因义的所字结构"所以"后VP如果有主语，只能加在"所以"的前面，如（28）、（29），故而语法化为表果连词后，"所以₁"后VP如果有主语，当然可以加在"所以₁"的前面，这是符合保持原则的。

　　2. 主语位置的演变

　　由上可见，"p，S所以VP"和"p，所以SVP"这两种格式相互之间也在竞争，但最终后者逐渐占了优势，一直用到现代汉语中，而前者的运用则很受限制，在竞争中处于下风，以致最终消亡。联系项居中原则在其中起了很大作用。据刘丹青（2003），Dik曾提出了联系项居中原则，指出联系项的优先位置是在两个被联系的成分之间，如果联系项位于某个被联系成分上，那么它会在该被联系成分的边缘。这里联系项包括连词、介词、格标记、从属小句引导词以及修饰语标记等，其作用就是将两个有并列或主从关系的成分连接成一个更大的成分。储泽祥、陶伏平（2008）认为据此可以得出一个"因果复句关联标记居中原则"，即因果复句关联标记的优先位置为：在原因句与结果句之间，如"距离很远，所以他的话根本听不清楚"；如果关联标记位于原因句或结果句之上，则它会在原因句或结果句的边缘位置（前端或末端），如撒拉语的原因句末端常有一个表因附缀；或在原因句或结果句结构核心的边缘位置，如"他的话引得大家都笑了，室内的空气因此轻松了很多"。正因为涉及了优先位置，所以联系项居中原则可以迫使居中但不典型的联系项居中且典型，也就是说迫使它们向优先位置靠拢。"p，S 所以 VP"和"p，所以 SVP"均符合联系项居中原则，但后者比前者更典型，因为后者处于正中央，前者受到了 S 的阻隔，处于稍偏正中央的位置。如果是前者，那么表果连词就会受到联系项居中典型形式的影响，迫使它移至 SVP 前，即迫使它由主语后移至主语前。

四　"之所以"对应的因果句主语位置的演变

（一）表果连词"之所以"的形成

表果连词"之所以"的产生与"所以₂"相仿，只不过前者多了一个所字结构"所以"与定语标记"之"凝合成非短语结构的过程。"之所以"在先秦是一个非短语结构，可指称某种行为或状态出现的原因，多用于判断句"S 之所以 VP 者，p 也"中①。其中 S 是对"所以 VP"修饰的定语，同时 S 也是 VP 的主语：

（32）夫马之所以能任重引车致远道者，以筋力也。（《韩非子·人主》）

（33）厉公之所以死者，唯无德而功烈多，服者众也。（《国语·晋语》）

东汉时期，原因句后的语气词"也"脱落了，并且"之所以"可以同表因连词"以"搭配：

（34）夫世之所以为乱者，不以贼盗众多，兵革并起，民弃礼义，负畔其上乎？（《论衡·治期》）

此例中"之所以"理解为表果连词也未尝不可，但结果句"世为乱者"仍有复指"世为乱"的"者"，而确定无疑的表果连词是在后接 VP 且 VP 后的"者"和原因句后的"也"脱落，同时与表因连词搭配的情

---

① 只有极个别的例子是用在"S₁ 之所以 S₂ VP，p"中的，如"人主之所以身危国亡者，大臣太贵，左右太威也"（《韩非子·人主》），因此这种情形不予考虑。

形下才形成的。以此为标准，表果连词"之所以"形成于东汉①：

　　（35）今帝王之所以得天心，以自安民之父母。（《太平经》卷一
百十七）

（二）表果连词"之所以"对应的因果句主语位置的演变

从表11中可知，"之所以"在晚唐五代产生后，主语只能出现在前，不能出现在后，一直到清代都是如此，但到了现代，出现了主语在后的用法，也就是说在现代汉语中主语既可出现在前，又可出现在后。

主语位置的成因

"所以"在先秦是一个所字结构，可指称某种行为或状态出现的原因，可用于判断句"S 之所以 VP，p"中，因而"之所以"在变成表果连词后，自然有主语在前的用法。表果连词"之所以"形成后，使用频率并不高，到宋代才稍微多了起来：

　　（36）人之所以有善有不善，只缘气质之禀各有清浊。（《朱子语类》卷四）

　　（37）人之所以戚戚于贫贱，汲汲于富贵，只缘不见这个道理。（《朱子语类》卷十三）

与"所以₂"一样，由于"之所以"的文言性较强，因此在其形成后可与一些文言虚词共现，如语气词"也"：

　　（38）性之所以无不善，以其出于天也。（《朱子语类》卷五）

---

　　① 肖奚强、王灿龙（2006）考察了"之所以"的词汇化过程。文中描述的过程与我们相似，并且认为到南宋时期，"之所以"的表果连词用法已相当成熟。这个结论是可信的，但说的并非形成时期。表果连词"之所以"应形成于东汉，经过一段时间发展，到了宋代才变得成熟。魏晋、南北朝和唐代均有用例：

　　（a）孝武之所以能奋其军势，拓其外境，诚因祖考畜积素足。（《三国志·魏书·钟繇华歆王朗传》）
　　（b）丈人之所以未极遐蹈，或在不近全菜邪？（《南齐书》列传第二十二）
　　（c）齐人之所以务于赋输，用给公上，其大抵馈军实奉边备而已。（《全唐文》卷四百八十三）
　　（d）但臣之所以奉檄载驰，释巾从务，贪荣徇禄，惟迫于甘旨。（《全唐文》卷二百二十九）

（39）才之所以有善不善，以其出于气也。（同上）

这里的"也"没必要再理解为表判断语气的了，而应该理解为表一般的确定强调语气。后来还出现了很少见的"S₁之所以 S₂VP，p"：

（40）人之所以思虑纷扰，只缘未实见得此理。（《朱子语类》卷一百一十九）

"S₁之所以 S₂VP，p"虽然是主语 S₂处于表果连词"之所以"后，但却有一个位于句首的话题 S₁，所以不属于真正意义上的主语在后的情形，真正意义上的主语在后的情形应该是因果连词位于句首且主语在其后的。

表果连词"之所以"在形成后相当长的一段时间内，只能出现在话题与主语间或主语与谓语间，不能出现在句首，这是因为"之所以"中的"之"原本是个连接定语和中心语的连词，通常必须同时与定语和中心语并存，缺一不可，因而演变为表果连词后，由于保持原则的影响才变得如此。但到了现代汉语中，便可以用于句首（包括在 VP 前和在 SVP 前）。① 究其原因，一是因为随着在现代汉语中使用频率的急剧增加②，表果连词"之所以"的词汇化程度自然会进一步加深，这很显然是受了频率原则的影响。③ 一旦"之所以"在内部结构上更加凝固了，那么"之"也就失去了原先必须同时与定语和中心语并存这样的用法，所以就为出现

---

① 杨郁（1996）提到《荀子》中有一些"之所以"起句的例子：

(e) 之所以接下之人百姓者则庸宽惠。（《荀子·王制》）
(f) 之所以为布陈于国家刑法者，则举义法也。（《荀子·王霸》）

并强调对于这些"之所以"，王先谦认为这里的"之"相当于"其"，《荀子》中有以"之"作"其"的习惯。所以这里的"之所以"实际上是"其所以"，并非真正意义上的"之所以"。

② 贺阳（2008）通过对明清和现代的口语语料的调查，发现表示假设、条件、因果、转折四种逻辑关系的连词在后者中用得远比前者频繁，并认为起初汉语的主从复句分句与分句之间重意合而轻形合，而英语等印欧语则重形合而轻意合，但由于清末以来汉语受到了英语等印欧语的强烈影响，因而也变得重形合而轻意合了，这是一种欧化现象。

③ 所谓频率原则，指的是实词的使用频率越高，就越容易虚化，虚化的结果又提高了使用频率（沈家煊，1994）。

在句首奠定了基础。二是受到了印欧语尤其是英语的影响，这种影响本质上也是一种同化。也就是说，此句式在现代汉语中的形成印欧语的影响起到了一定作用，英语中的相似句式很普遍：

（41）The reason it's in green is because when you put the unit down, you want your eyes to remain dilated so you can see in dim light.

（42）The reason I know this and you don't is because I'm younger and pure so I'm more in touch with cosmic forces.

"五四"时期人们常把"the reason q is because p"译成"之所以 q，是因为 p"。大量地把句首的"the reason"翻译成"之所以"显然对现代汉语中的"之所以"可以用在句首起到了积极的推动作用。

"之所以 SVP，p"在现代产生后，在使用频率上是远不及"S 之所以VP，p"的①，因为后者在宋代就产生了，在使用上比前者要成熟得多，况且二者在表达效果上基本一致，所以在语言经济性的制约下，"之所以SVP，p"的发展就受到了很大限制。

五　因果句主语位置演变中若干因素的相互作用

我们以晚唐五代为起点来看一下因果句主语到现代汉语中发生了怎样的变化。从晚唐五代到现代汉语，主语位置的演变情形不外乎以下几种：其一，原先主语可以在前，也可以在后，最后在后用法消失，如"既"；其二，原先主语可以在前，也可以在后，且两种位置一直保留到了现代汉语中，如"既然"；其三，原先主语可以在前，也可以在后，最后在前用法消失，如"所以₁"；其四，原先主语只能在前，不能在后，到了现代汉语中在前用法才产生，如"之所以"。演变的结果究竟如何，无非是两种力量在起作用，其一是推动主语一直在前的力量，其二是推动主语一直在后的力量。如果前一种力量发展顺利，到了现代汉语中主语就会一直在

---

① 在北京大学 CCL 语料库中任意抽取 100 个包含"之所以"的现代汉语例子进行统计，发现主语在前有 82 例，在后有 1 例。

前；若发展不顺利，到了现代汉语中主语在前用法就会消失。如果后一种力量发展顺利，到了现代汉语中主语就会一直在后；若发展不顺利，到了现代汉语中主语在后用法就会消失，或仅仅是在现代汉语中才出现主语在后的用法，之前都没有出现过。

就"既"而言，推动主语一直在前的力量是保持原则，因为副词"既"后 VP 如果有主语，只能加在"既"的前面，所以语法化为表因连词后，"既"后 VP 如果有主语，当然可以加在"既"的前面。推动主语一直在后的力量是同化。晚唐五代时"既 VP，q"的数量是相当多的，在"既 VP，q"中，整个推断原因都处于"既"后，所以这就形成了一股推动力，使得推断原因 SVP 也可出现在"既"后，于是就有了"既 SVP，q"。前一种力量在发展中没有遇到阻碍，而后一种力量在发展中则遇到了阻碍，这个阻碍就是音节的影响。"既 SVP"中句首的单音节"既"必须后接一个单音节成分才能构成标准音步，而这个标准音步一旦实现，在句法和语义上往往是不合法的，剩下的部分在句法和语义上也往往是不完整的，这就造成了认知上的困难。并且就"既 VP"而言，标准音步实现后"既"与 VP 之间没有停顿，在这种情况下，在 VP 前插入 S 是比较困难的，即由"既 VP，q"变为"既 SVP，q"是比较困难的。从晚唐五代到现代，保持原则的力量一直未受任何影响，因此主语可以一直出现在前；同化的力量则受到了音节的影响，因此发展受阻，以致最终消亡。

就"既然"而言，推动主语一直在前和一直在后的力量均为同化，这很显然是受到了形式相似语义相同的表因连词"既"的类推。"既"有"S 既 VP，q"和"既 SVP，q"两种用法，"既然"一开始只能接指示代词，不能用在主语前或主语后，但后来受"既"的同化，把"既"出现在主语前和主语后的用法类推到了自己身上，于是就有了"S 既然 VP，q"和"既然 SVP，q"。与"既"不同的是，上述两种力量均未受到任何阻碍，因此主语可以一直出现在前和在后。音节因素对"既"产生的是消极作用，但并未对"既然"产生消极作用，因为"既然"是双音节，后接 SVP 显然比"既"接 SVP 更容易被人接受，因为句首的双音节音步是优先实现的，"既然 SVP，q"中双音节的"既然"处于句首，可以作为一个有意义的组块而先得到认知，剩下的原因 SVP 在句法和语义上都是完整的，并且就"既然 VP，q"而言，"既然"与 VP 之间有一个短暂的停顿，在这种情况下，在 VP 前插入 S 是比较容易的，即由"既然 VP，q"变为"既然 SVP，q"是比较容易的。从晚唐五代到现代，同化的力量一直未受任何影响，因此主语可以一直出现在前和出现在后。

就"所以₁"而言，推动主语一直在前的力量是保持原则，因为表原因义的所字结构"所以"后 VP 如果有主语，只能加在"所以"的前面，故而语法化为表果连词后，"所以₁"后 VP 如果有主语，当然可以加在"所以₁"的前面，这是符合保持原则的。推动主语一直在后的力量则是重新分析，具体地说，就是原先为"所（以 VP）"，但"所"与"以"是紧密相连的，恰好构成了一个双音节的组合，符合基本音步的要求，并且二者在一起可以表达一个完整的意义"x 的原因"，而作为结果的 x 正是其后的 VP，因此就发生了重新分析，使得二者在一定程度上发生了凝合，即"（所以）VP"。后一种力量在发展中没有遇到阻碍，而前一种力量在发展中则遇到了阻碍，这个阻碍就是联系项居中原则的影响。联系项居中原则可以迫使居中但不典型的联系项居中且典型，也就是说迫使它们向优先位置靠拢。"p，S 所以 VP"和"p，所以 SVP"均符合联系项居中原则，但后者比前者更典型，因为后者处于正中央，前者受到了 S 的阻隔，处于稍偏正中央的位置。如果是前者，那么表果连词就会受到联系项居中典型形式的影响，迫使它移至 SVP 前，即迫使它由主语后移至主语前。从晚唐五代到现代，重新分析的力量一直未受任何影响，因此主语可以一直出现在后；保持原则的力量则受到了联系项居中原则的影响，因此发展受阻，以致最终消亡。

就"之所以"而言，推动主语一直在前的力量是保持原则，因为"之所以"中的"之"原本是个连接定语和中心语的连词，通常必须同时与定语和中心语并存，缺一不可，因而演变为表果连词后，由于保持原则的影响才变得如此。推动主语一直在后的力量则有两种，一是因为随着在现代汉语中使用频率的急剧增加，表果连词"之所以"的词汇化程度自然会进一步加深，这很显然是受了频率原则的影响。一旦"之所以"在内部结构上更加凝固了，那么"之"也就失去了原先必须同时与定语和中心语并存这样的用法，所以就为出现在句首奠定了基础。二是受到了印欧语尤其是英语的同化影响。也就是说，此句式在现代汉语中的形成印欧语的影响起到了一定作用，英语中的相似句式如"the reason q is because p"用得很普遍。"五四"时期人们常把"the reason q is because p"译成

"之所以 q，是因为 p"。大量地把句首的 "the reason" 翻译成 "之所以"显然对现代汉语中的 "之所以" 可以用在句首起到了积极的推动作用。从晚唐五代到现代，前一种力量在发展中没有遇到阻碍，因此主语可以一直出现在前；但后两种力量显然是到了 "五四" 之后也就是现代汉语中才可能会出现，也可以看作是受到了阻碍，因此到了现代汉语中主语才可出现在后。

综上所述，从晚唐五代到现代，因果连词 "既"、"既然"、"所以₁"、"之所以" 对应的主语位置发生不同变化的关键就在于受到的各因素的作用不一样，具体情形见表12。

表 12　　　　　　　　　影响主语位置演变的因素

	保持原则	同化	音节阻碍	重新分析	联系项居中原则	频率原则	结果
既	√	√	√				原先主语可以在前，也可以在后，最后在后用法消失
既然		√					原先主语可以在前，也可以在后，且两种位置一直保留到了现代汉语中
所以	√			√	√		原先主语可以在前，也可以在后，最后在前用法消失
之所以	√	√				√	原先主语只能在前，不能在后，到了现代汉语中在前用法才产生

第二节　话题因果句的形成与发展

谈到因果句的主语，就不能不提因果句的话题。就现在的研究成果来看，现代汉语主谓句的话题形成的手段主要有两种，一是宾语前移，如（1）；二是添加停顿或插入主语，如（2）（袁毓林，1996）：

（1）小王吃过荔枝→荔枝小王吃过→小王荔枝吃过

（2）小王不爱看动画片→小王（呢），［他］不爱看动画片/动画片（吧），小王不爱看［那玩意儿］

不管是哪一种手段，都是有目的、有意识地要在原句基础上创造一个可供全句陈述的话题。如果从主谓句扩展为因果句，上述两种手段仍然成立：

（3）小王吃过了荔枝，所以不想吃饭了→小王荔枝吃过了，所以不想吃饭了

（4）小王不爱看动画片，所以今天下午没来→小王（呢），［他］不爱看动画片，所以今天下午没来

（3）中用的是宾语前移，将宾语"荔枝"从先行句句末移到了主语和谓语动词之间，于是"小王"就成了整个因果句的话题："小王"受原因句兼主谓句"荔枝吃过了"陈述，并且同结果句"不想吃饭了"之间有停顿，同时"不想吃饭了"也是对"小王"的陈述。（4）中用的是添加停顿或插入主语，将主语"小王"同谓语"不爱看动画片"之间添加停顿（可以用语气词"呢"表示）或插入主语"他"，于是"小王"就成了整个因果句的话题："小王"受原因句"［他］不爱看动画片"陈述，并且同结果句"今天下午没来"之间有停顿，同时"今天下午没来"也是对"小王"的陈述。像（3）、（4）这样的因果句就叫作话题因果句。

但值得注意的是，除了宾语前移、添加停顿和插入主语，现代汉语因果句话题的形成还有一条途径——语法化。这条途径目前罕有人提及，下面就以话题因果句"S_1表因连词 VP/S_2VP，q"为例，从汉语史的角度通过描述某些表因连词的形成对相应因果句话题的形成的影响，来揭示该途径的重要性。

一　话题因果句"S_1表因连词 VP/S_2VP，q"的形成

首先以表因连词"为"为例，来论述一下"S_1为 VP/S_2VP，q"的形成。表因连词"为"是由原因介词"为"语法化而来。"为"在先秦可作原因介词，引介导致某种结果的原因：

（5）为归汶阳之田故，诸侯贰于晋。（《左传·成公九年》）

（6）梦见灶，为见公也。（《韩非子·内储说上》）

（7）夫贤者宠至而益戒，不足者为宠骄。（《国语·晋语》）

（8）秋，楚伐郑，及栎，为不礼故也。（《左传·庄公十六年》）

（5）是"为 NP，q"，（6）、（8）是"q，为 NP/VP"，（7）是"S 为 VP，q"，总之均是原因介词"为"引介原因来修饰结果，形成了偏正结构"为 p，q"或主谓结构"q，为 p"。其中 p 可以是 NP，如（5）、（8）；也可以是 VP，如（6）、（7）。

如果 p 发展为 SVP，那么往往要在 S 与 VP 间插入连词"之"，构成"S 之 VP"。"S 之 VP"本质上属于主谓结构，由于比较复杂，长度较长，所以与 q 间总有个停顿：

（9）周鼎着象，为其理之通也。（《吕氏春秋·审分览》）

（10）莫尽其术，为其漏也。（《韩非子·外储说右上》）

（11）为其无位，不能相用。（《管子·侈靡》）

（12）为使者之无远也，孤用亲听命于藩篱之外。（《国语·吴语》）

（13）为仆人之未次，请除馆于舟道。（《左传·哀公二十一年》）

（14）公孙虿为少姜之有宠也，以其子更公女，而嫁公子。（《左传·昭公三年》）

（15）文公为卫之多患也，先适齐。（《左传·闵公二年》）

（9）、（10）是"q，为 S 之 VP"，源于"q，为 NP/VP"；（11）—（13）是"为 S 之 VP，q"，源于"为 NP，q"；（14）、（15）是"S₁为 S₂之 VP，q"，源于"S 为 VP，q"。（10）中"其漏"等于说"人主之漏"，（11）中"其无位"等于说"神农之无位"，仍然可以看成是在主语和谓语间插入"之"。之所以要插入"之"，目的是使主谓结构变为定中结构做"为"的宾语。上述"为"可两解，看作原因介词或表因连词都可以，一旦 S 与 VP 间的"之"脱落了，那么最终就会导致真正的表因连词"为"在先秦的形成：

(16) 射不主皮，为力不同科。(《论语·八佾》)

(16) 中的"为"是真正的表因连词，整个因果句为"q，为 SVP"，它来源于"q，为 S 之 VP"。

由上可见，虽然表因连词"为"在先秦就出现了，但一开始只能用于由果溯因句，用于由因及果句要到西汉：

(17) 为魏文侯大开地有功。自此之后，日以不信。(《淮南子·人间训》)

(18) 为岁不登，禁天下食不造岁。(《史记·孝景本纪》)

(19) 先帝为咸阳朝廷小，故营阿房宫为室堂。(《史记·秦始皇本纪》)

(20) 于是天子为山东不赡，赦天下囚，因南方楼船卒二十余万人击南越，数万人发三河以西骑击西羌，又数万人度河筑令居。初置张掖、酒泉郡，而上郡、朔方、西河、河西开田官，斥塞卒六十万人戍田之。(《史记·平准书》)

(21) 盾为国多难，欲立襄公弟雍。(《史记·赵世家》)

(22) 上为其名美，即不诘，拜何为辽东东部都尉。(《史记·朝鲜列传》)

(17)、(18) 中，整个因果句为"为 SVP，q"，它来源于"为 S 之 VP，q"；(19)、(20) 中，整个因果句为"S_1 为 S_2 VP，q"，它来源于"S_1 为 S_2 之 VP，q"。也就是说，"为 S 之 VP，q"和"S_1 为 S_2 之 VP，q"中的"之"脱落要到西汉，"之"一旦脱落了，原因介词"为"也就语法化为表因连词"为"。"S_1 为 S_2 VP，q"中有两个 S，一在"为"前，另一在"为"后，两 S 所指一般不一致，如 (19) 分别是"先帝"和"咸阳朝廷"，(20) 分别是"天子"和"山东"，(21) 分别是"盾"和"国"，(22) 分别是"上"和"其名"。但如果一致的话，便常承前省略，于是就有了"S 为 VP，q"：

(23) 延陵季子为有上国之使，未献也。(《新序·节士》)

"为"与"有上国之使"之间本应有一个主语，但这个主语与"延陵季子"所指一致，所以就省略了。

表因连词"以"也有一个类似的演化过程，由于同"为"有相似之处，这里谈得简略些。一开始是"以 S 之 VP，q"，如"以道之不通，先入币才"（《左传·昭公二十六年》），以及"S_1 以 S_2 之 VP，q"，如"晋以卫之救陈也，讨焉"（《左传·宣公十三年》）；后来"S 之 VP"中的"之"脱落，导致了表因连词"以"的形成，分别出现在"以 SVP，q"中，如"以兰有国香，人服媚之如是"（《左传·宣公三年》）；以及"S_1以 S_2VP，q"中，如"楚子以蔡侯灭息，遂伐蔡"（《左传·庄公十四年》），最后又出现在"S 以 VP，q"中，这是承前省略了相同的 S_2，如"吾以从大夫之后也，故不敢不言"（《左传·哀公十四年》）。与"为"最大的相同之处是，都是在先秦完成从原因介词到表因连词的语法化的，都先有一个"S_1 原因介词 S_2 之 VP，q"的阶段，在语法化完成后，表因连词就可以出现在"S_1 表因连词 S_2VP，q"和"S 表因连词 VP，q"中；与"为"最大的不同之处是，"S_1 以 S_2VP，q"和"S 以 VP，q"均出现在先秦，而"S_1 为 S_2VP，q"和"S 为 VP，q"要到西汉才出现。

最早出现在"S_1 表因连词 S_2VP，q"和"S 表因连词 VP，q"两种构式中的就是"以"与"为"，二者有过"S_1 原因介词 S_2 之 VP，q"的阶段，在此基础上只要"之"脱落了，就可以很容易地发展为"S_1 表因连词 S_2VP，q"。如果 S_1 与 S_2 相同的话，逆向删除 S_2，进而就产生了"S 表因连词 VP，q"。在西汉及西汉以后产生的一些说明表因连词，如"缘"、"因"、"为因"、"因为"、"由于"等，则没有经历一个明显的"S_1 原因介词 S_2 之 VP，q"阶段，这是因为从西汉开始，主之谓结构就逐渐走向衰落（刘宋川、刘子瑜，2006：284），但它们仍然可以出现在上述两种构式中①，相应的例子近代汉语中比较丰富。

（24）伯恭策止缘里面说大原不分明，只自恁地依傍说，更不直截指出。（《朱子语类》卷一百二十二）

（25）李瓶儿因过门日子近了，比常时益发喜欢得了不的。（《金

---

① "既"、"既然"类推断表因连词不能进入该构式，具体原因下文会谈到，所以文中说表因连词的地方指的就是说明表因连词。

瓶梅词话》第十六回）

（26）东京八十万禁军教头林冲，为因身犯重罪，断配沧州。（《水浒传》第八回）

（27）制台因为新藩台来，尚须时日，便先委巡道署理了藩台。（《二十年目睹之怪现状》第九十二回）

（28）他由于脚趾伤还没有彻底恢复，无论在起跳还是跑动的时候，明显有所顾忌，不大敢"发死劲"。

（29）高粱因性状和用途不同，可分三类。

（30）我因为身体较差，也想练一练。

（31）他缘是东方无垢世界金粟如来，意欲助佛化人，暂住娑婆秽境。（《敦煌变文·维摩诘经讲经文》）

（32）上皇帝因哭郑妃，一目失明。（《大宋宣和遗事》贞集）

（33）知府为因听得你文武二官同僚不和，好生忧心。（《水浒传》第三十三回）

（34）当下宋江因为征剿方腊，自渡江已过，损折了许多将佐，止剩得正偏将三十六员回京。（《水浒传》第九十九回）

（35）鱼体由于受到钩介幼虫的刺激，便很快形成一个个被囊，把幼虫包裹起来。

（36）警方因对医生的死因无法解释，只好以死者吸烟不慎引起衣服燃烧致死的理由草草结案。

（37）我因为习惯了午夜两点入眠的希腊式样，就对漫漫的长夜发了愁。

（24）—（30）是"S_1 表因连词 S_2VP，q"，（31）—（37）是"S 表因连词 VP，q"。由于"以"、"为"是说明表因连词，可以进入上述两种构式，"缘"、"因"、"为因"、"因为"、"由于"等同样是说明表因连词，经过类推，它们也有了类似"以"、"为"那种可以进入上述两种构式的用法，只不过进入的时间不同："缘"、"因"、"为因"、"因为"至迟在明清时期就已经出现在两种构式中，如（24）—（27）、（31）—（34）；而"由于"到了现代汉语中才可以做到这一点，如（28）、（35）。"S_1 因/因为 S_2VP，q"、"S 因/因为 VP，q"更是沿用到了现代汉语中，如（29）、（30）、（36）、（37）。

二　表因连词形成对因果句话题形成的影响

分析表因连词形成对因果句话题形成的影响时我们仍然以"为"为例。对"S_1 为 S_2 之 VP，q"以及（15）进行层次分析，可分四层。第一层是主谓结构，"S_1（文公）"是主语，"为 S_2 之 VP，q（为卫之多患也，先适齐）"是谓语；第二层是状中结构，"为 S_2 之 VP（为卫之多患）"是状语，"q（先适齐）"是中心语；第三层是介宾结构，"为"是原因介词，"S_2 之 VP（卫之多患）"是宾语；第四层是主谓结构，"S_2（卫）"是主语，"VP（多患）"是谓语。后来 S_2 与 VP 之间的"之"脱落了，"为"由原因介词语法化为表因连词，原先的主谓句"S_1 为 S_2 之 VP，q"也就变为因果句"S_1 为 S_2VP，q"。对"S_1 为 S_2VP，q"以及（19）进行层次分析，可分三层。第一层是话题—述题结构，"S_1（先帝）"是话题，"为 S_2VP，q（为咸阳朝廷小，故营阿房宫为室堂）"是述题；第二层是因果复句，"S_2VP（咸阳朝廷小）"是原因句，"q（营阿房宫为室堂）"是结果句；第三层是主谓结构，"S_2（咸阳朝廷）"是主语，"VP（小）"是谓语。由此可见，从"S_1 为 S_2 之 VP，q"到"S_1 为 S_2VP，q"，除"为"、"之"外，还有如下要素发生了变化：第一，S_1 从主谓句主语变为因果句话题；第二，"为 S_2 之 VP，q"从主谓句谓语变为因果句；第三，"S_2 之 VP"从介词宾语变为原因句；第四，q 从主谓句谓语核心变为结果句；第五，S_2 从介词宾语中的主语变为原因句主语；第六，VP 从介词宾语中的谓语变为原因句谓语。从"S_1 为 S_2 之 VP，q"向"S_1 为 S_2VP，q"的演变见表 13。

表 13　　　　从"S_1 为 S_2 之 VP，q"向"S_1 为 S_2VP，q"的演变

S_1 为 S_2 之 VP，q		S_1 为 S_2VP，q
S_1 是主谓句主语	S_2 与 VP 之间的"之"脱落了，"为"由原因介词语法化为表因连词	S_1 是因果句话题
"为 S_2 之 VP，q"是主谓句谓语		"为 S_2VP，q"是因果句
"S_2 之 VP"是介词宾语		S_2VP 是原因句
q 是主谓句谓语核心		q 是结果句
S_2 是介词宾语中的主语		S_2 是原因句主语
VP 是介词宾语中的谓语		VP 是原因句谓语

在"S_1 为 S_2 之 VP，q"中，S_1 是整个句子的主语，S_2 只是所引介的宾语中的主语，整个句子可以看作"为 S_2 之 VP，q"对 S_1 的陈述。既然

"S_1 为 S_2 VP，q" 是由 "S_1 为 S_2 之 VP，q" 发展来的，那么前者就一定还保存着后者的一些特点[1]，后者中 "为 S_2 之 VP，q" 与 S_1 之间是陈述与被陈述的关系，该特点被前者保留了下来，另外 "S_1 为 S_2 之 VP，q" 中的 S_1 演变为 "S_1 为 S_2 VP，q" 中的 S_1，"为 S_2 之 VP，q" 演变为 "S_1 为 S_2 VP，q" 中的 "为 S_2 VP，q"，于是 "为 S_2 VP，q" 与 S_1 之间也就是陈述与被陈述的关系，所以 S_1 就成了因果句 "为 S_2 VP，q" 的话题。进一步可以推出，"S 为 VP，q" 中，S 是因果句 "为 VP，q" 的话题。同理，"S_1 以 S_2 VP，q" 中，S_1 仍然是因果句 "以 S_2 VP，q" 的话题；"S 以 VP，q" 中，S 仍然是因果句 "以 VP，q" 的话题。由此可见，"S_1 原因介词 S_2 之 VP，q" 的阶段是非常重要的，有了这样一个阶段，才会出现 S_1、S 分别是因果句 "表因连词 S_2 VP，q"、"表因连词 VP，q" 话题的情景。至于 "缘"、"因"、"为因"、"因为"、"由于" 等，虽然没有经历一个明显的 "S_1 原因介词 S_2 之 VP，q" 阶段，但毕竟是在 "以"、"为" 的基础上类推得来的，所以它们的分析方法应与 "以"、"为" 保持一致："S_1 缘/因/为因/因为/由于 S_2 VP，q" 中，S_1 是因果句 "缘/因/为因/因为/由于 S_2 VP，q" 的话题；"S 缘/因/为因/因为/由于 VP，q" 中，S 是因果句 "缘/因/为因/因为/由于 VP，q" 的话题。综上所述，可以得出如下两个结论：其一，"S_1 表因连词 S_2 VP，q" 中，S_1 是因果句 "表因连词 S_2 VP，q" 的话题；"S 表因连词 VP，q" 中，S 是因果句 "表因连词 VP，q" 的话题。其二，正是从原因介词到表因连词的语法化促使原先的主谓句主语向后来的因果句话题转化。

证明 "S_1 表因连词 S_2 VP，q" 与 "S 表因连词 VP，q" 中的 S_1 或 S 是因果句话题还有以下这样一个有力的证据。在汉语的任何一个历史时期，都只有 "S_1 表因连词 S_2 VP，q" 与 "S 表因连词 VP，q"，而没有 "q，S_1 表因连词 S_2 VP" 与 "q，S 表因连词 VP"。也就是说，只有由因及果句，而无由果溯因句。如可以说 "小王因为时间不够，他没有来开会" 和 "小王没有来开会，因为他时间不够"，但不能说 "小王没有来开会，他因为时间不够"；可以说 "小王因为忙，他没有来开会" 和 "小王没有来开会，因为他忙"，但不能说 "小王没有来开会，他因为忙"。原因就在

---

[1]　这类似于语法化中的 "保持原则"。"保持原则" 是针对词的演变来说的，这里结构的演变也可以用保持原则来解释。

于表因连词前的 S_1 或 S 是话题，而话题只能出现在句首，不能出现在句中①；"q，S_1 表因连词 S_2 VP"与"q，S 表因连词 VP"都是表因连词前的 S_1 或 S 处于句中，所以不能成立。由于表因连词后的 S_2 或 S 是原因句主语，S_1 是原因句话题②，而原因句主语和原因句话题均非因果句话题，不受必须处于句首的限制，所以可以处于句中，因此"q，表因连词 S_1 S_2 VP"与"q，表因连词 SVP"可以说得通。

三　话题与结果句主语以及原因句关系的演变

（一）话题与结果句主语以及原因句关系的发展

"S_1/S 表因连词 S_2 VP/VP，q"源于"S_1 原因介词 S_2 之 VP，q"，因此在前者形成后，继承了后者的一些特点，最主要的就是因果句"表因连词 S_2 VP/VP，q"与话题 S_1/S 之间是陈述与被陈述的关系，起作用的是保持原则，这在上文已说过，这里不再赘述。值得注意的是，"S_1/S 表因连词 S_2 VP/VP，q"从形成到现在，也有自身的发展，主要体现在以下两个方面。

其一，就话题与结果句主语关系而言，二者可以形式意义完全一致，此时结果句主语往往省略，也可以意义一致形式不一致，还可以意义形式均不一致：

---

① 吴中伟（1995：17—21）在分析现代汉语复句的话题时也提到了说明因果句，举的例子是：

（a）他因为下雨，所以不来了。
（b）飞机因为天气不好，暂时不能起飞。

吴文认为其中的"他"和"飞机"分别是其后成分的话题，这与我们的分析是一致的。但吴文将"她因为生病，所以不来了"中的"她"既看作话题，又看作原因句的主语，则是我们不能同意的。我们认为，话题和原因句的主语不是一回事，二者是有区别的，不能合而为一。一个因果句可以有话题而无原因句主语，如（31）—（37）；也可以既有原因句主语又有话题，如（24）—（30）。依照我们的看法，"她因为生病，所以不来了"中的话题是"她"，原因句主语承前省略了。

② 原因句话题和因果句话题不同，前者只受原因句的陈述，而后者却受整个因果句的陈述。如"小王没有来开会，因为他时间不够"中，"他时间不够"为原因句，"他"为原因句话题，"时间"为原因句主语。"他"只受"时间不够"的陈述，并不受"小王没有来开会，因为时间不够"的陈述。

（38）我因对自己的回答缺乏信心，越发觉得墨菲先生的脸色阴沉，希望正一步步离我远去。

（39）代理人因系专家，熟悉契约条文，他会向作者建议如何讨价还价，如何签约，不会让作者吃亏。

（40）东川由于地处地质断裂带和森林资源遭到严重破坏，泥石流等地质灾害十分频繁。

（38）话题是"我"，结果句主语也是"我"，二者形式意义完全一致，所以结果句主语省略了；（39）话题是"代理人"，结果句主语是"他"，二者所指一致，但形式不同，这种情况很少见；（40）话题是"东川"，结果句主语是"泥石流等地质灾害"，二者形式意义均不同。这种省略的情形自"S₁/S 表因连词 S₂ VP/VP，q"一出现就已存在，如（19）—（22）。（19）是结果句"营阿房宫为室堂"省略了主语"先帝"，同时"先帝"也是整个因果句的话题；（20）是结果句"赦天下囚……斥塞卒六十万人戍田之"省略了主语"天子"，同时"天子"也是整个因果句的话题；（21）是结果句"欲立襄公弟雍"省略了主语"盾"，同时"盾"也是整个因果句的话题；（22）是结果句"即不诘，拜何为辽东东部都尉"省略了主语"上"，同时"上"也是整个因果句的话题。结果句主语出现的情形要到晚唐五代才出现：

（41）校尉缘检校疏唯，李陵嗔打五下。（《敦煌变文·李陵变文》）

（42）朱解自缘心里怯，东齐季布便言论。（《敦煌变文校注·捉季布传文》）

（41）结果句为"李陵嗔打五下"，主语是"李陵"；（42）结果句为"东齐季布便言论"，主语是"东齐季布"。从它出现之时一直到现代，所经历的各个时期都是以省略为主，也就是说主语出现这一现象并未得到太大的发展，具体情形见表14。

表 14　从"S₁/S 表因连词 S₂VP/VP，q"出现至今结果句主语隐现情形①

时期	西汉	东汉	魏晋—隋	唐五代	宋	元	明	清	现代
结果句主语隐现情形	省略	省略	省略	省略＞出现	省略＞出现	省略＞出现	省略＞出现	省略＞出现	省略＞出现

其二，就话题与原因句关系而言，原因句可以是对话题的陈述，也可以不是对话题的陈述：

（43）他因为明永乐年间于京师刊行之《北藏经》"尚未经精密之校订，不足为据"，发愿重刊藏经。

（44）我因为你们每月只靠留学的一些费用不够开支，便回国做事来帮助你们。

（43）话题是"他"，原因句是"明永乐年间于京师刊行之《北藏经》'尚未经精密之校订，不足为据'"；（44）话题是"我"，原因句是"你们每月只靠留学的一些费用不够开支"，原因句都不是对话题的陈述。（38）话题是"我"，原因句是"对自己的回答缺乏信心"；（39）话题是"代理人"，原因句是"系专家，熟悉契约条文"；（40）话题是"东川"，原因句是"地处地质断裂带和森林资源遭到严重破坏"，原因句都是对话题的陈述。这种非陈述的情形自"S₁/S 表因连词 S₂VP/VP，q"一出现就已存在，如（19）—（22）。（19）原因句是"咸阳朝廷小"，显然不是陈述话题"先帝"的；（20）原因句是"山东不赡"，显然不是陈述话题"天子"的；（21）原因句是"国多难"，显然不是陈述话题"盾"的；（22）原因句是"其名美"，显然不是陈述话题"上"的。但原因句对话题陈述的情形很快也产生了，如（23）。（23）原因句是"有上国之使"，显然是陈述话题"延陵季子"的。值得注意的是，这种原因句对话题陈述的现象产生之时不如非陈述用得频繁，但后来却得到了极大的发展，逐渐变得越来越多，在现代汉语中已占决定性地位，具体情形见表15。

---

① "＞"表示在数量上多于。

表 15 从"S_1/S 表因连词 S_2 VP/VP，q"出现至今原因句对话题陈述情形

时期	西汉	东汉	魏晋—隋	唐五代	宋	元	明	清	现代
原因句对话题陈述情形	非陈述>陈述	非陈述>陈述	非陈述>陈述	陈述>非陈述	陈述>非陈述	陈述非>陈述	陈述>非陈述	陈述>非陈述	陈述>非陈述

（二）影响上述发展的几个因素

根据前面的论述，从"S_1/S 表因连词 S_2 VP/VP，q"出现之时到现代，均有话题与结果句主语形式意义完全一致，相对应的结果句主语往往省略这样一种情形，但到了晚唐五代时，"S_1/S 表因连词 S_2 VP/VP，q"中结果句本身包含主语的现象也产生了。从"S_1/S 表因连词 S_2 VP/VP，q"出现之时一直到现代，所经历的各个时期都是以省略为主，而主语出现这一现象并未得到太大的发展。然而与之不同的是，从"S_1/S 表因连词 S_2 VP/VP，q"出现之时到现代，均有原因句不是对话题的陈述这样一种情形，但在西汉，"S_1/S 表因连词 S_2 VP/VP，q"中原因句对话题进行陈述的现象也产生了，这种原因句对话题陈述的现象产生之时不如非陈述用得频繁，但后来却得到了极大的发展，逐渐变得越来越多，在现代汉语中已占决定性地位。影响上述发展的几个因素，归纳起来有三点，即保持原则、类推和语义认知。

1. 保持原则

其一，从"S_1/S 表因连词 S_2 VP/VP，q"出现之时到现代，均有话题与结果句主语形式意义完全一致，相对应的结果句主语往往省略这样一种情形，这是保持原则在起作用。"S_1 原因介词 S_2 之 VP，q"中 S_1（主谓句主语）与 q（主谓句谓语核心）的关系原本就是陈述与被陈述的关系，q 本身不包含主语，后来"S_1/S 表因连词 S_2 VP/VP，q"继承了该特点，所以由主谓句谓语核心 q 演变来的结果句 q 依然是对由主谓句主语 S_1/S 演变来的话题 S_1/S 的陈述，并且结果句 q 的主语往往因与句首的话题形式意义完全一致而省略。

其二，从"S_1/S 表因连词 S_2 VP/VP，q"出现之时到现代，均有原因句不是对话题的陈述这样一种情形，这同样是保持原则在起作用。"S_1 原因介词 S_2 之 VP，q"中 S_1（主谓句主语）与"S_2 之 VP"（介词宾

语）的关系原本就不是陈述与被陈述的关系，如（14）、（15），后来
"S_1 表因连词 S_2 VP，q" 继承了该特点，所以由介词宾语 "S_2 之 VP" 演
变来的原因句 S_2 VP 最初依然不是对由主谓句主语 S_1 演变来的话题 S_1 的
陈述。

2. 类推

其一，到了晚唐五代时，"S_1/S 表因连词 S_2 VP/VP，q" 中结果句本
身包含主语的现象也产生了，类推在其中起了重要作用。在晚唐五代以及
之前的非话题因果句中，结果句有主语是一种非常常见的现象：

> （45）缘生人有功得赏，鬼神有功亦祀之。（《论衡·书虚》）
> （46）汝若觅，毫发则不可见。故志公云："内外追寻觅总无，
> 境上施为浑大有。"（《祖堂集·福州西院和尚》）

（45）结果句主语是"鬼神"，（46）结果句主语是"志公"。话题因
果句虽然和非话题因果句不同，但毕竟都是因果句，既然非话题因果句的
结果句可以有主语，那么话题因果句的结果句自然也可以有主语，这是把
非话题因果句的结果句有主语的情形类推到原先结果句没有主语的话题因
果句上了。

其二，西汉时，"S_1/S 表因连词 S_2 VP/VP，q" 中原因句对话题进行
陈述的现象也产生了，类推在其中同样起了重要作用。首先，人们习惯把
形式上不完整的事物当作完整的事物去感知，这种心理状态叫完形心理
（温格瑞尔、施密特，2006/2009：39—43）。"S_1/S 表因连词 S_2 VP/VP，
q" 形成后，表因连词在意义上十分空灵，所以人们倾向于将它忽视，并
受完形心理的影响，习惯于将剩下的 S_1/S 和 S_2 VP/VP 视为一个整体，即
一个主谓句 SVP 或主谓谓语句 $S_1 S_2$ VP，而在主谓句 SVP 或主谓谓语句 S_1
S_2 VP 中，S_2 VP/VP 恰好是对 S_1/S 的陈述。又因为在西汉以及之前的因果
句中，"$S_1 S_2$ VP/SVP，q" 是一种非常常见的现象：

> （47）以吾从大夫之后，不可徒行也。（《论语·先进》）
> （48）夫乐者上下同之，故天子与天下，诸侯与境内，自大夫以
> 下，各与其儨，无有独乐。（《说苑·贵德》）

（47）为"SVP, q"，（48）为"S_1S_2VP, q"。所以早在西汉时，"S_1/S 表因连词 S_2VP/VP, q"中原因句对话题陈述的现象也产生了。"S_1/S 表因连词 S_2VP/VP, q"虽然"S_1S_2VP/SVP, q"不同，但毕竟都是因果句，并且出于完形心理，人们也倾向于略去意义较虚的表因连词，而把剩下的 S_1/S 和 S_2VP/VP 视为一个整体——主谓句 SVP 或主谓谓语句 S_1S_2VP，也就是说将"S_1/S 表因连词 S_2VP/VP, q"与"S_1S_2VP/SVP, q"等同了起来。既然"S_1S_2VP/SVP, q"中 S_2VP/VP 是对 S_1/S 的陈述，那么与之等同的"S_1/S 表因连词 S_2VP/VP, q"中，S_2VP/VP 自然也可以是对 S_1/S 的陈述，这是把"S_1S_2VP/SVP, q"中 S_2VP/VP 对 S_1/S 陈述的用法类推到了原先原因句不能对话题进行陈述的"S_1/S 表因连词 S_2VP/VP, q"上了。

3. 语义认知

语义认知，也就是理解的难易程度。难理解的形式人们自然不倾向使用，这是语义认知的消极作用，而易理解的形式人们自然就倾向使用，这是语义认知的积极作用。就"S_1/S 表因连词 S_2VP/VP, q"而言，如果结果句包含主语，那么它一定比结果句不包含主语要难理解，这是毋庸置疑的，因为如果结果句不包含主语，就说明该主语在上文出现过，并已存在于人们的认知当中了，此处只是承前省略，理解起来显然要比多出一个不曾出现过的主语方便一些；如果原因句是对话题的陈述，那么它一定比原因句不是对话题的陈述要容易理解，因为人们习惯于将 S_1/S 和 S_2VP/VP 视为一个整体，既然如此，S_2VP/VP 对 S_1/S 陈述显然要比 S_2VP/VP 不对 S_1/S 陈述更易凝合为一个整体。

综上所述，保持原则、类推、语义认知三者同时作用在了"S_1/S 表因连词 S_2VP/VP, q"上，共同导致了结果句主语省略与否以及原因句对话题陈述与否不同的发展道路。在上述两条发展道路上，保持原则维持着结果句主语省略以及原因句对话题不陈述这两种情形一直存在下去，而类推则维持着结果句主语出现以及原因句对话题陈述这两种情形一直存在下去。不管是两条发展道路中的哪一条，保持原则和类推的力量都是一样的，不存在谁比谁大的问题，所以造成不同发展道路的关键在于语义认知的效果不同。在结果句主语省略与否上，由于一开始结果句主语就是省略的，语义认知起的是积极作用，顺应了这种现象，所以从"S_1/S 表因连词 S_2VP/VP, q"出现之时一直到现代，所经历的各个时期都是以省略为主，而主语出现这一现象并未得到太大的发展。在原因句对话题陈述与否上，由于一开始原因句并非对话题的陈述，语义认知起的是消极作用，与这种现象相斥，所以从"S_1/S 表因连词 S_2 VP/VP，q"出现之时原因句对话题陈述的现象不如非陈述用得频繁，但后来却得到了极大的发展，逐渐变得越来越多，在现代汉语中已占决定性地位。

四　推断因果句话题的形成

值得注意的是，如果"S_1 表因连词 S_2 VP，q"与"S 表因连词 VP，q"中的表因连词不是说明表因连词而是推断表因连词，那么就有另外一种分析方法了。在近代汉语中，推断表因连词"既"可进入"S_1 表因连词 S_2 VP，q"中形成"S_1 既 S_2 VP，q"，但最初只有"S 既 VP，q"而无"S_1 既 S_2 VP，q"，"S_1 既 S_2 VP，q"的形成是在晚唐五代：

（49）妄心既不起，真心任遍知。（《祖堂集·牛头和尚》）

（50）色既是空，宁有挂碍？（《祖堂集·慧忠国师》）

（51）兄既身亡，君须代命。（《敦煌变文·伍子胥变文》）

（52）卿既舌端怀辩捷，不得妖言误寡人！（《敦煌变文·捉季布传文》）

（49）中原因句是"妄心不起"，主语是"妄心"，出现在"既"前；（50）中原因句是"色是空"，主语是"色"，出现在"既"前；（51）中原因句是"兄身亡"，"兄"是话题，"身"是主语；（52）中原因句是"卿舌端怀辩捷"，"卿"是话题，"舌端"是主语。在因果句"既 SVP，q"、"S 既 VP，q"相继产生后，又出现了"S_1 既 S_2 VP，q"。很显然"S_1 既 S_2 VP，q"是"既 SVP，q"将 S 处于"既"后的用法类推到了"S 既 VP，q"上形成的，而"S 既 VP，q"中 VP 本来就是对主语 S 的陈述，现在变成了 S_2 VP 对 S_1 的陈述，所以 S_1 是话题，S_2 是与谓语 VP 对应的主语。[①]

与"S_1 说明表因连词 S_2 VP，q"有着明显不同，"S_1 既 S_2 VP，q"中

---

① "S_1 既然 S_2 VP，q"是受"S_1 既 S_2 VP，q"的同化而成的，时间是在明代，如"母亲既然灵通如此，何不即留迹人间，使儿媳辈得以朝夕奉养"（《二刻拍案惊奇》卷三十）以及"你们既然如此义气深重，我若送了你们，不是好汉"（《水浒传》第二回）。不管是在近代汉语还是现代汉语，由于构造上的复杂和认知上的困难，"S_1 既然 S_2 VP，q"和"S_1 既 S_2 VP，q"都很少见。

的 S_1 是原因句的话题而非因果句的话题，但与之相似，S_2 同样是原因句的主语。"S_1 既 S_2VP，q" 与 "S 既 VP，q" 只能被分析为 "（S_1 既 S_2VP），q" 和 "（S 既 VP），q"，而非 "S_1（既 S_2VP，q）" 和 "S（既 VP，q）"，换句话说，二者中 "既" 前的被陈述者只是原因句的话题或主语，而非因果句的话题，陈述 S 和 S_1 的分别是 VP 和 S_2VP，不是 "VP，q" 和 "S_2VP，q"。形成过程不同是导致做出上述不同分析的根本原因。在 "为" 还是原因介词时，"S_1 为 S_2 之 VP，q" 只能被分析成 "S_1（为 S_2 之 VP，q）" 而不能是 "（S_1 为 S_2 之 VP），q"，所以在 "为 S_2 之 VP，q" 变为因果句后，这个因果句是对 S_1 的陈述。与之相反，在 "既" 还是时间副词时，"S 既 VP，q" 只能被分析成 "（S 既 VP），q" 而不能是 "S（既 VP，q）"，所以在整个句子变为因果句后，SVP 成了原因句，"既" 前的 S 只是原因句的主语。具体情形见表16。

表16　　　　因果句 "S_1 为 S_2VP，q" 与 "S 既 VP，q" 的形成区别

句式	"S_1 为 S_2 之 VP，q" → "S_1 为 S_2VP，q"	"S 既 VP，q" → "S 既 VP，q"
演变前	"S_1 为 S_2 之 VP，q" 是主谓句，S_1 是主语，"为 S_2 之 VP，q" 是谓语，"为" 是原因介词	"S 既 VP，q" 是承接句，"S 既 VP" 是主谓结构的先行句，S 是主语，"既 VP" 是谓语，q 是后续句，"既" 是时间副词，"S 既 VP" 与 q 之间有因果关系
演变后	"S_1 为 S_2VP，q" 是话题因果句，S_1 是话题，"为 S_2VP，q" 是因果句，"为" 是表因连词	"S 既 VP，q" 是因果句，SVP 是主谓结构的原因句，S 是主语，VP 是谓语，q 是结果句，"既" 是表因连词

如果把推断表因连词换成 "既然"，也可作同样分析：

（53）嫂子既然分付在下，在下已定伴哥同去同来，怎肯失了哥的事。（《金瓶梅词话》第十三回）

（54）三位头领既然准来赴席，何必回书？（《水浒传》第二回）

（55）母亲既然灵通如此，何不即留迹人间，使儿媳辈得以朝夕奉养。（《二刻拍案惊奇》卷三十）

（56）你们既然如此义气深重，我若送了你们，不是好汉。（《水浒传》第二回）

（53）中原因句是 "嫂子分付在下"，主语是 "嫂子"，出现在 "既

然"前；（54）中原因句是"三位头领准来赴席"，主语是"三位头领"，出现在"既然"前；（55）中原因句是"母亲灵通如此"，"母亲"是话题，"灵通"是主语，出现在"既然"后；（56）中原因句是"你们如此义气深重"，"你们"是话题，"义气"是主语，出现在"既然"后。

综上所述，就推断因果句而言，不管是"S_1 表因连词 S_2 VP，q"还是"S 表因连词 VP，q"，都不是话题句。推断因果句要想成为话题句，必须要模仿话题说明因果句，在句首另外加上一个可供全句陈述的话题：

（57）淫妇，你既然亏心，何消来我家上吊？（《金瓶梅词话》第十九回）

（58）长老啊，你既有徒弟，我把这衣帽送了你罢。（《西游记》第十四回）

（59）潘三爷，你既心上有我，你今日必得畅饮一天，不可藏着量儿。（《品花宝鉴》第十三回）

"淫妇"以及"长老"均是其后因果句的话题：（57）中原因句"你亏心"与结果句"何消来我家上吊"均是对"淫妇"的陈述，（58）中原因句"你有徒弟"与结果句"我把这衣帽送了你罢"均是对"长老"的陈述，"长老"后还有作为标记的语气词"啊"，（59）中原因句"你心上有我"与结果句"你今日必得畅饮一天，不可藏着量儿"均是对"潘三爷"的陈述。可见话题推断因果句出现在明代，与在西汉就产生的话题说明因果句相比要迟了许多，在形成上也是受到了话题说明因果句的影响。

比较一下话题说明因果句和话题推断因果句，就会发现二者的两点不同：一是前者话题一般处于紧邻表因连词的位置，即"TP 表因连词 p，q"[①]，如（24）—（37），与原因句是否有主语无关。后者话题则有两种情形：①若原因句有主语或话题，且在表因连词前，则处于紧邻原因句主语的位置，即"TP，S 表因连词 p，q"，如（57）—（59）；②若原因句无主语，或原因句有主语但在表因连词后，则处于紧邻表因连词的位置，

---

① TP 表示话题。

即"TP，表因连词（S）p，q"，如（60）、（61）：

（60）奶子如意儿，既是你说他没头奔，咱家那里占用不下他来。（《金瓶梅词话》第六十二回）

（61）银子呢，既你老哥肯出一半，那一半就是我兄弟出了罢。（《老残游记》第十四回）

二是前者话题与因果句之间一般没有停顿，如"某为见移镇不是，所以不敢言"，而后者话题与因果句之间一般有停顿，如"奶子如意儿，既是你说他没头奔，咱家那里占用不下他来"。这也与它们的来源有关。"S_1 为 S_2 之 VP，q"是主谓句，主谓之间通常没有语音间隔，发展为话题因果句后，话题与因果句间仍保留了这个特点。而"S 既 VP，q"中"S 既 VP"原先也是主谓句，主谓之间通常亦无语音间隔，发展为因果句后，S 与"既 VP"间仍保留了这个特点。又因为"S 既 p，q"或"既 p，q"要想成为话题句，必须要在句首另外加上一个可供全句陈述的话题，所以为了避免跟原因句主语混淆，同时为了避免出现过长的语段①，于是在话题与因果句之间就有了语音间隔。

第三节　小结

通过第五章第一节的论述我们可以得出如下结论：

其一，"既"受到了保持原则、同化、音节阻碍的作用。其中保持原则是推动主语一直在前的力量，该力量发展顺利，于是到了现代汉语中主语一直在前；同化是推动主语一直在后的力量，该力量发展受阻，具体说来是受到了音节阻碍的作用，于是到了现代汉语中主语在后用法消失。

其二，"既然"仅受到了同化的作用。同化作用既是推动主语一直在前的力量，也是推动主语一直在后的力量，两种力量发展都顺利，于是到了现代汉语中主语既一直在前，又一直在后。

---

① "S 既 p，q"或"既 p，q"前如果加上了无停顿的 TP，就成了"TPS 既 p，q"或"TP 既 p，q"，由于原因句主语 S 与后面的"既 p"没有停顿，所以 TP 后若无停顿，很容易被当作原因句主语，而且"TPS 既 p"或"TP 既 p"往往会显得过长。

其三，"所以$_1$"受到了保持原则、重新分析、联系项居中原则的作用。其中重新分析是推动主语一直在后的力量，该力量发展顺利，于是到了现代汉语中主语一直在后；保持原则是推动主语一直在前的力量，该力量发展受阻，具体说来是受到了联系项居中原则的作用，于是到了现代汉语中主语在前用法消失。

其四，"之所以"受到了"保持原则"、"同化"、"频率原则"的作用。其中保持原则是推动主语一直在前的力量，该力量发展顺利，于是到了现代汉语中主语一直在前；同化和频率原则是推动主语一直在后的力量，但这两种力量显然是到了"五四"之后也就是现代汉语中才可能会出现，也可以看作是受到了阻碍，因此到了现代汉语中主语才可出现在后。

通过第五章第二节的论述我们可以得出如下结论：

现代汉语"S_1表因连词S_2VP，q"式因果句源于先秦"S_1原因介词S_2之VP，q"式主谓句。后者中S_2与VP之间的"之"脱落后，原因介词语法化为表因连词，接着就形成了前者。"原因介词S_2之VP，q"与S_1之间是陈述与被陈述的关系，该特点被形成后的"S_1表因连词S_2VP，q"保留了下来，于是"表因连词S_2VP，q"与S_1之间也就是陈述与被陈述的关系，所以S_1就成了因果句"表因连词S_2VP，q"的话题。可见正是从原因介词到表因连词的语法化促使原先的主谓句主语向后来的因果句话题转化。另外，我们还发现，在汉语的任何一个历史时期，都只有"S_1表因连词S_2VP，q"与"S表因连词VP，q"，而没有"q，S_1表因连词S_2VP"与"q，S表因连词VP"。这是因为表因连词前的S_1或S是话题，而话题只能出现在句首，不能出现在句中；表因连词后的S_2或S是原因句主语，S_1是原因句话题，而原因句主语和原因句话题均非因果句话题，不受必须处于句首的限制，所以可以处于句中。

"S_1/S表因连词S_2VP/VP，q"源于"S_1原因介词S_2之VP，q"，因此在前者形成后，继承了后者的一些特点，主要体现在三个方面：其一，因果句"表因连词S_2VP/VP，q"与话题S_1之间是陈述与被陈述的关系；其二，话题与结果句主语形式意义完全一致，此时结果句主语往往省略；其三，原因句不是对话题的陈述。第一点是恒定的，从古至今没有发生什么变化，第二、三点则有所变化。就第二点而言，起初结果句主语都是省略的，经过一定时间的发展，结果句本身包含主语的现象也产生了。但从它出现之时一直到现代，所经历的各个时期都是以省略为主，而主语出现这一现象并未得到太大的发展。就第三点而言，起初原因句都不是对话题的陈述，但经过一定时间的发展，原因句对话题陈述的现象也产生了。虽然这种原因句对话题陈述的现象产生之时不如非陈述用得频繁，但后来却得到了极大的发展，逐渐变得越来越多，在现代汉语中已占决定性地位。

话题说明因果句是"TP 表因连词 VP/SVP，q"，通过对"为"的分析得知，其中的话题 TP 是由原先主谓句主语即"S_1 为 S_2 之 VP，q"中的 S_1 变来的。与之相异，话题推断因果句是"TP，表因连词 VP/SVP，q"、"TP，S/S_1 表因连词 VP/S_2 VP，q"，通过对"既"的分析得知，其中的话题 TP 是另外加上去的，并非由原先主谓句主语即"S 既 VP"中的 S 变来的。下述六种因果句句式现代汉语中仍然存在，并且在形式上没有太大的变化：

（1）花生因为地上开花，地下结果，所以俗称"落花生"。

（2）玉皇因为张大嘴当过御厨子，便封为灶王。

（3）小姐，既是你这样害怕你的意中人给人家抢了去，照情理上说，你也得向另外几位小姐交代一下这人姓甚名谁。

（4）老郑，既然你已经请了一个翻译，那就请到底算了。

（5）一个人，你既然有幸成为所谓的明星，就必须明白自己所代表的公众形象。

（6）小姑娘，你既一碗饭也不肯施舍，就再施舍一柄弯刀罢。

第六章　近代汉语因果句的句序

第一节　因果句句序的种类

近代汉语因果句的句序可分为由因及果和由果溯因两种。顾名思义，由因及果是原因句在前，结果句在后，而由果溯因是结果句在前，原因句在后。由因及果句的出现频率远高于由果溯因句，但由果溯因句因其特殊的句序而受到了更多的注意。

在八部文献中，由果溯因句句式有"q，为 p"、"q，缘 p"、"q，因$_1$ p"、"q，由 p"、"q，以 p"、"q，缘是 p"、"q，为是 p"、"q，缘为 p"、"q，为缘 p"、"q，因为 p"、"q，为因 p"、"所以$_2$q，p"、"之所以 q，p"、"争 q，缘 p"、"亦$_1$q，为因 p"、"所以$_2$q，缘 p"、"所以$_2$q，为 p"、"所以$_2$q，以 p"、"所以$_2$q，缘是 p"、"之所以 q，缘 p"、"之所以 q，以 p"、"q，p，缘 p"、"q，缘 p，为 p"、"q，为 p，因$_1$p"、"所以$_2$q，所以$_2$q，p"、"p，因兹 q，为 p"、"p，因此 q，为 p"、"p，所以$_1$q，缘 p"、"所以$_2$q，为 p，所以$_1$q"、"所以$_2$q，缘 p，所以$_1$q"30 种之多，分为独用句式、搭配句式和并用句式 3 种。"p，因兹 q，为 p"、"p，因此 q，为 p"、"p，所以$_1$q，缘 p"、"所以$_2$q，为 p，所以$_1$q"、"所以$_2$q，缘 p，所以$_1$q"是特殊并用句式，可以看成由因及果句和由果溯因句的结合，其中的由果溯因句分别是"q，为 p"、"q，为 p"、"q，缘 p"、"所以$_2$q，为 p"、"所以$_2$q，缘 p"等独用或搭配句式。各举一例如下：

（1）不得自在，不超始终，盖为不明自己事。（《祖堂集·曹山和尚》）

（2）言章论列马承家并及魏良臣，皆罢。又论不渡江人，追减恩例并所得恩泽。亦有言章。皆缘赵鼎初不主和议。（《三朝北盟会

编·绍兴甲寅通和录》)

（3）学生贱号四泉，因小庄有四眼井之说。（《金瓶梅词话》第五十一回）

（4）遂即退谗佞，进贤者，其国大治，由错于"举烛"之字也。（《敦煌变文·前汉刘家太子传》）

（5）有子非后学急务，以其说不合有多节目，不直截。（《朱子语类》卷一百二十四）

（6）也无如礼乐何，缘是它不仁了。（《朱子语类》卷二十五）

（7）"小人闲居为不善，无所不至。见君子而后厌然，揜其不善，而著其善。"只为是知不至耳。（《朱子语类》卷十六）

（8）三藏果见知心念去处，缘为涉境。（《祖堂集·仰山和尚》）

（9）心生爱慕，为缘远公是菩萨相，身有白银相光，身长七尺，发如涂漆，唇若点朱。（《敦煌变文·庐山远公话》）

（10）凄凉，因为我心上放不下，更不知你在谁家。（《金瓶梅词话》第四十五回）

（11）前日太守委我一纸批文，为因黄泥冈上一伙贼人打劫了梁中书与丈人蔡太师庆生辰的金珠宝贝，计十一担，正不知是甚么样人打劫了去。（《水浒传》第十七回）

（12）某所以奋不顾身，止念在廷臣寮皆有父母妻子，独主上孤立于此。（《三朝北盟会编·绍兴甲寅通和录》）

（13）今魄之所以能运，体便死矣。（《朱子语类》卷三）

（14）今朝争忍别离，父子都缘忆恋。（《敦煌变文·太子成道变文》）

（15）胜劣之间，亦不相似，为因感果不相似也。（《敦煌变文·金刚般若波罗蜜经讲经文》）

（16）佛氏所以得罪于圣人，止缘它只知有一身，而不知有天地万物。（《朱子语类》卷九十七）

（17）所以"神不歆非类，民不祀非族"，只为这气不相关。（《朱子语类》卷三）

（18）所以谓之好议论，政以其可以措诸行事。（《朱子语类》卷一百三十一）

（19）乡间诸先生所以要教人就事上理会教着实，缘是向时诸公

多是清谈，终于败事。(《朱子语类》卷一百二十三)

（20）人之所以思虑纷扰，只缘未实见得此理。(《朱子语类》卷一百一十九)

（21）性之所以无不善，以其出于天也。(《朱子语类》卷五)

第二节　由果溯因句序产生的原因

由果溯因句和由因及果句最大的区别自然是原因在前还是结果在前，这里的原因和结果均是哲学上的原因和结果。哲学中认为，客观世界里充斥着引起和被引起的关系，这种引起和被引起的关系就是因果关系，引起别的现象的现象是原因，被某种现象引起的现象是结果，因此原因在前结果在后是绝对的。戴浩一（1988）指出，两个句法单位的相对次序决定于它们所表示的概念领域里状态的时间顺序，所以上述时序性体现在语言中就形成了由因及果句，是对先因后果的一种陈述和推断，因而由因及果句序是一种自然句序：

（1）粘罕已陷太原，斡离不已据真定，朝廷犹集议弃三关地之便否，尚持论于可弃不可弃之间。金虏所以有"待汝家议论定时，我已渡河"之诮也。(《大宋宣和遗事》贞集)

（2）既无人缚汝，即是解脱。(《祖堂集·僧璨》)

（1）中原因句是"粘罕已陷太原……尚持论于可弃不可弃之间"，结果句是"金虏有……之诮也"，原因句的事件发生在前，结果句的事件发生在后，二者有时间上的先后关系；（2）中原因句是"无人缚汝"，结果句是"即是解脱"，人们进行推断时，必须先有依据然后才能得出结论，所以原因句作为推断的依据出现在前，结果句作为推断的结论出现在后，二者有时间上的先后关系。

然而原因和结果在人们的认知中不是处于一个平等的地位，原因往往更受关注，这是因为结果往往是显而易见的，而原因往往是不易察觉的，需要根据结果去进一步地探求，并且一旦知道了原因，就等于掌握了规律，可以举一反三，对结果理解得更加透彻。因此在语言表达上，原因句要更受重视，因而也更多地成为表达的焦点。原因句作为焦点被表达出来可以使用两种比较明显的手段，一是焦点标记，二是句序。近代汉语可以像现代汉语一样，用焦点标记"是"来标记充当焦点的原因①：

（3）是他看得忒重，故他有"心小性大"之说。（《朱子语类》卷九十九）

（4）所以圣人说"敬以直内"，又说"义以方外"，是见得世上有这般人。（《朱子语类》卷一百二十）

（3）是用"是"来标记原因"他看得忒重"，（4）是用"是"来标记原因"见得世上有这般人"。在近代汉语中，上述焦点标记的使用并不多见，更为常见的是使用由果溯因句这种凸显句序。正如张炼强（1997）所说，凸显语序就是根据说话人的兴趣、态度、目的而采取的违反自然语序的语序，自然语序一旦改变为凸显语序，就会突出表明语序所负载的信息中心的转移、说话人兴趣中心的所在以及他希望达到的交际目的。可见由果溯因句序作为凸显句序，目的是凸显原因这个句子内部信息强度最大的部分使之成为信息焦点，同时也使听话人把注意力最大限度地集中在原因上。由于原因句处于句子后半部，因而符合"旧信息—新信息"这一汉语话语信息的排列规则：

（5）心之所以会做许多，盖具得许多道理。（《朱子语类》卷六）

（6）（衙内随令伴当，即时叫将媒人陶妈妈来，把玉簪儿领出

---

① 也可以用焦点标记"是"来标记充当焦点的结果，但是在推断因果句中，且罕见：

（a）且说周老师到任时，你尚未曾见，他就来送匾。送匾后你只薄薄的水礼走了一走。这周老师若是希图谢礼的人，这也就已见大意了。他还肯保举你，可见是公正无私了。（《歧路灯》第六回）

（b）你只管你，你好我自好，你何必为我而自失。殊不知你失我自失。可见是你不叫我近你，有意叫我远你了。（《红楼梦》第二十九回）

（a）是用"是"来标记结果"公正无私了"，（b）是用"是"来标记结果"你不叫我近你，有意叫我远你了"。

去，便卖银子来交。不在话下。正是：）蚊虫遭扇打，只为嘴伤人。（《金瓶梅词话》第九十一回）

（7）（刚才吃罢，忽门上人来报："四宅老爹到了。"）西门庆慌整衣冠出二门迎接，因是知县李达天，并县丞钱成、主簿任廷贵、典史夏恭基。（《金瓶梅词话》第三十二回）

（8）（学者须是求放心，然后识得此性之善。人性无不善，只缘自放其心，遂流于恶。"天命之谓性"，即天命在人，便无不善处。发而中节，亦是善；不中节，便是恶。人之一性，完然具足，二气五行之所禀赋，何尝有不善。人自不向善上去，兹其所以为恶尔。）韩愈论《孟子》之后不得其传，只为后世学者不去心上理会。（《朱子语类》卷十二）

语义上凸显焦点的由果溯因句包括以下两类，一类是"所以$_2$/之所以"句，其中的原因句可以添加焦点标记"是"，如（4），也可以不加，如（5）；另一类是非"所以$_2$/之所以"句，特点是无表果连词而有表因连词，且结果句与上文不紧密衔接，如（6）—（8）。（6）的结果句是"蚊虫遭扇打"，是评论性文字，与上文情节"衙内随令伴当……不在话下"之间没有紧密的衔接。将全句变为"只为嘴伤人，蚊虫遭扇打"，也是可以说得通的。（7）、（8）亦是如此，分别变成由因及果句"因是知县李达天……典史夏恭基，西门庆慌整衣冠出二门迎接"和"只为后世学者不去心上理会，韩愈论《孟子》之后不得其传"，依然可以说得通。语义上的凸显焦点是由果溯因句序产生的第一个来源。

赵元任（1979）提到过在现代汉语口语中有一种追补语，也就是把临时想起的话加在一个已经完结的句子后，但不要这个追补语仍然是一个完整的句子。这种"句子+追补语"的形式可以是一个由果溯因句，赵文举的例子是：

（9）我今儿不去看戏了——因为天儿太热。

但赵文同时强调，这种"句子+追补语"仅限于口语中，不包括在书面中出现的从句后置现象，因为书面中的从句后置是有意的，而"句子+追补语"只是一种无意之举。贺阳（2008：279）对这种观点进行了扩展论述："追加从句是一种还没有想好就开始说的句子，而无论是追加成分也好，追加从句也好，凡是这种追加现象都被认为是口语特有的现象。这种追加现象之所以是口语特有的现象，是因为这类现象的产生与口语交际的特点有着直接的关系。口语交际一般都是交际双方在时间上不分离的直接交谈，这种直接交谈不允许人们花费过长的时间把要说的话完全想好了再说，也不允许人们像写文章那样对自己的话语进行不受时间限制的仔细推敲，否则口语交际就会因长时间的沉默而中断。口语交际是凭借声波来进行的，声音一发即逝，因此人们不可能对自己说出去的话进行原句修改。由于交谈时不能从容思考，说出去的话就常常有不充分或不完善的地方；由于说出去的话既不能收回也无法修改，要弥补就只能采取追加、追补的方式。但书面语的情况完全不同，由于写作和阅读在时间上是分离的，因此从理论上说，写作是不受什么时间限制的。写作过程中，人们有充分的时间对句子进行反复的推敲和斟酌，如果有表达不充分或不完善的地方，还可以一遍一遍地进行修改。所以书面语中根本不存在追加现象得以产生的必要条件，我们所说的从句后置也就不可能是与追加从句同性质的现象，尽管二者表面看上去相像。"贺文的观点有一定道理，但忽略了书面语并非都是书面上的，也包含对口语的记录和仿拟，因此也会存在追补这个事实。"研究汉语史最基本的材料是历代的书面语"（郭锡良，1992：287），所以我们要做的是力图弄清书面语中由果溯因句哪些是追补，哪些不是。

文献中追补的一部分正如贺文所说，是由于交谈时说话不完善而需要追补：

（10）黄主事道："敢问尊号？"西门庆道："学生贱号四泉，因小庄有四眼井之说。"（《金瓶梅词话》第五十一回）

（11）只见老婆问道："丈夫，你如何今日这般烦恼？"何涛道："你不知前日太守委我一纸批文，为因黄泥冈上一伙贼人打劫了梁中书与丈人蔡太师庆生辰的金珠宝贝，计十一担，正不知是甚么样人打劫了去。我自从领了这道钧批，到今未曾得获。今日正去转限，不想太师府又差干办来，立等要拿这一伙贼人解京。太守问我贼人消息，我回覆道：'未见次第，不曾获的。'府尹将我脸上刺下'迭配……州'字样，只不曾填甚去处，在后知我性命如何！"（《水浒传》第十

七回)

（10）中结果句是"学生贱号四泉"，是紧对"敢问尊号"的回答，其后的原因句"小庄有四眼井之说"显然是追补，不是刻意而为；（11）中结果句是"前日太守委我一纸批文"，是紧对"丈夫，你如何今日这般烦恼"的回答。其后的原因句"黄泥冈上一伙贼人打劫了梁中书与丈人蔡太师庆生辰的金珠宝贝……正不知是甚么样人打劫了去"更像是一个插入语，是一种追加性的解释，而结果句"前日太守委我一纸批文"与"我自从领了这道钧批……在后知我性命如何"则更像是一段完整的有时间先后顺序的叙述。

但在非会话语境中，由于结果句需要与上文衔接，而原因句不需要与上文衔接，所以会出现由果溯因句，这在本质上也是说话人对说话不完善而采取的追补：

（12）（郑简公作书与燕照王，夜中作，娱作"举烛"字书内，送燕王，燕王得此书解之曰："举者高也，烛者明也，欲使寡人高明而治道乎？"）遂即退谗佞，进贤者，其国大治，由错于"举烛"之字也。（《敦煌变文·前汉刘家太子传》）

（13）（便是它说"中"字不着。中之名义不如此。它说"偏"字却是一偏，一偏便不周遍，却不妨。）但定夫记此语不亲切，不似程先生每常说话，缘它夹杂王氏学。（《朱子语类》卷九十七）

（12）中的结果句"遂即退谗佞……其国大治"通过"遂即"与上文紧密衔接，构成承接关系；（13）中的结果句"定夫记此语不亲切，不似程先生每常说话"通过"但"与上文紧密衔接，构成转折关系，二者的原因句只能后置，不能前置。语用上的追补是由果溯因句序产生的第二个来源。

由果溯因句的第三个来源是韵律方面的。由于押韵、文体方面的要求，在某些韵文语境中只能使用由果溯因句而不能使用由因及果句：

（14）辞君莫怪归山早，为忆松萝对月宫。（台殿不将金锁闭，来时自有白云封。）（《祖堂集·大颠和尚》）

（15）（三停平等，一生衣禄无亏；六府丰隆，晚岁荣华定取。）平生少疾，皆因月孛光辉；（到老无灾，大抵年宫润秀。）（《金瓶梅词话》第二十九回）

（14）是"宫"与"封"押韵，所以必须使用由果溯因句；（15）是四六文体，前四后六，所以必须使用由果溯因句。总之三个来源中，第一个来源而形成的由果溯因句最多，第二个次之，第三个最少。正因为由因及果句是一种自然句序，而由果溯因句是一种变异句序，所以前者的出现频率远高于后者。

第三节　由果溯因句的句法语义特点及其发展

一　与由果溯因句相关的对称与不对称现象

如果由因及果句式有相应的由果溯因句式，由果溯因句式有相应的由因及果句式（即传统上所说的倒装句式，只颠倒两小句前后的顺序，不添加其他成分），这叫作因果句句序的对称现象，如第六章第一节中（1）可变换为"盖为不明自己事，不得自在，不超始终"，（3）可变换为"因小庄有四眼井之说，学生贱号四泉"。如果只有由因及果句式而没有相应的由果溯因句式，或只有由果溯因句式而没有相应的由因及果句式，这叫作因果句句序的不对称现象。近代汉语中与由果溯因句相关的对称与不对称现象主要有以下几种：

（一）"S 说明表因连词 p，q"的不对称现象及其原因

"S 说明表因连词 p，q"的不对称现象是指只有"S 说明表因连词 p，q"，而无"q，S 说明表因连词 p"：

（1）当下宋江因为征剿方腊，自渡江已过，损折了许多将佐，止剩得正偏将三十六员回京。（《水浒传》第九十九回）

（2）＊自渡江已过，损折了许多将佐，止剩得正偏将三十六员回京，当下宋江因为征剿方腊。

（1）可以说，但（2）不能说，原因就在于对"S 说明表因连词 p，

q"来说，说明表因连词前的 S 是整个因果句的话题，而话题只能出现在句首，不能出现在句中。（1）中话题是"宋江"，不论是原因句"征剿方腊"，还是结果句"自渡江已过……止剩得正偏将三十六员回京"，都是对话题"宋江"的陈述。（2）是把原先的话题放在了句中，所以不能成立。这种解释还有一个反证，即如果是"说明表因连词 SVP，q"，那么则可以有"q，说明表因连词 SVP"：

（3）为税赋事不相合，本要止绝。（《三朝北盟会编·燕云奉使录》）

（4）本要止绝，为税赋事不相合。

（3）、（4）都可以说得通，原因就在于对"说明表因连词 SVP，q"来说，说明表因连词后的 S 不是整个因果句的话题，而是原因句的主语，原因句的主语不受只能出现在句首而不能出现在句中的限制，所以既可以出现在句首，也可以出现在句中。（3）中原因句的主语是"税赋事"，只受原因句谓语"不相合"的陈述，而不受结果句"本要止绝"的陈述。

（二）"（说明表因连词）p，时间副词/承接连词/表果连词 q"的不对称现象及其原因

"（说明表因连词）p，时间副词/承接连词/表果连词 q"的不对称现象是指只有"（说明表因连词）p，时间副词/承接连词/表果连词 q"，而无"时间副词/承接连词/表果连词 q，（说明表因连词）p"：

（5）因为做军在郓州生养的，就取名叫做郓哥。（《水浒传》第二十四回）

（6）＊就取名叫做郓哥，因为做军在郓州生养的。

（7）外道说不生不灭，将生止灭，灭犹不灭；我说不生不灭，本自无生，今亦无灭，所以不同外道。（《祖堂集·惠能和尚》）

（8）＊所以不同外道，外道说不生不灭，将生止灭，灭犹不灭；我说不生不灭，本自无生，今亦无灭。①

---

① 这里的"所以"是"所以₁"，而不是"所以₂"。

（9）皆以势力相孚，不能相下，于是有讲和修睦之请，息兵安民之议。（《三朝北盟会编·绍兴甲寅通和录》）

（10）＊于是有讲和修睦之请，息兵安民之议，皆以势力相孚，不能相下。

（11）武松因祭献亡兄武大，有嫂不容祭祀，因而相争。（《水浒传》第三十七回）

（12）＊因而相争，武松因祭献亡兄武大，有嫂不容祭祀。

（13）祸根起于王安石引用婿蔡卞及姻党蔡京在朝，陷害忠良，奸佞变诈，欺君虐民，以致坏了宋朝天下。（《大宋宣和遗事》元集）

（14）以致坏了宋朝天下，祸根起于王安石引用婿蔡卞及姻党蔡京在朝，陷害忠良，奸佞变诈，欺君虐民。

（5）、（7）、（9）、（11）、（13）可以说，（6）、（8）、（10）、（12）、（14）不能说，其原因就在于时间副词、承接连词、表果连词均表示两种现象在时间上前后相接，先有第一种现象，再有第二种现象，所以句序强制受时间先后的制约，不能颠倒，时间副词、承接连词、表果连词只能出现在后续句，而不能出现在先行句。这种解释还有一个反证，即如果是"说明表因连词 p，q"，那么则可以有"q，说明表因连词 p"：

（15）缘北边地长，其势北海不甚阔。（《朱子语类》卷二）
（16）其势北海不甚阔，缘北边地长。

（15）、（16）都说得通，道理很简单，（15）的结果句没有时间副词、承接连词、表果连词之类表示两种现象在时间上前后相接的词，这就表明结果句和原因句之间并不强制受时间先后的制约，所以可以倒装成（16），以强调原因。

（三）"（说明表因连词）p，累加副词/类同副词 q"的不对称现象及其原因

"（说明表因连词）p，累加副词/类同副词 q"的不对称现象是指只有"（说明表因连词）p，累加副词/类同副词 q"，而无"累加副词/类同副词 q，（说明表因连词）p"：

（17）又缘彼佛寿命稍长，修行亦远。（《敦煌变文·妙法莲华经讲经文》）

（18）＊修行亦远，又缘彼佛寿命稍长。

（19）因请他来这里坟上观看地理，被他说诱，又留他住了几日。（《水浒传》第三十二回）

（20）＊又留他住了几日，因请他来这里坟上观看地理，被他说诱。

（17）、（19）可以说，（18）、（20）不能说，因为（17）中类同副词"亦₁"前指"稍长"，同时后指"远"；（19）中累加副词"又₁"前指"请他来这里坟上观看地理"，同时后指"留他住了几日"。如果把原因句移到了后面，类同副词"亦₁"和累加副词"又₁"就无法完成其前指"稍长"和"请他来这里坟上观看地理"的功能。

（四）"之所以 q，（表因连词）p"的不对称现象及其原因

"之所以 q，（表因连词）p"的不对称现象是指只有"之所以 q，（表因连词）p"，而无"（表因连词）p，之所以 q"：

（21）今魄之所以能运，体便死矣。（《朱子语类》卷三）

（22）＊体便死矣，今魄之所以能运。

（23）人之所以有善有不善，只缘气质之禀各有清浊。（《朱子语类》卷四）

（24）＊只缘气质之禀各有清浊，人之所以有善有不善。

（21）、（23）可以说，（22）、（24）不能说，这与"之所以"的形成有关。前文说过，表果连词"之所以"源于指称某种行为或状态出现原因的非短语结构"之所以"，而后者专用于由果溯因句"S 之所以 VP 者，p 也"中，所以在变为表果连词后，"之所以"继承了原来非短语结构时专用于由果溯因句的特点，因此只有由果溯因的用法，而无由因及果的用法，也就没有相应的倒装句式，这是符合"保持原则"的。

（五）"由于 p，q"的不对称现象及其原因

"由于 q，p"的不对称现象是指只有"由于 p，q"，而无"q，由于 p"：

(25) 由于天理自然之公平易和，正无穿鉴诡怪偏曲之私，足以
形是理之妙。（《水东日记》卷二十六）

(26) ＊足以形是理之妙，由于天理自然之公平易和，正无穿鉴
诡怪偏曲之私。

（25）可以说，但（26）却不能说，这与"由于"的形成有关。第
四章有详细说明，这里不再赘述。

（六）"推断表因连词 p，q"的不对称现象及其原因

"推断表因连词 p，q"的不对称现象是指"推断表因连词 p，q"很
常见，而无"q，推断表因连词 p"：

(27) 既然如此，今日一会，当为何人？（《祖堂集·福先招庆
和尚》）

(28) ＊今日一会，当为何人，既然如此？

在现代汉语之前，"q，推断表因连词 p"一直没有出现，原因有三。
第一，"既然 p，q"表达的是推断因果，而推断因果的句序比说明因果要
固定。具体地说，推断因果本质就是逻辑推理，注重的是推断的过程，即
从依据推出结论的合乎因果关系的过程，其原因是推断的依据，结果是推
断的结论。既然是逻辑推理，那么自然是依据在前结论在后，严格地遵守
先因后果的时序性，受倒装表强调的语用因素的影响较小。第二，与整个
句子的信息结构有关。郭继懋（2008）认为，由于"既然"所接的总是
旧信息，且这些信息通常与上文中的某些语义有紧密联系，所以适合前
置。这无疑是正确的，如：

(29)（两朝相隔汉阳江，写着道"鲁肃请云长"。）……既然他
谨谨相邀，我与你亲身便往。（《元刊杂剧三十种·关大王单刀会》）

(30)（二人行过歧阳，道经梁山路，）……既然到此，只顾前
进，休生退悔。（《喻世明言》卷七）

（29）中"既然"所接的原因句为"他谨谨相邀"，该旧信息在上文
"两朝相隔汉阳江，写着道'鲁肃请云长'"一句中出现过；（30）中

"既然"所接的原因句为"到此"，该旧信息在上文"二人行过歧阳，道经梁山路"一句中出现过。显而易见，在这种情况下，"既然 p"放在前面，就会同提到它的上文更加接近，也有助于受话者更方便地从已有的知识中提取信息，从而加深对句子的理解。进一步说，结论是被凸显的部分，是焦点，也是新信息，位于句子后半部符合"旧信息—新信息"这一汉语话语信息的排列组合规则。

第三，与"推断表因连词 p，q"可以兼表由因及果和由果溯因有关。邢福义（2001）发现，虽然"既然"句的前一分句都表示理由，后一分句都表示结论，但理由不一定就是原因，结论也不一定就是结果。从前后分句跟原因、结果的关系看，又可分为两类：一是"既然"断果句，是以原因为根据，推断结果，理由和原因、结论和结果相一致。二是"既然"断因句，是以结果为根据，推断原因，理由指结果，而不是原因；结论指原因，而不是结果。邢先生的看法非常正确，先看下面两句：

（31）既无人缚汝，即是解脱。（《祖堂集·僧璨》）
（32）既然肯顺刘备，必同心而去。（《三国演义》第五十五回）

（31）中原因句是"无人缚汝"，结果句是"即是解脱"，很显然是原因句描述的现象出现在前，结果句描述的现象出现在后，理由和原因、结论和结果相一致；（32）中原因句是"肯顺刘备"，结果句是"必同心而去"，即说话人依据"肯顺刘备"这一事实做出了"必同心而去"这样一种推断。很显然"依据'肯顺刘备'这一事实"出现在前，"做出了'必同心而去'这样一种推断"出现在后，是由因及果，但在说话人的推断中却包含了依据形成的原因，是对依据形成原因的一种推断。即正因为"同心而去"，所以"肯顺刘备"，"同心而去"出现在前，"肯顺刘备"出现在后，是由果溯因。可见断因类的"推断表因连词 p，q"存在两种不同的因果关系，两种不同的因果句序，既有由果溯因，又有由因及果，产生的机制就在于结果句点明了原因句所描述现象产生的原因。就推断因果而言，原因句是推断的依据，当然要出现在前；结果句本身就是推断的结论，当然要出现在后，句序是由因及果。但这个结论的内容则是推断依据形成的原因，从这个角度看，句序又是由果溯因。实际上就是"原因句（结果），结果句（原因）"，是由结果推原因。该类句子又可称为双向因果句，表层是由因及果，深层是由果溯因。① 正因为"推断表因连词 p，q"可以兼表由因及果和由果溯因，所以推断因果句不需要有倒装的由果溯因句，因为由因及果句就已经可以表达由果溯因的用法。

二　由果溯因句与联系项居中原则

据刘丹青（2003），Dik 曾提出了联系项居中原则，指出联系项的优先位置是在两个被联系的成分之间，如果联系项位于某个被联系成分上，那么它会在该被联系成分的边缘。这里联系项包括连词、介词、格标记、从属小句引导词以及修饰语标记等，其作用就是将两个有并列或主从关系的成分连接成一个更大的成分。显然因果连词属于 Dik 所说的联系项，所以储泽祥、陶伏平（2008）据此得出了因果复句关联标记居中原则，即因果复句关联标记的优先位置为：在原因句与结果句之间；如果关联标记位于原因句或结果句之上，则它会在原因句或结果句的边缘位置（前端或末端），或在原因句或结果句结构核心的边缘位置，可见因果复句关联标记居中原则是联系项居中原则的具体化，是后者的一个下位原则。联系项居中原则已经跨过语言的论证，有很强的普适性，所以近代汉语中的因果连词也符合此原则，更明确地说，是符合因果复句关联标记居中原则：

（33）佛在世时留此教，故今相欢造盂兰。（《敦煌变文·目连缘起》）

（34）却曾学曾，为其节次定了。（《朱子语类》卷一百三十九）

（35）李克用道："您怎不知王行瑜当未反叛，也只因倚恃功劳，邀求官爵，故朝廷差咱每收捕。破贼时分，咱已具奏，催趣苏文赴镇札住了。当今又有闻奏，怎不道我每也学王行瑜的一般行踏？候咱归镇后，为公奏功，未为迟也。"李罕芝因此不悦。（《五代史平话·梁史平话》）

（33）中表果连词"故"处于原因句"佛在世时留此教"和结果句"今相欢造盂兰"之间，（34）中表因连词"为"处于原因句"其节次定

---

① 该类因果句虽然是双向的，但归类时仍归入由因及果句，既按表层来归。

了"和结果句"却曾学曾"之间，（35）中表果连词"因此"处于结果句结构核心"不悦"的边缘。不过我们也要看到，联系项居中原则只具有倾向性而非绝对性，也存在联系项不居中的场合，但在数量上少于联系项居中的场合：

（36）吴之所以得破楚，也是楚平以后日就衰削，又恰限使得伍子胥如此。（《朱子语类》卷一百三十四）

（37）此妖星既出，不可禳谢，远则三载，近则今岁，主有刀兵出于东北坎方，旺壬癸之地。（《大宋宣和遗事》亨集）

（38）所以采访乡评物论，延请黄知录，以其有恬退之节，欲得表率诸生。（《朱子语类》卷一百六）

（36）中表果连词"之所以"、（37）中表因连词"既"、（38）中表果连词"所以$_2$"均处于居端的场合。① 可见符合联系项居中原则的句式有三类，即"p，表果连词 VP/SVP"、"q，表因连词 VP/SVP"、"p，S 表果连词 VP"，三者共 3280 句；不符合的句式也有三类，即"表因连词 VP/SVP，q"、"表果连词 VP/SVP，p"、"S 表果连词 VP，p"，三者共 2519 句。

因为联系项的作用是连接两个被联系项以表明二者之间的某种语义关系，所以其最佳位置自然是二者之间，在这个位置上出现的频率也最高。近代汉语中由因及果句远比由果溯因句常见，前者的表因连词是居端的，表果连词是居中的，而后者的表因连词是居中的，表果连词是居端的，所以总的来看，作为联系项的表因连词多处于居端位置，而作为联系项的表果连词则多处于居中位置。由于表果连词更符合联系项居中原则，因而其使用频率要多于表因连词②，自然形成新的表果连词的机会也要多于表因

---

①　（14）中的表因连词"以"是处于居中位置的，但表果连词"所以$_2$"是处于居端位置的，这种情形我们看作符合联系项居中原则。

②　从上古汉语到中古汉语，均是表果连词的使用频率远高于表因连词；到了近代汉语，表因连词的使用频率才有了较为明显的提升，但仍低于表果连词。根据前文的调查，20 个表因连词在八部文献中共出现 2735 次，29 个表果连词则共出现 3552 次。另外，从表果连词更符合联系项居中原则中也可以推出由因及果句更符合联系项居中原则，因为表果连词出现在由因及果句中远多于由果溯因句。

连词。无论是近代汉语还是现代汉语，表果连词的成员数量都是大于表因连词的。也正因为表果连词更符合联系项居中原则，在形式上和语义上均可以起到连接两个小句的作用，故而一些学者将其看成是真正的连词；反之，因为表因连词不太符合联系项居中原则，虽在语义上可起到连接两个小句的作用，但在形式上多起不到连接两个小句的作用，故而一些学者将其看成是原因介词。① 也就是说，表果连词比表因连词更典型，更像个连词。再者，由于说明表因连词多用于由因及果句，少用于由果溯因句，而推断表因连词只用于由因及果句，不用于由果溯因句，所以前者比后者更符合联系项居中原则，也就是说，说明表因连词比推断表因连词更典型，更像个连词。

三　由果溯因句的发展

在现代汉语初期，"之所以 q，是因为 p"出现了：

（39）美国劳动界之所以能争得享受天然土地的权利，是因为美国的民治主义发展得最早。（张慰慈《美国劳动运动及组织》）

"之所以 q，是因为 p"中的"因为"是表因连词，前面的"是"为焦点标记，标记原因句是焦点。如（40）是标记原因句"美国的民治主义发展得最早"为焦点。现代汉语中还出现了"q，既然 p"，尽管并不常见：

（40）他想得出更热闹的办法，既然丧事是要热闹的。
（41）天赐以为老师必定打扮打扮，既然是"发了财"。至少应整理整理东西，既然是要走。

近代汉语中已有"之所以 q，p"、"之所以 q，缘 p"、"之所以 q，以 p"，到了后期又出现了"q，是因为 p"，只要将前者的果标"之所以"添加到后者的 q 前，或将后者的因标"是因为"添加到前者的 p 前，或

---

① 见第一章第二节的相关论述。

取代已有的因标"缘"、"以"，就会形成"之所以 q，是因为 p"。此句式在现代汉语中的形成印欧语的影响起到了一定作用，英语中的相似句式很普遍：

（42）The reason it's in green is because when you put the unit down, you want your eyes to remain dilated so you can see in dim light.

（43）The reason I know this and you don't is because I'm younger and pure so I'm more in touch with cosmic forces.

"the reason q is because p"译成汉语即"之所以 q，是因为 p"。"q，既然 p"也是如此。近代汉语中已有大量由果溯因句，但都是说明因果句，而非推断因果句，"q，既然 p"的出现很显然是把用于说明因果的由果溯因类推到了推断因果上，毕竟二者都是因果关系，大同小异。此句式在现代汉语中的形成印欧语的影响同样起到了一定作用，英语中的类似句式较为多见：

（44）I offered to take another job within the company at a lower salary, since（the owner）said the money he was paying me was causing the company to take a loss.

（45）Why am I not running, now that I've been released in the field?

"since"、"now that"均为"既然"之义。正由于是受了"五四"时期由英语翻译来的汉语的影响，所以"之所以 q，是因为 p"、"q，既然 p"直到现代汉语才出现。"q，是因为 p"、"之所以 q，是因为 p"算不上真正句序的变化，因为在近代汉语中，"q，表因连词 p"以及"所以$_2$/之所以"句这两类由果溯因句早已存在。而"q，既然 p"是真正句序的变化，因为在近代汉语中，从未出现过推断表因连词用于由果溯因句中的情形。

近代汉语中的由果溯因句在数量上远低于由因及果句，具体情形见

表17。

表 17　　　　　　　近代汉语由因及果句与由果溯因句的数量

时期	晚唐五代	宋代	元代	明代
由因及果句	857 句	2690 句	237 句	1751 句
由果溯因句	80 句	186 句	3 句	20 句
二者之比	10.71∶1	14.46∶1	79∶1	87.55∶1

这一是因为由果溯因句在表达上虽有优于由因及果句的地方，但毕竟是一种语用上的变体，因果句的本体仍是由因及果句，原因在前结果在后仍比原因在后结果在前在心理上更容易接受。① 二是因为虽然凸显原因、为了追补以及顺应韵律要求都会形成由果溯因句，但这些场合毕竟是比较少的。到了现代汉语中，由果溯因句的比重大大增加，在某些语境中甚至超过了由因及果句②，这里欧化影响起了一定的作用。贺阳（2008）通过对明清语料和现代汉语语料的比较，发现进入现代汉语中，主从复句的"主句+从句"模式明显上升，并认为英语等印欧语的影响在其中起了重要的作用。我们同意贺文的观点，英语等印欧语的因果句多是由果溯因句：

（46）Zickrick ruled out FDDI as a backbone technology because it is still too expensive.

（47）Two are better than one, because they have a good reward for their work.

（46）、（47）均是英语由果溯因句，使用的表因连词是 because。当

---

① 张金桥、莫雷（2003）曾用实验的方式对汉语因果复句的心理表征项目互换效应进行了探讨，结果证明了对汉语因果复句的理解是一个按照由因及果方向进行系列加工的认知过程。尽管现代汉语中有大量的由果及因句，但这并不能改变人们在理解因果关系时按照由因及果方向认知的特点。近代汉语中的由果及因句占因果句总量的比例远不及现代汉语，可见近代汉语中人们在理解因果关系时更是按照由因及果方向来进行认知的。

② 据高再兰（2013），原因句后置在口语中占绝对优势（82%），在书面语中也是优势顺序（69%），王英芳、蔡美智、宋作艳、陶红印等学者的研究证实了这一观点。

然，现代汉语中由果溯因句比重大大增加更重要的原因是因为汉语中原本就有由果溯因句，而且从数量上看还不算少，受英语等印欧语的影响也可以说是符合了汉语自身的习惯。现代汉语中由果溯因句使用频率的增加和新句式的出现，汉语自身的发展是主要原因，是第一位的；英语等印欧语的影响是次要原因，是第二位的。

第四节　小结

近代汉语因果句的句序可分为由因及果和由果溯因两种，二者不同之处主要有四，一是出现频率不同。由因及果句的出现频率远高于由果溯因句。二是句序不同。因果关系具有时序性，在客观世界中，总是先有原因，后有结果，因此在语言中存在由因及果句是很自然的。然而原因和结果在人们的认知中不是处于一个平等的地位，原因往往更受关注，在某些场合，说话人需要刻意强调原因的重要性，最佳方法就是使用由果溯因句，这是由果溯因句的一个来源，而对前一句话进行追补以及为适应韵律的需要而调整句序是它的另两个来源。三是原因句主语位置不同。由果溯因句原因句的主语不能出现在表因连词前，只能出现在表因连词后，而由因及果句原因句的主语既能出现在表因连词前，又能出现在表因连词后。四是遵循联系项居中原则的程度不同。由因及果句比由果溯因句更符合联系项居中原则。另外在近代汉语中，"S 说明表因连词 p，q"、"（说明表因连词）p，时间副词/承接连词/表果连词 q"、"（说明表因连词）p，累加副词/类同副词 q"、"之所以 q，（表因连词）p"、"由于 p，q"、"推断表因连词 p，q"等句式都存在不对称现象，并且都可以找到相应的原因。在现代汉语中，由果溯因句的使用频率较之近代汉语有了很大的提高，并且有了新句式的出现，这虽有英语等印欧语的影响，但更重要的是汉语自身发展所致。

第七章　近代汉语因果句相关
问题的探讨

第一节　近代汉语因果连词的
隐现和提顿

因果连词虽然是高度虚化的一类词，但也有一定的独立性，具体表现在隐现和提顿两方面。

一　因果连词的隐现

因果连词的本质是标记，起给句子贴上原因或结果标签以连接两小句从而表达两小句间因果关系的作用，其意义是高度虚化的，表示的某种因果关系的具体内容来自它们标示的两个小句，它们本身并不含有原因句语义和结果句语义①，且不和所接小句发生句法上的关系，看上去似乎无关紧要，出现或不出现都可以，但实际上它们什么时候不能出现，什么时候必须出现，什么时候可出现可不出现，是受到一定条件限制的。

因果连词不能出现有以下两种情形：其一，因果连词是通过标示原因或结果以达到凸显说明因果关系和推断因果关系的目的，所以如果无须凸显因果关系，那么就必须去掉因果连词：

(1) 我今无嗣，种姓将恐断绝。（《祖堂集·释迦牟尼佛》）

(2) 汝岭南人，无佛性也。（《祖堂集·弘忍和尚》）

(3) 不见行者数日，恐是将法去也。（同上）

---

① 这与连词"而"的情况相似。杨荣祥（2009）认为，先秦连词"而"表示的各种语法关系，均是"而"连接的两个陈述性成分之间的语义关系，"而"仅起将两个陈述性成分连接起来的作用，是一个两度陈述标记。

（1）—（3）中两小句之间有因果关系，但说话人不打算凸显因果关系，只想体现一种普通的承接关系，所以三句都不能添上因果连词。

其二，如果原因句和结果句是两人一前一后说出，那么第一个人说的原因句或结果句前的表因连词或表果连词就必须去掉：

（4）郭德元问："禅者云：'"知"之一字，众妙之门。'它也知得这'知'字之妙。"曰："所以伊川说佛氏之言近理……"（《朱子语类》卷一百二十六）

（5）范纯父言："今人陈乞恩例，义当然否，人皆以为本分，不为害。"伊川曰："只为而今士大夫道得个'乞'字惯，却动不动又是乞也。"（《朱子语类》卷九十七）

（4）原因句"禅者云……它也知得这'知'字之妙"前不能加表因连词，（5）结果句"今人陈乞恩例……不为害"前不能加表果连词。对（4）这种情形郭继懋（2004）分析道，这是因为在说 p 时是把它作为一个独立的表述而不是原因来对待的，只不过是在说完 p 后另一个人才说"所以 q"，而另一个人说"所以 q"时才表明此时他把 p 看作了原因。郭文未提到像（5）这种不能加表果连词的情形，其实道理都是一样的：在说 q 时是把它作为一个独立的表述而不是结果来对待的，只不过是在说完 q 后另一个人才说"表因连词 p"，而另一个人说"表因连词 p"时才表明此时他把 q 看作了结果。

因果连词必须出现，有以下四种情形：其一，如果是要凸显因果关系，就必须加上因果连词：

（6）因为冈前这只虎，夜夜出来，伤人极多。只我们猎户，也折了七八个。过路客人，不计其数。本县知县相公，着落我们众猎户，限日捕捉。（《金瓶梅词话》第一回）

（7）既然相公不准所告，且却有理。（《金瓶梅词话》第九回）

（6）凸显的是"冈前这只虎……不计其数"和"本县知县相公……限日捕捉"之间的说明因果关系，（7）凸显的是"相公不准所告"和"且却有理"之间的推断因果关系，所以分别加上了表因连词"因为"和

"既然"。省去二者虽也能说得通，但其中的因果关系就不那么明晰了。另外，因果关系得到凸显的同时，也显得更加文从字顺了：

（8）不说你这四个男女，更有四十个也近他不得。因此我叫你们等我自来。（《水浒传》第三十一回）

（9）爹打平安，为放进白来创来了。（《金瓶梅词话》第三十五回）

（8）若省略了表果连词"因此"，（9）若省略了表因连词"为"，不仅因果关系比较模糊，而且原因句和结果句的结合也不太顺畅了。

其一，在"副词+表因连词 p，q"中，有时表因连词不能省，省掉后整个句子就不通了。对此，郭继懋（2004）也认为"因为 p"前如果出现某些加强或限制的词语，那么此时"因为"有时就不可以省。关于这一点，请参见第三章第二节，这里不再赘述。

其二，在"S_1 表因连词 S_2VP，q"中，有时表因连词不能省，省掉后整个句子就不通了，因为 S_2VP 构不成对 S_1 的陈述。关于这一点，请参见第五章第二节。

其三，为了适应韵律的要求，在原因句和结果句的字数被限定时，不能省去因果连词：

（10）为缘羞见如来，所以不曾闻法。（《敦煌变文·妙法莲华经讲经文》）

（11）只为有，所以来。（《祖堂集·云岩和尚》）

（10）中"为缘羞见如来"和"所以不曾闻法"同它们所在的那段话一样，都是六字一句，如果省去因果连词"为缘"和"所以$_1$"，那么就成了四字一句了，违反了韵律的要求。（11）中的表果连词"所以$_1$"也不能省，因为虽然整个句子没有字数上的限制，但若省去，就成了"只为有，来"，原因句和结果句在音节上显得头重脚轻，读起来特别别扭，同样违反了韵律的要求。

不属于以上六种情形，则是可省可不省。又可分为以下两种：其一，因果句中已有了一个表因连词或表果连词，那么剩下的那个表因连词或表果连词就是可出现可不出现的，因为一个表因连词或表果连词已能很好地凸显因果关系了，为了表达的经济，往往省去另一个表因连词或表果连词：

（12）为时人透过不得，所以成碍人去。（《祖堂集·龙牙和尚》）

（13）为自有漏，不及众数。（《祖堂集·大迦叶尊者》）

（14）只此身智，不愚相逢，所已沈轮恶道。（《敦煌变文·庐山远公话》）

（12）中的"为"和"所以₁"省去任何一个均可，若省去前者，就似（13）；若省去后者，就似（14）。

其二，如果出现排比的原因句或结果句，且其中一句用了因果连词，那么另一句中的因果连词就可以承前或蒙后省略：

（15）只缘他才高了，便不肯下；才不及了，便不肯向上。（《朱子语类》卷一百二十四）

（16）所以朝散以下谓之员郎，盖本员外郎之资叙；朝奉大夫方谓之正郎，盖吏部郎中资叙也。（《朱子语类》卷一百二十八）

（15）中"才不及了"显然是承"只缘他才高了"而省去了表因连词"缘"，（16）中"朝奉大夫方谓之正郎"显然是承"所以朝散以下谓之员郎"而省去了表果连词"所以₂"。在这种情形下当然也可以不省，如"既不尚议论，则是默然无言而已；既不贵意见，则是寂然无思而已"（《朱子语类》卷一百二十四），再如"所以有此物，便是有此气；所以有此气，便是有此理"（《朱子语类》卷六十八）。

近代汉语因果连词隐现的制约条件见表18。

表18　　　　　　　　　**近代汉语因果连词隐现的制约条件**

隐现情形	制约条件
不能出现	如果无须凸显因果关系，那么就必须去掉因果连词
	如果原因句和结果句是两人一前一后说出，那么第一个人说的原因句或结果句前的表因连词或表果连词就必须去掉

续表

隐现情形	制约条件
必须出现	如果是要凸显因果关系，就必须加上因果连词
	为了保证句子合法，在"副词＋表因连词 p，q"中，有时表因连词不能省
	为了保证句子合法，在"S 表因连词 SVP，q"中，有时表因连词不能省
	为了适应韵律的要求，在原因句和结果句的字数被限定时，不能省去因果连词
可出现可不出现	因果句中已有了一个表因连词或表果连词，那么剩下的那个表因连词或表果连词就是可出现可不出现的
	如果出现排比的原因句或结果句，且其中一句用了因果连词，那么另一句中的因果连词就可以承前或蒙后省略

二　因果连词的提顿

前面说过，表果连词后缀"说"具有提顿的作用，在稍作停顿舒缓语气的同时提示下文，引起听话人的注意。这种语用上的提顿功能还可通过语气词来完成，在过渡时期，语气词"啊"可附于"所以₁"后构成"所以啊"：

(17) 苟才道："只求大帅的栽培，甚么都是一样。"制台道："所以啊，我想只管给你一个河工上的公事，你也不必到差，我也不批薪水，就近点就在这里善后局领点夫马费，暂时混着。等将来合龙的时候，我随折开复你的功名。"（《二十年目睹之怪现状》第九十四回）

(18) 但是你没有还期，咱有点不放心，所以啊，咱就不借了。（《二十年目睹之怪现状》第九十六回）

同后缀"说"类似，"啊"附于"所以₁"后，有稍作停顿、舒缓语气、同时引起听话人注意下面要说的结果的作用。

这种"表果连词＋语气词"的用法可以追溯到唐代前中期，如下面的"故＋也"组合：

(19) 不逮劬劳之报，故也衔涕投简，而命下吏，敬铭三章，式表幽宅。（《全唐文》卷三百十九）

（20）夏以十三月为正，于时草之萌牙变白而青也，夏正尚黑，故也青谓黑也。（《礼记正义》卷二十三）

这里的"也"和上面的"啊"一样，同样是句中语气词，同样有稍作停顿、舒缓语气、同时引起听话人注意下面要说的结果的作用，但感情色彩远没有"啊"那么强烈（郭锡良等，1999）。

"表果连词＋语气词"的用法一直延续到了现代汉语中，组合也多样化了。进入此结构的表果连词主要有"所以₁"和"因此"，语气词有"啊"、"呢"、"呀"、"嘛"等，如"就是我的小兄弟郑南榕坐牢的时候我逼他戒烟。所以啊，他气得要死"、"你的命还不如我呢。我总算正式结了婚，你连这个都不会有。所以嘛，我可怜你"、"其实他的翻译速度，比哪一名弟子都缓慢。毕竟老了，毕竟思维不那么敏捷了。而且，颈肩病和他作对，双臂阵阵麻木，还经常偏头疼。而且，一辈子认真惯了，每句话每个字都不肯轻率落笔。所以呢，实际上俩他自己，也是顶不上他的任何一名弟子的日成绩的"、"世上无路可通天，就只有这岩洞顶上有一窍，真正可通天。因此呀，世上相爱却又不能如愿的男女呀，就到这里来拜天地，在这里拜了天地就是有名有份的夫妻了"、"由于微型飞机的电能源供应也是非常小的，因此呢，也不允许装载大功率的机载设备"。

另外，汉语史上没有"表因连词＋语气词"的用法，这是在现代汉语中才出现的，应该是受到了"表果连词＋语气词"的影响，有稍作停顿、舒缓语气、同时引起听话人注意下面要说的原因的作用：

（21）是的，我一辈子忘不了那件事。并不因为他是掌柜的，也不因为他送来一对猪蹄子。因为呀，他是汉人。

（22）而由于呢，它的数学不规则性，导致了我们计算的不惟一性，所以我们就要找出，椭球面与大地水准面之间的差异，把大地水准面的观测值，归算为椭球面上，进行严密地计算。

不管是"表因连词＋语气词"，还是"表果连词＋语气词"，都是口语性较强的表达方式。

但现代汉语因果连词的提顿最常用的方法是不用语气词，直接在后加以提顿，书面上以逗号表示。如"既然，等产量曲线的斜率是递减的，

所以，它的边际替代率也总是随着 X 的增加而递减"、"公元前 4 世纪的
希腊哲学家欧几里得提出的这个悖论，至今还在继续困扰着数学家和逻辑
学家。因为，如果你说它是真话，那么按照话的内容分析，它就应该是一
句谎话；反过来，如果你说它是谎话，由于它说自己再说一句谎话，当然
它就应该是一句真话了"、"由于，天天见面，感情自然增加，每天见惯
了，偶然一天不见，也会感到不习惯，在这样的情形下，难免会生情"、
"由于它温度很高，能量消耗也很快，因此，它的寿命只有几亿年"、"司
机们渐渐地把往返于宾馆饭店视为当然，以致，'无外汇不拉'成了拒载
国内乘客的主要理由"、"乡下管这种名字叫作'官名儿'，可见，这种名
字是为了做官才起的"、"既然治污已是责无旁贷，那么，将智慧注入治
污事业则尤为重要"。这种直接加以提顿的方法是很能产的，适用于大多
数因果连词。古代汉语可能也有类似用法，但由于当时的文献没有标点，
也就无从判断。

第二节　近代汉语因果连词的语义偏向

近代汉语因果连词中，绝大多数在语义上没有明显的积极或消极倾
向，所接的原因句和结果句既可以是积极的，也可以是消极的，还可以是
中性的，三者在数量上没有明显的差异：

（1）如此料事，非计之善，所以为我擒也。（《五代史平话·唐
史平话》）
（2）只为所取户口未足，即无交割月日。（《三朝北盟会编·燕
云奉使录》）
（3）殿下既问，然说实情。（《敦煌变文·八相变》）

就说话者而言，"所以₁"接的结果句"为我擒也"是积极的，"为"
接的原因句"所取户口未足"是消极的，"既"接的原因句"殿下问"
是中性的。但有少数例外，如"以致"和"以至"。这两个表果连词有强
烈的消极倾向，所接的结果句基本上是消极的，是说话人所不愿见到的：

（4）盖因委用不得其人，以致惹起事端。（《水浒传》第八十

三回)

（5）只为不著"兄"字，以至领兵讨伐。（《三朝北盟会编·燕云奉使录》)

（4）中的"惹起事端"、（5）中的"领兵讨伐"均是消极的、说话人所不愿见到的情形。

在先秦，"致"有"招致"的意思，与其后所接的宾语组成的述宾结构表达"招致某种事物或情形"义，可以是积极义，如"致社稷之福"、"致主霸王"，此时表达的是说话人主观的意愿和目的，是他愿意看见的：

（6）而人主兼举匹夫之行，而求致社稷之福，必不几矣。（《韩非子·五蠹》)

（7）能治可为管、商之师，说义听行，其能致主霸王，如此者五人。（《吕氏春秋·季冬纪》)

也可以是消极义，如"致尊过耕战之士"、"致刑"，此时表达的并非是说话人主观的意愿和目的，而仅是一种由某种原因导致的客观结果，是他不愿看见的：

（8）聚敛倍农而致尊过耕战之士，则耿介之士寡而高价之民多矣。（《韩非子·五蠹》)

（9）此谓以刑致刑，其国必削。（《商君书·靳令》)

"致尊过耕战之士"的原因为"聚敛倍农"，"致刑"的原因为"刑"。

正是因为积极义同目的紧密联系，消极义和原因紧密联系①，"致＋宾语"后来出现在"以致"因果句中时，基本上是消极的；出现在"以

---

① 人们想实现某个目的，这个目的对他来说一定是积极的，人们一般不会去做自己不想做的事，而人们见到某个自己认为是消极的事，总是希望弄清它的原因，以免下次再出现类似的情况，这反映了人类趋利避害的本能。

致"目的句中时①，基本上是积极的：

  （10）故务其三时，修其五教，亲其九族，以致其禋祀。（《左传·桓公六年》）

  （11）且灵公无道，民众不悦，以致见杀。（《公羊传注》卷十五）

  （10）中的"以致"意义是"运用某种手段以招致某种事物或情形"，表达的是招致者主观的意愿和目的，是积极义，用于目的句中；（11）中的"以致"意义是"由于某种原因招致了某种事物或情形"，表达的并非招致者主观的意愿和目的，而是一种客观因果关系，是消极义，用于因果句中。表果连词"以致"是由非短语结构"以致"发展来的，当然也有表消极义的强烈倾向。其他一些因果连词如"因为"、"所以₁"、"既然"、"可见"等，没有经历这样一个消极义和积极义互补的过程，故而也就没有明显的消极倾向。

  表果连词"以至"没有经历这样一个消极义和积极义互补的过程，但却有明显的消极倾向，这是因为在词汇化过程中受了非短语结构"以致"的影响。"以至"在未成词之前是非短语结构，表示的是"由于某种原因到了某种境地"，而非短语结构"以致"表示的是"由于某种原因使某种事物或情形出现"。"使某种事物或情形出现"就等于说是"到了某种境地"，二者在语义上有着共通性，所以前者能受到后者的影响。因此在变为表果连词后，"以至"基本上表示由于某种原因而引起了不好的结果。但在整个近代汉语时期，表果连词"以致"的使用频率要高于"以至"，这是因为后者不仅有表果连词的用法，还有递进连词的用法，义为"直到"：

  （12）明德、正心、诚意、修身，以至治国、平天下，虽有许多节次，其实只是一理。（《朱子语类》卷十五）

  （13）所据各处推官、司狱，以至押狱、禁子人等，皆常选用循

---

① 这里所说的"以致"因果句和"以致"目的句中的"以致"是非短语结构。

良人，庶得刑平政理。(《元典章·刑部》)

正因为"以至"还有递进连词的用法，所以人们为了避免发生混淆，更倾向于使用表果连词"以致"，这种倾向一直延伸到了现代汉语中。由于表果连词"以至"在表达消极意义上的使用频率不如"以致"，所以在现代汉语中就增加了表积极义和中性义的用法：

（14）造成度量衡极度混乱，以至引起统治阶级的重视，进行了一番改革。

（15）由于碰撞的力量很大，插入部位很深，以至把原来板块上的老岩层一直带到高温地幔中，最后被熔化了。

（14）是积极用法，（15）是中性用法。所以在现代汉语中，"以致"多用于不好的或说话人不希望的结果，而"以至"则没有这个限制（吕叔湘，1980/1999）。

第三节　近代汉语推断因果句语义分析

现代汉语因果句传统上可分为说明因果句和推断因果句，这是有道理的，对近代汉语因果句来说同样适合。从前面的分析来看，就句法而言，两类句子在因果连词、搭配、原因句主语位置、句序上均有很明显的差别。就因果连词而言，推断表因连词是"既"、"既然"，表果连词是"可见"、"那"，而说明表因连词是"因$_1$"、"为"等，表果连词是"所以$_1$"、"以致"等；就搭配而言，推断表因连词常与表有疑而问的疑问代词搭配，而说明表因连词则几乎不能如此搭配；就原因句主语位置而言，主语可以出现在推断表因连词前，可以出现在后，还可以同时出现在两边，而主语只能出现在说明表因连词后，不能出现在前，也不能同时出现在两边；就句序而言，说明因果句多由因及果，少由果溯因，而推断因果句只有由因及果，没有由果溯因。两类句子到了现代汉语中在句法上虽有一些变化，但上述四种差别仍然很明显。既然句法上的区别前文已论述过，那么这里则主要谈语义上的区别，进而揭示推断因果句的语义特点。

一　推断因果句的语义特点

　　从语义上看，说明因果句表示的是说明因果，如（1）—（4）；推断因果句表示的是推断因果，如（5）—（7）。虽均表因果关系，但其本质区别在于前者是说话人简单地列出了原因和结果构成一个因果关系，后者是说话人根据原因对结果的推断。也就是说，说明因果注重因果关系的最终形态即因果关系静态的完全展示，而推断因果则更注重因果关系的形成即由因及果动态的推出过程。这种区别，在因果连词的使用上表现得最为直接和明显。推断因果句最典型也是最常用的标记是表因连词"既"、"既然"，因为二者的源头均与表示某种动作已经完成或某种状态已经实现的时间副词有关，演变完成之后保留了完成义，且人们在推断时，为了保证结论的正确性，往往要确保依据的可靠性，所以一般要点明依据是已然的①；以及表果连词"可见"、"那"，因为其一，表果连词"可见"实际上是对先秦"由（以、自、用）此（是）观之"的继承，而此结构表示的正是"据此来看"之类推断义；其二，指示代词"那"受语境的影响，带上了一定的推断意义，即"既然那样，则……"。其他因果连词只能起到标示原因和结果的作用而无表完成义和推断义的功能，所以它们的典型用法只能是表示说明因果。正因如此，"既"、"既然"、"可见"、"那"被称为推断因果连词，而"因"、"为"、"所以₁"、"因此"等被称为说明因果连词。由上可知，推断因果必须具备完成义或推断义的要素，若无二者，则是说明因果。

　　（1）因南泉第一座养猫儿，邻床损脚，因此相争。（《祖堂集·德山和尚》）

　　（2）只为只是这个道理，自然血脉贯通。（《朱子语类》卷六）

---

　　① 徐阳春（2002）认为，"既然"所引导的原因句在内容上总是带有已然的性质，其中又以如实陈述现实中存在的某种已然事实最为常见。这与我们的看法一致。但要注意，这里的已然可以是现实的，也可以是虚拟的。前者如"它既然挂绿，立见豪富"（《张协状元》第三十出），后者如"既尽眼勿标，为什麽不许全好手"（《祖堂集·雪峰和尚》）。这种"已然的性质"在原因中有时会用表完成义的时间副词"已"来表示，如"既已言化，平天下只言措置之理"（《朱子语类》卷十六）和"既然舍人已有了亲事，老身去回覆了小娘子"（《二刻拍案惊奇》卷十七）。

（3）这番热闹了多时，今我去了，顿觉冷静，所以如此。（《二刻拍案惊奇》卷十一）

（4）李太白终始学《选》诗，所以好。（《朱子语类》卷一百四十）

（5）既无路，因什摩有人到这里？（《祖堂集·夹山和尚》）

（6）既然义士相托，便留闻参谋在此为信。（《水浒传》第八十回）

（7）既然任摩，何用更见贫道？（《祖堂集·慧忠国师》）

点明依据为已然的方式是说话人从对方的话或见到的情形中提取出一个陈述作为依据后才开始了这种推断，所以就有一个重复对方或自己的话或所见情形的过程：

（8）（道安答曰："以平等为性。"善庆问曰：）"既称平等为性，缘何众生沈轮生死，佛即证无余涅盘？"（《敦煌变文·庐山远公话》）

（9）（家人们早晚问安，递送饮食，多时没有说话。司法暗暗喜欢道："似此清净，还象人家，不道他晚年心性这样改得好了。）他既然从善，我们一发要还他礼体。"（《二刻拍案惊奇》卷十）

（10）（新人上轿，冯老孺人也上轿，送到金家，与金三员外会了亲，吃了喜酒，送入洞房，两下成其夫妇，恩情美满，自不必说。次日，杨家兄嫂多来会亲，窦家兄弟两人也来作贺。凤生见了二窦，想着那晚之事，不觉失笑。自忖道："亏得原是姻缘，到底配合了。不然，这一场搅散，岂是小可的！"又不好说得出来，只自家暗暗侥幸而已。做了夫妻之后，时常与素梅说着那事，两个还是打噤的。因想世上的事最是好笑。假如凤生与素梅索性无缘罢了；）既然到底是夫妻，那日书房中时节，何不休要生出这番风波来？（《二刻拍案惊奇》卷九）

（11）（明道曰："孝弟有不中理，或至犯上。"）既曰孝弟，如何又有不中理？（《朱子语类》卷二十）

（12）（程先生曰："但是自然，更无玩索。"）既是自然，便都无可理会了。（《朱子语类》卷一百一十七）

（8）是说话人在听到对方说"以平等为性"后从中提取陈述"称平等为性"作依据才开始了推断，依据是对对方的话的重复；（9）是说话人在见到"家人们早晚问安……多时没有说话"这种情形后从中提取陈述"他从善"作依据才开始了推断，依据是对对方所见情形的重复；（10）是说话人先说出"新人上轿……两个还是打噤的"后从中提取陈述"到底是夫妻"作依据才开始了推断，依据是对自己说的话的重复；（11）是说话人在听到对方说"孝弟有不中理，或至犯上"后从中提取陈述"曰孝弟"作依据才开始了推断，依据是对对方说的话的重复；（12）是说话人在听到对方说"但是自然，更无玩索"后从中提取陈述"是自然"作依据才开始了推断，依据是对对方说的话的重复。

由于表因连词"既"与"既然"接的原因句多是对上文的重复，而重复处往往有确认的意味，所以有时会在重复的内容前加系词"是"：

（13）（曰："初来本心都自好，少间多被利害遮蔽。如残贼之事，自反了恻隐之心，是自反其天理。"贺孙问："）既是反了天理，如何又说'皆天理也'？……"（《朱子语类》卷九十七）

（14）（林冲道："实不相瞒，如今官司追捕小人紧急，无安身处，特投这山寨里好汉入伙，因此要去。"……朱贵道："山寨中留下分例酒食，但有好汉经过，必教小弟相待。）既是兄长来此入伙，怎敢有失祇应。"（《水浒传》第十一回）

（13）是在重复的内容"反了天理"前加系词"是"，（14）是在重复的内容"兄长来此入伙"前加系词"是"①。起初是"既"后加"是"，到了清代，"既然"后也可加"是"了：

（15）既然是借债，为甚一个说张家交付，一个说酒馆交付？（《歧路灯》第四十六回）

（16）既然是他不嫌咱，就合他是姻缘。（《聊斋俚曲·翻魇殃》）

---

① （13）中"反了天理"与上文的"是自反其天理"重复，（14）中"兄长来此入伙"与上文的"特投这山寨里好汉入伙"重复。

"既"后的"是"与"缘是"、"为是"、"因是₁"等说明表因连词中的"是"性质不同。前者是表确定强调的系词，后者是后缀；前者是后附的，后者是前附的。由于"既"与"是"经常连用，二者之间可能有了一些凝合度，甚至可能有了一些词化的倾向，但并未达成词的地步。也就是说，"既是"不能看成是一个词，而"缘是"、"为是"、"因是₁"可以看成一个词。

有时重复之处干脆用指示代词代替：

（17）既如此，请国王归幕，等候北朝皇帝圣旨。（《大宋宣和遗事》利集）

（18）既然怎地，依着你说，明日绝早上山。（《水浒传》第一回）

（17）中用"如此"代替上文的"敢不从命！苟利生灵以息兵革，顾何事不可"，（18）中用"如此"代替上文的"朝廷天子要救万民，只除是太尉办一点志诚心，斋戒沐浴，更换布衣，休带从人，自背诏书，焚烧御香，步行上山礼拜，叩请天师，方许得见。如若心不志诚，空走一遭，亦难得见"。有时说话人可能觉得原因对方已经了解，所以也就不再刻意说出了，此时便没有重复，这在近代汉语中并不常见：

（19）众生既有六道，佛何但住在人中现化？（《祖堂集·草堂和尚》）

（20）既能啜水，亦必有肠肚。（《朱子语类》卷三）

（19）中的"众生有六道"和（20）中的"能啜水"在上文没有出现过。之所以没有出现过，是因为说话人觉得这两个原因对对方来说都是常识，无须提起。

再看"可见"句：

（21）只见胡阿虎转来回复道："冯先生不在家里，又守了大半日，故此到今日方回。"王生垂泪道："可见我家女儿命该如此……"（《拍案惊奇》卷十一）

(22) 寻常人施恩惠底心，便发得易，当刑杀时，此心便疑。可见仁属阳，属刚；义属阴，属柔。(《朱子语类》卷六)

(23) 元卿意气豪爽，见此佳丽聪明女子，十分趁怀。只恐不得他欢心，在太守处凡有所得，尽情送与他家。留连半年，方才别去，也用掉若干银两，心里还是歉然的。可见严蕊真能令人消魂也。(《二刻拍案惊奇》卷十二)

(24) 紧紧的勒在指头上，可见他不忘姐姐的了。(《二刻拍案惊奇》卷九)

"可见"对应的原因句多是新信息，如 (21)、(23)、(24)，也可是旧信息①，如 (22)；所接的结果句多是新信息，如 (21)、(22)、(23)，也可是旧信息，如 (24)。但"可见"句的原因句不必对上文进行重复，这点与"既/既然"句不同。"既"与"既然"是由表示某种动作已经完成或某种状态已经实现的时间副词演变来的，保留了完成义，且人们在推断时，为了保证结论的正确性，往往要确保依据的可靠性，所以一般要点明依据是已然的，而既是已然，则必有重复。相比之下，"可见"句的原因句一般没有"既"、"既然"那样的表因连词②，体现不了完成义，自然也就谈不上什么重复了。

"可见"句与"既/既然"句的另一区别是前者的原因多是新信息，但也可是旧信息，而后者的原因总是旧信息。徐阳春 (2002)、郭继懋 (2008) 均认为"既"、"既然"总接旧信息，对此徐文还做了分析：这与结果句通常是被用来阐述说话人自己的观点或想法有紧密关系。从论证的角度说，结果句相当于论点，而论点是论证的核心，论证的目的是让人们接受自己的观点或想法；原因句相当于论据，论据的作用在于支持论

---

① 据邵敬敏 (2001/2007)，旧信息是指说话人认为他所传递的信息是听话人已经知道的，这类信息或在前文提到过，或由语境显示出来；新信息是指说话人相信他所传递的信息是听话人不知道的。这里的说话人可以是文中人物，此时听话人多是与之交流的对方，如 (8)，也可以没有听话人，此时是属于说话人的自言自语，如 (9)，还可以是叙述者，此时听话人就是读者，如 (10)。听话人已经知道的旧信息可以在上文出现过，如 (24)，对应的是上文的"他说自从那日惊散，没有一日不想姐姐"；也可以不出现，如 (22)。

② "可见"同"既然"搭配首见于现代汉语中，这在第二章已提到过；同"既"搭配首见于清初，但很少见，如"既是有此奇梦，可见姻缘前定"(《平山冷燕》第十九回)。

点。人们只有首先认可论据，才有可能接受其论点。因此，以交际双方所共有的已知信息为论据，对证明结果句所述的论点来说就显得尤为重要了。这是正确的，但要注意这只限于"既/既然"句，"可见"句无此限制，原因正如上面所说，"可见"句的原因句没有对上文的重复。所以就整个推断因果句而言，不能说原因句总是旧信息，因为论点的证明当然要靠论据，但这种论据可以是对方已知的，也可以是对方未知的，不能说别人知道的就是论据，可以进行推理；不知道的就不是论据，就不能进行推理。推断从本质上来说就是由原因推出结果，由依据推出结论，至于原因或依据是已知还是未知，则没有严格的限定，因此原因或依据既可是新信息也可是旧信息。

在（5）—（20）中，结果句是旧信息的只有（12），其余全是新信息。对此，郭继懋（2008）有一个解释：因为"既/既然"句的结果句是整个句子中唯一的新信息。如果它是旧信息，整个句子就不会表达任何新信息了。这种解释大致是不错的，但也要注意到有例外，如（12）。（12）的依据和结论都是旧信息，因为它是对"但是自然，更无玩索"一句的阐释，依据对应的是"但是自然"，结论对应的是"更无玩索"。与"既/既然"句相似，"可见"句的结果句亦多是新信息，少是旧信息。说明因果句的原因句多是新信息，如（1）、（3）、（4），也可以是旧信息，如（2）；结果句多是新信息，如（1）、（2）、（4），也可以是旧信息，如（3）。由此可知说明因果句和"既/既然"句在信息新旧上的一个区别：前者原因句多是新信息，而后者原因句总是旧信息，这是因为后者原因句相当于双方已知的论据，而前者原因句只是普通原因。说明因果句、推断因果句的信息配置见表19。

表 19　　　　说明因果句、推断因果句的信息配置

因果句类型		信息配置（原因句+结果句）
说明因果句		新信息（多）+新信息（多）、新信息（多）+旧信息（少）、旧信息（少）+新信息（多）、旧信息（少）+旧信息（少）
推断因果句	"既/既然"句	旧信息（多）+新信息（多）、旧信息（多）+旧信息（少）
	"可见"句	新信息（多）+新信息（多）、新信息（多）+旧信息（少）、旧信息（少）+新信息（多）、旧信息（少）+旧信息（少）

从上表可以看出，就信息配置而言，"可见"句跟说明因果句完全一

致，反而与"既/既然"句差别较大，所以同为推断因果，"既/既然"句较"可见"句更为典型。

原因句和结果句一般被认为有偏正关系，前者是偏，后者是正，但这种说法并不准确，显然是受到了原因介词的影响。原因介词引介宾语构成介宾结构修饰充当结果的谓词性成分，充当原因的介宾结构不管在句法上还是语义上都是附属性的，但这并不适用于因果句。哲学中所说的原因和结果是平等的、相对的概念，引起别的现象的现象是原因，被某种现象引起的现象是结果，并且原因句和结果句均是地位平等的小句，所以从句法和语义上看，不存在谁偏谁正的问题，也不存在谁修饰谁的问题。如果一定要分个偏与正，那也只能从语用角度即信息新与旧的角度来分，信息新者为正，往往是整个因果句的焦点；信息旧者为偏，是背景。原因句和结果句在信息配置上有如下四种"旧信息+旧信息"，如（13）①；"旧信息+新信息"，如（2）、（6）；"新信息+旧信息"，如（3）；"新信息+新信息"，如（1）、（22）。其中"旧信息+新信息"与"新信息+旧信息"有偏正之分，整个句子的语义重心分别落在结果句和原因句上，而"旧信息+旧信息"与"新信息+新信息"由于均是旧信息或均是新信息，所以不存在焦点与背景之分，也就不存在正偏之分。

说明因果和推断因果的另一区别在于前者客观性较强而后者主观性较强。② 前文提到过，说明因果是说话人对某种因果关系已在一定程度上了解，并在特定场合将它陈述出来，而推断因果是说话人对某种因果关系事先并不了解，只是根据特定需要而进行临时推断。如（1）、（2）、（4）是前者，表达的三种因果关系说话人事先已知，并在特定场合将它们陈述出来，并非由某个临时事件引发；（8）—（10）是后者，表达的三种因果关系说话人事先未知，只是说话人在临时听到对方说话或见到某种情形

---

① 说明因果句中"旧信息+旧信息"的例子有"（云：'既无过，为什摩不喜见？'师云：）'只为无过，所以不喜见'"（《祖堂集·保福和尚》）。

② 徐阳春（2002）认为，使用"既然p，就q"句式表明说话人往往并不在于客观地揭示现实中不同事实或现象之间的因果联系，而在于以对方已知并认可的事实作为推断的起点，以因果联系为依据，进而推导出自己的结论，而"因为p，所以q"句式往往在于客观地揭示现实中不同事实或现象之间的因果联系。徐文的观点正说明了说明因果句是比较客观的，推断因果句是比较主观的，郭继懋（2008）也持这一观点。

后觉得有必要做出回应而进行推断。一般来说，用说明因果连词表示说明因果，用推断因果连词表示推断因果，是最典型最常见的一种情况。当然还有不典型不常见的一种情况，即用说明因果连词表示推断因果，用推断因果连词表示说明因果：

（25）盖由陛下诏令不信于人，所以然也。（《唐会要》卷二十七）

（26）王婆既见夫人恁地说，即时便来孝义店铺屋里，寻郭大郎。（《喻世明言》卷十五）

（27）既然见了这般模样，真是如醉如痴，和衣上床睡了。（《醒世恒言》卷十三）

（3）使用了"所以₁"，（25）使用了"由"、"所以₁"，但它们表达的均为说话人在临时听到对方说话或见到某种情形后觉得有必要做出回应而进行推断。前者是说话人在听到对方说"我也晓得是这般的，只不知为何有些异样，不由人眼泪要落下来，更不知其缘故"后对此缘故所做的推断，后者是说话人在听到对方发问"仍岁颇稔，何不乐乎"后觉得有必要做出回应后才开始了相应的推断，二者是用说明因果连词来表示推断。（25）还用推测副词"盖"修饰原因句，表推断的意味更浓。（26）使用了"既"，（27）使用了"既然"，但它们表达的并非推断，而是说话人对自己已知因果的陈述，只不过用了推断的形式而已。通过以上论述可知，说明因果、推断因果和说明因果连词、推断因果连词并非一一对应的，说明因果连词多表说明因果，但也可表推断因果；推断因果连词多表推断因果，但也可表说明因果。

二　推断因果句的推理形式

汪国胜（1994）对推断因果句的推理形式做了分类，以有无大前提、大前提的类型以及大前提的位置为标准，共分为五类：一是假言推理，即"（假言判断）既然 p，就 q"；二是选言推理，即"（选言判断）既然 p，就 q"；三是直言三段论推理，即"（直言判断）既然 p，就 q"；四是直言三段论推理，即"既然 p，（直言判断）就 q"；五是直接推理，即"既然 p，就 q"①。这是针对现代汉语来分的，近代汉语也有这五类：

（28）既然家中有人拘管，就不消在前梳笼人家粉头，自守着家里的便了。（《金瓶梅词话》第十二回）

（29）既不是图色欲，便欲起谋心，将钱肥己！（《金瓶梅词话》第七回）

（30）此无量寿国，既是净土，故无三灾，亦无忧热。（《敦煌变文·佛说阿弥陀经讲经文》）

（31）既曰当然，则自君臣父子日用之常，以至尧舜之禅授，汤武之放伐，无适而非平常矣。（《朱子语类》卷六十二）

（32）既说回心三月不违仁，则心有违仁底。（《朱子语类》卷一百一）

（28）是第一类，（29）是第二类，（30）是第三类，（31）是第四类，（32）是第五类。（28）大前提是"若家中有人拘管……自守着家里的便了"，小前提是"家中有人拘管"，结论是"不消在前梳笼人家粉头，自守着家里的便了"；（29）大前提是"或图色欲，或欲起谋心，将钱肥己"，小前提是"不是图色欲"，结论是"欲起谋心，将钱肥己"；（30）大前提是"净土无三灾，亦无忧热"，小前提是"此无量寿国是净土"，结论是"无三灾，亦无忧热"；（31）大前提是"（事理）当然"，小前提是"自君臣父子日用之常……汤武之放伐是事理"，结论是"自君臣父子日用之常……无适而非平常矣"；（32）是由"回心三月不违仁"直接推出"心有违仁底"。其中第一类是假言推理，第二类是选言推理，第三、四类是直言三段论推理，第五类是直接推理。

说明因果句也是如此：

---

① 据张绵厘（1993/2011），假言推理是指大前提或小前提中至少有一个是假言判断，且是根据假言判断前后件之间的关系得出结论的推理，如第一类；选言推理是指大前提为选言判断，且是根据选言肢之间关系的性质进行推演的推理，如第二类；直言三段论推理是指借助一个共同概念把两个直言判断联结起来，从而得出结论的推理，如第三、四类；直接推理是指只从一个前提直接推出结论的推理，如第五类。

（33）月娘因着头里恼他，就一声儿没言语答他。（《金瓶梅词话》第四十六回）

（34）多宝闻经亲涌现，故非柏梓与松杉。（《全宋诗》卷二〇五七）

（35）此是屈死之鬼，所以假托人形，幻惑年少。（《拍案惊奇》卷九）

（36）则礼乐征伐不自天子出，故《雅》之诗不复作于上。（《朱子语类》卷五十七）

（37）只为不如此，则心有不安，故行之自和耳。（《朱子语类》卷二十二）

（33）是第一类，（34）是第二类，（35）是第三类，（36）是第四类，（37）是第五类。（33）大前提是"若月娘头里恼他，就会一声儿没言语答他"，小前提是"月娘头里恼他"，结论是"一声儿没言语答他"；（34）大前提是"或是多宝闻经，或是柏梓与松杉"，小前提是"多宝闻经亲涌现"，结论是"非柏梓与松杉"；（35）大前提是"屈死之鬼假托人形，幻惑年少"，小前提是"此是屈死之鬼"，结论是"假托人形，幻惑年少"；（36）大前提是"礼乐征伐不自天子出"，小前提是"《雅》之诗是礼乐征伐"，结论是"《雅》之诗不复作于上"；（37）是由"不如此，则心有不安"直接推出"行之自和耳"。其中第一类是假言推理，第二类是选言推理，第三、四类是直言三段论推理，第五类是直接推理。说明因果句同推断因果句一样，都是表示因果关系的，都存在一个如何根据原因得到结果的过程，所以在推理形式上有相同之处。

近代汉语中推断因果句还有一种推理形式，现代汉语中也有，但汪文并未提及：

（38）既然出家，如何先破了酒戒，又乱了清规？（《水浒传》第四回）

（39）既无纹彩，作摩生传？（《祖堂集·金峰和尚》）

（38）是一个复合推理形式，由两个假言推理和一个直接推理复合而成：第一个是假言推理，大前提是"若出家，则不该破酒戒、乱清规"，小前提是"出家"，结论是"不该破酒戒、乱清规"；第二个是直接推理，前提是"不该破酒戒、乱清规"，结论是"与事实先破了酒戒，又乱了清规不符"；第三个是假言推理，大前提是"若与事实先破了酒戒，又乱了清规不符，则问：'如何先破了酒戒，又乱了清规'"，小前提是"与事实先破了酒戒，又乱了清规不符"，结论是"（问：）'如何先破了酒戒，又乱了清规'"。其中第一个假言推理的结论是第二个直接推理的前提，第二个直接推理的结论是第三个假言推理的小前提。(39) 也是一个复合推理形式，由两个假言推理和一个直接推理复合而成：第一个是假言推理，大前提是"若无纹彩，则不能传"，小前提是"无纹彩"，结论是"不能传"；第二个是直接推理，前提是"不能传"，结论是"与事实能传不符"；第三个是假言推理，大前提是"若与事实能传不符，则问：'作摩生传'"，小前提是"与事实能传不符"，结论是"（问：）'作摩生传'"。其中第一个假言推理的结论是第二个直接推理的前提，第二个直接推理的结论是第三个假言推理的小前提。这种复合推理形式要求出现"原因 + 结果（对原因有疑而问）"或"原因 + 结果（对方式有疑而问）"这样一种语义组合，实际上是推断原因和推断结果的搭配，只不过这个结果是以询问原因或方式出现的，具体地说就是根据情形 A 按常理可推出情形 B，但现实却是非 B，与常理不符，所以要询问出现非 B 的原因或方式。这种语义组合是推断因果句才有的，说明因果句没有，所以说明因果句也就没有类似的复合推理形式。

不管是说明因果句还是推断因果句，均以假言推理为最常见，选言推理、直言三段论推理、直接推理则少见。这是因为选言推理的大前提是选言判断，虽然符合因果句原因和结果相配的要求，但在意义上受到了很大限制；直言三段论推理的大前提是直言判断，不符合因果句原因和结果相配的要求，且在意义上受到了很大限制；直接推理的过程过于简单，低于因果句所需逻辑推理一般必须大前提、小前提以及结论三者同时具备的要求，而假言推理的大前提是假言判断，符合因果句原因和结果相配的要求，且在意义上不受限制，并且大前提、小前提以及结论三者都具备，有最大的普适性和表达力。

第四节　近代汉语因果句的主观性

据沈家煊（2001），主观性指的是说话人在说话的同时表明自己对所说的话的立场、态度和感情，主要体现在说话人的视角、情感和认识三个方面。主观性的强弱即说话人对所说的话的介入程度，介入得越深，主观性越强；介入得越浅，主观性越弱。因果句是自然界和人类社会中的因果关系经过人脑的认知后在语言中的体现，既然是经过了人脑的认知，那么就一定存在着主观性，只不过有强有弱罢了。近代汉语中提升因果句主观性的手段主要有如下几种：

一　表达自我断定的因果关系

自我断定的因果关系并非对客观事实的描述，而是说话人根据自己的见解将两事件看作有因果关系：

（1）缘久太平，军民不惯调发，故有厌怨。（《三朝北盟会编·茅斋自叙》）

（2）盖孔子大概使人优游餍饫，涵泳讽味；孟子大概是要人探索力讨，反己自求。故伊川曰："孔子句句是自然，孟子句句是事实。"（《朱子语类》卷十六）

（3）既然自己情愿，有何不从，即将鲜于同推升台州府知府。（《警世通言》卷十八）

（4）陛下既不以万乘之尊自尊，则在下小臣，得以无忌惮也。（《大宋宣和遗事》亨集）

（1）、（3）中因果关系是已经存在的客观事实，说话人只是将其陈述出来而已；（2）中因果关系非已经存在的客观事实，因为为什么伊川要说"孔子句句是自然，孟子句句是事实"没有现成的答案，"盖孔子大概使人优游餍饫……反己自求"只能看成说话人自身的主观断定；（4）中因果关系非已经存在的客观事实，因为它是张天觉看见宋徽宗犯了错误后发出的对可能发生的事的警告，只能看成说话人自身的主观断定。

二 表达违理因果关系

因果关系有顺理违理之分，顺理就是力求与客观事实相符，违理就是故意与客观事实不符：

(5) 缘人心不正，则流于邪说。(《朱子语类》卷二十四)

(6) 我因他得无三寸，所以不将这个供养。(《祖堂集·石霜和尚》)

(7) 既闻康王再使，遣数骑倍道催行。 (《大宋宣和遗事》贞集)

(8) 既令某甲除却扬眉动目、一切之事外，和尚亦须除之。(《祖堂集·大颠和尚》)

(5) 中说话人将"人心不正"与"流于邪说"之间用因果关系加以联系，显然是力求与客观事实相符；(6) 是故意与客观事实不符，因为按常理，靠某人得无三寸，为了报答他就应该将他供养，但现在却是"正因为靠他得无三寸，所以才不供养他"，显然是违理的。说话人之所以这么说，就是要以违理的方式进行禅宗中的勘辩。(7) 中说话人将"闻康王再使"与"遣数骑倍道催行"之间用因果关系加以联系，显然是力求与客观事实相符；(8) 是故意与客观事实不符，因为就事理上说，从"令某甲除却扬眉动目、一切之事外"无法推出"和尚亦须除之"，也就是说让我做某事与我也要你做同样的事之间不具备因果关系，但从要求平等的意图出发，则又可以这么说。因为人们总有这样一种心理，就是你要求我做到某事，首先你自己要能做到，这种心理虽不合逻辑，但却是实实在在存在的。值得注意的是，力求与客观事实相符并不是说原因与结果就一定与客观事实完全符合，而是说主观上是希望与客观事实完全符合，至少不故意与客观事实相悖。(5)、(7) 便是如此，"人心不正"与"流于邪说"以及"闻康王再使"与"遣数骑倍道催行"之间未必有真实的因果联系，但说话人相信二者之间有真实的因果联系，所以才将它们组织成因果句表达了出来。

三 使用反问句或感叹句

二者都是以曲折间接的方式加强对原因或结果的确定：

（9）者与摩地不疼痛作什摩？所以古人道："愿得今身偿，不入恶道受。"（《祖堂集·道吾和尚》）

（10）因见吕与叔解得此段痛快，读之未尝不竦然警厉奋发！（《朱子语类》卷四）

（11）咱每既得天命，则人怨其如我何？（《五代史平话·唐史平话》）

（12）气既有动静，则所载之理亦安得谓之无动静！（《朱子语类》卷五）

（9）是用反问的方式加强对原因"疼痛"的确定，（10）是用感叹的方式加深对结果"读之竦然警厉奋发"的确定，（11）是用反问的方式加强对结果"人怨无如我何"的确定，（12）是用感叹的方式加深对结果"所载之理有动静"的确定。

四　使用焦点标记

焦点标记的作用在于标示原因为焦点，是新信息，目的是凸显原因这个句子内部信息强度最大的部分，同时也使听话人把注意力最大限度地集中在原因上：

（13）是这气包住，所以为雹也。（《朱子语类》卷二）

（14）小儿读书所以记得，是渠不识后面字，只专读一进耳。（《朱子语类》卷十）

（13）用"是"标记"这气包住"为焦点，（14）用"是"标记"渠不识后面字，只专读一进耳"为焦点。

五　使用主观性的副词

某些副词可以通过修饰原因或结果以凸显该句的主观性，这样的副词分属限定类、总括类、推测类、确定类、语气类五类：

（15）只为它"知和而和"，都忘却礼耳。（《朱子语类》卷二十二）

（16）都由一片之信心坚，方得半朝闻法坐。(《敦煌变文·长兴四年中兴殿应圣节讲经文》)

（17）盖因波涛汹涌，水遂为其所激而动也。（《朱子语类》卷十五）

（18）汝将妄心，以口乱说，所以必受罪报。(《祖堂集·江西马祖》)

（19）也是因众堂客要看，房下说且休教孩儿出来，恐风试着他，他奶子说不妨事。教奶子用被裹出来，他大妈屋里走了遭，应了个日子儿，就进屋去了。(《金瓶梅词话》第三十一回)

（20）这杨志既是殿司制使，必然好武艺。（《水浒传》第十三回）

（21）既是送行，这咱晚也来家了。（《金瓶梅词话》第三十五回）

（22）你既如此，想是要行赌赛。(《西游记》第六十三回)

（15）用限定副词"只"表示对原因"它'知和而和'"的强调，（16）用总括副词"都"表示对原因"一片之信心坚"的强调，（17）用推测副词"盖"表示对原因"波涛汹涌"进行一种不确定的判断，（18）用确定副词"必"表示结果"受罪报"是毋庸置疑的，（19）用语气副词"也是"让原因"众堂客要看……他奶子说不妨事"听起来委婉一些，不那么生硬；（20）用确定副词"必然"表示结果"好武艺"是毋庸置疑的，（21）用语气副词"也$_2$"让结果"这咱晚来家了"听起来委婉一些，不那么生硬，（22）用推测副词"想是"表示对结果"要行赌赛"进行一种不确定的判断。

六　使用双向因果句

双向因果句从原因到结果与客观世界中的时间先后关系正好相反，只能看成是主观断定：

（23）自家既有此身，必有主宰。(《朱子语类》卷九十七)

（24）惟其忧以天下，疑以天下，故无一己之忧疑。（《朱子语类》卷一百三十七）

（23）原因是"自家有此身"，结果是"必有主宰"，但在客观世界中，先"有主宰"才能"自家有此身"，显然全句是以"自家有此身"为根据，推测"必有主宰"；（24）原因是"忧以天下，疑以天下"，结果是"无一己之忧疑"，但在客观世界中，先"无一己之忧疑"才能"忧以天下，疑以天下"，所以有"惟其无一己之忧疑，故能忧疑以天下"（《朱子语类》卷一百三十七）。显然全句是以"忧以天下，疑以天下"为根据，推测"无一己之忧疑"。

根据以上描述，近代汉语因果句在分为说明因果句和推断因果句两类后，前者与后者均还可分为主观性弱、主观性中、主观性强三小类，呈一个递增的状态。就说明因果而言，如果因果关系是对客观事实的描述，并且没有运用提升主观性的手段，那么就是主观性弱：

（25）因见大郎在此乘凉，不敢过来冲撞。（《水浒传》第二回）
（26）时当此土周第六帝穆王三年癸未之岁二月八日成道，因此三十成道也。（《祖堂集·释迦牟尼佛》）

两例均是对客观事实的描述，并且没有运用任何提升主观性的手段，主观性弱。如果运用一种提升主观性的手段，那么就是主观性中：

（27）盖因不得其便，因此错过。（《水浒传》第六十回）
（28）老夫生性是这般小心过度的人，所以必要着眼。（《醒世恒言》卷七）

（27）使用了推测副词"盖"，（28）使用了确定副词"必"，主观性中。如果运用两种或两种以上提升主观性的手段，那么就是主观性强：

（29）定不肯去。无他，只为真知。（《朱子语类》卷二十八）
（30）是他当初已不把荆公做是了，所以将那不可桃之说，皆附于注脚下，又甚率略；那许多要桃底话，却作大字写。（《朱子语类》卷一百七）

（29）使用了限定副词"只"与确定副词"定"，（30）使用了焦点标记"是"，并且表达的是自我断定的因果关系，主观性强。

就推断因果而言，如果因果关系是对客观事实的描述，并且没有运用提升主观性的手段，那么就是主观性弱：

(31) 僧人既见免其罪犯，即引行童往水边，望洪波起处把行童与一推在波心里面。(《大宋宣和遗事》亨集)

(32) 王婆既见夫人恁地说，即时便来孝义店铺屋里，寻郭大郎。(《喻世明言》卷十五)

两例均是对客观事实的描述，并且没有运用任何提升主观性的手段，主观性弱。如果运用一种提升主观性的手段，那么就是主观性中：

(33) 既然见了这般模样，真是如醉如痴。(《醒世恒言》卷十三)

(34) 色既是空，宁有挂碍？(《祖堂集·慧忠国师》)

(33) 使用了确定副词"真是"，(34) 使用了反问句"宁有挂碍"，主观性中。如果运用两种或两种以上提升主观性的手段，那么就是主观性强：

(35) 既是祖父，为什摩却与儿孙传语？(《祖堂集·赵州和尚》)

(36) 这厮们既然大弄，必然早晚要来俺村中啰唣。(《水浒传》第二回)

(35) 使用了语气副词"却₁"，并且表达的是自我断定的因果关系，因为从"是祖父"推出一个疑问"为什摩却与儿孙传语"与已存在的客观事实毫无关系，只能看成是说话人的临时推断；(36) 使用了确定副词"必然"，并且表达的是自我断定的因果关系，主观性强。

综上所述，提升因果句主观性的手段主要有六种，一是表达自我断定的因果关系，二是表达违理因果关系，三是使用焦点标记，四是使用反问句或感叹句，五是使用主观性的副词，六是使用双向因果句。其中一是视角方面的，二、三、六是认识方面的，四、五是情感方面的。近代汉语因果句的主观性强弱见表20。

表 20　　　　　　　　近代汉语因果句的主观性强弱

说明因果句		推断因果句	
因果关系是对客观事实的描述，并且没有运用提升主观性的手段	弱	因果关系是对客观事实的描述，并且没有运用提升主观性的手段	弱
运用一种提升主观性的手段	中	运用一种提升主观性的手段	中
运用两种或两种以上提升主观性的手段	强	运用两种或两种以上提升主观性的手段	强

由于推断因果句主观性强于说明因果句，所以表达主观性的场合也多于后者。

第五节　近代汉语因果句的两域

沈家煊（2003）根据 Sweetser（1990），将包括因果关系在内的所有复句关系分为行、知、言三域。这三域是从语义上划分的，也有句法上的区别，但相互之间的区分不是太清晰，张宝胜（2006）已指出了这一点。张文列出了复句三域交叉的四种情形：其一，行域与知域交叉：

（1）她上班要么坐地铁，要么打的。

按行域理解，即"她去上班的行为，要么是坐地铁，要么是打的"；按知域理解，即"根据我的知识，我推断她去上班要么坐地铁，要么打的"。其二，行域与言域交叉：

（2）虽然他是中国人，但是他的头发是金黄色的。

按行域理解，中国人的头发一般不是金黄色的，但他的头发是金黄色的，确实有一个转折；按言域理解，可以设想某导演要找一中国人当演员，而这个人必须是黑头发，那么就成了"虽说他是中国人（雇佣他），但我说他的头发是黄的（别雇佣他）"。此句还可分析为"虽然他是中国人，但据我所知他的头发是黄的"，这就进入知域了，于是便出现了行域、知域与言域交叉的情形。其三，知域与言域交叉：

（3）虽然他很高兴，但是他没有被录取。

按知域理解，即"虽然他很高兴，但我还是推测他没有被录取"；按言域理解，即"虽然他很高兴，但我还是要告诉你们，他并没有被录取"。

我们同意张文的看法，这些交叉情形确实存在，而且在近代汉语因果句中也是很常见的：

（4）外道说不生不灭，将生止灭，灭犹不灭；我说不生不灭，本自无生，今亦无灭，所以不同外道。（《祖堂集·惠能和尚》）

（5）既然相公不准所告，且却有理。（《金瓶梅词话》第九回）

（6）既然有此灵验之梦，莫非此处坊隅庙宇，有灵显之神，故来护佑兄长？（《水浒传》第九十七回）

（4）有两解：一是行域中的，"外道说不生不灭……今亦无灭"是"不同外道"的原因；二是言域中的，正因为"外道说不生不灭……今亦无灭"，所以我声称"不同外道"。（5）有两解：一是知域中的，"相公不准所告"是说话人做出"且却有理"这一推断的原因；二是言域中的，"相公不准所告"是说话人声称"且却有理"的原因。（6）有三解：一是行域中的，"此处坊隅庙宇……故来护佑兄长"是"有此灵验之梦"的原因；二是知域中的，说话人看见"有此灵验之梦"，这是说话人得出"莫非此处坊隅庙宇……故来护佑兄长"这一推断的原因；三是言域中的，"有此灵验之梦"是说话人发出"莫非此处坊隅庙宇……故来护佑兄长"这一疑问式言语行为的原因。

要彻底清除这种模糊性，需以下三步，一是将言域排除。就因果句而言，行域中的因果关系是客观事实，独立于知域即主观看法之外，二者是相互对立的，非此即彼，没有第三者的存在。言域只是一种言语行为，是说话人现场说的话，与分别代表客观和主观的行域、知域不是一个层面上的概念，不构成并列关系。既然是现场说的话，那么有时可以看成对所说内容的客观描述，从而被归入行域，所以言域可与行域交叉，如（4）、（6）；有时可以看成说话人的主观看法，即所谓的言为心声，从而被归入知域，所以言域也可与知域交叉①，如（5）、（6）。沈家煊（2003）提到过一些在行域中说不通的转折句例子，如"虽然刮风了，但是下雨了"，认为放在言域中就说得通了，即设想要等一个刮风却不下雨的天气拍电影，但现实却是刮风且下雨，于是有"虽说刮风了（拍吧），但是我说下雨了（别拍）"。然而即使如此，也只是语境的普通与特殊之分，在普通语境中不合逻辑，在特殊语境中就符合逻辑了，普通语境属行域，与之相对的特殊语境仍然属行域，均是"刮风且下雨"这个客观事实，无须拿到言域中去解释。综上所述，言域应根据实际情况归入行域或知域，没必要将其独立。廖巧云（2011）将因果关系分为逻辑因果和实据因果，前者相当于行域，后者相当于知域，并未专门分出一块与言域相当的范畴，也是基于上述考虑。

二是在具体上下文中考察因果句。沈家煊（2003）举"张刚爱小丽，因为他娶了她"为例，认为不同的社会有不同的事理，当代婚恋是先恋爱后结婚，因此这句话是说"知道张刚娶了小丽是我推断他爱她的原因"，属知域，但若有人按封建社会的观念认为婚恋是先结婚后恋爱，这句话则是说"他娶了她，所以爱上她"。可见单独地看，行域知域皆可；放在上下文中看，要么行域，要么知域。

三是清晰界定行域和知域。张宝胜（2006）提到了倒置因果归知域。如"小王假期里一直打工，因为家里拿不出这么多学费"，从原因到结果符合客观世界中的时间先后关系，但"家里拿不出这么多学费，因为小王假期里一直打工"一句，从原因到结果不符合客观世界中的时间先后关系。全句的意思是知道小王假期里一直打工，是推出他家里拿不出这么多学费的原因。这就是倒置因果，显然当在知域中看待，并且相应的结果句中多有"我想"、"看来"、"想必是"、"一定是"之类明确表明要在知域内理解的词语。张文的看法是正确的，倒置因果也就是第五章第三节中提到的双向因果句，但它只是知域的一种表现，并非其全部。从更大的方

---

① 有时言域归入行域或知域皆可，如"他说：'车子要来了'"一句，如果看成是对"车子要来了"这一客观事实的描述，便可归入行域；如果看成是说话人的主观推断，便可归入知域。但有的情况下言域只能归入行域，不能归入知域，因为无法将所说内容理解为说话人的主观推断。如"他说：'车子来了'"一句，"车子来了"只能视为对客观现象的描述，不能视为主观推测，所以只能归入行域，不能归入知域。

面看，只要是有主观性的因果句，都应在知域中理解；只要是表达已经存在的客观事实并且未用提升主观性手段的因果句，都应在行域中理解。所以结合第六章第四节来看，不管是说明因果句还是推断因果句的三个层级，主观性弱的必须在行域中理解，主观性中和强的必须在知域中理解。

第六节　近代汉语因果句的叙述视角

据童庆炳（1992/2008），叙述视角指的是作品中对故事内容进行观察和讲述的角度，可依据人称来划分，即第一人称和第三人称，前者是故事中人物从内在角度讲故事，后者是旁观者在外部讲故事。前者相当于文中人物，后者相当于叙述者，这也是说话人的两种类型。近代汉语因果句可以全由文中人物说出，也可以全由叙述者说出，还可以分别由文中人物和叙述者说出。若由说话人说出，其前多有引语成分；若由叙述者说出，其前多无引语成分①：

（1）（师云:）"既是佛头上宝镜，争得到阇梨手里?"（《祖堂集·曹山和尚》）

（2）因在洪州招提偶闻行脚僧举百丈一二句玄机，似少省觉，从尔便造百丈。（《祖堂集·福州西院和尚》）

（3）又道："五姐，你每不要来撺掇，我已是赌下誓，就是一百年也不和他在一答儿哩。"以此众人再不敢复言。（《金瓶梅词话》第二十回）

----

① 有时文中人物说的话前也无引语成分，但不多见，如"又举《楞严经》波师国王见恒河水一段云云。'所以禅家说"直指人心，见性成佛。"他只要你见得，言下便悟，做处便彻，见得无不是此性。也说"存养心性"，养得来光明寂照，无所不遍，无所不通……'"（《朱子语类》卷一百二十六）"所以禅家说……无所不通"是文中人物即朱熹的话，但前面却无引语成分。有时叙述者说的话前也有引语成分，但不多见，如"（看官且听小子说:山东兖州府钜野县，有个秫芳亭，乃是地方居民秋收之时，祭赛田祖先农、公举社会聚饮的去处。向来亭上有一匾额，大书三字在上，相传是唐颜鲁公之笔，失去已久，众人无敢再写。一日正值社会之期，乡里父老相商道：'此亭徒有其名，不存其匾。'）只因向是木匾，所以损坏……'"（《二刻拍案惊奇》卷二）"只因向是木匾，所以损坏"是叙述者即《二刻拍案惊奇》作者的话，但前面却有引语成分"看官且听小子说"。

（4）吴氏叫他回去说前夜被儿子关在门外的事。又说："因此打发儿子另睡。今夜来，只须小门进来，竟到房中。"（《拍案惊奇》卷十七）

（1）为文中人物曹山和尚的话，"师云"为引语成分，（2）为叙述者即《祖堂集》作者的话，（3）原因句为文中人物月娘的话，结果句为叙述者的话，"又道"为引语成分；（4）原因句为叙述者的话，结果句为文中人物吴氏的话，"又说"为引语成分。在近代汉语中，（1）、（2）常见，因为它们出自同一类型的说话人，原因句和结果句在组合上显得比较和谐；（3）、（4）少见，因为它们出自不同类型的说话人，原因句和结果句在组合上显得不太和谐。由于推断因果句主观性比说明因果句强，所以更适合第一人称视角；说明因果句客观性比推断因果句强，所以更适合第三人称视角。在近代汉语中，第一人称视角下的推断因果句远多于说明因果句，第三人称视角下的说明因果句远多于推断因果句。

由于叙述者只有一个，所以若全由叙述者说出，则原因句和结果句必定是由同一人说出的，而文中人物一般不止一个，所以若全由文中人物说出，则原因句和结果句可以由一人说出，也可以由两人说出。如果是后者，原因句和结果句就分别处于话轮中，而整个因果句就处于话对或会话中，且每个话轮前一般都有引语成分：

（5）赵已下传语曰："事忙不及相见，且请保重。"堂吏云："为已吃点心才毕，去送朱相。"（《三朝北盟会编·绍兴甲寅通和录》）

（6）又问："'恶不仁者'，直是如此峻洁！"曰："只缘是不要一点不仁底事着在身上。"（《朱子语类》卷二十六）

（5）中原因句是堂吏所说，结果句是赵已下人所说，引语成分分别是"赵已下传语曰"和"堂吏云"；（6）中原因句是朱熹所说，结果句是朱熹学生所说，引语成分分别是"又问"和"曰"，均构成了完整的话对。

有时构成的不是完整的话对，而是话对的一部分，因为原因句或结果句不是全部话轮，而是话轮的一部分：

（7）问："道之不明，盖是后人舍事迹以求道。"曰："所以古人只道格物……"（《朱子语类》卷十五）

（8）问："固有人明得此理，而涵养未到，却为私意所夺。"曰："只为明得不尽……"（《朱子语类》卷十八）

（7）中结果句是"古人只道格物"，结果句所在的话轮是"所以古人只道格物……何处得忠孝"；（8）中原因句是"明得不尽"，原因句所在的话轮是"只为明得不尽……非所谓真知也"。会话式因果句的理解同普通因果句是一样的，只要忽视其对话特性，就可以将其改写为普通因果句。如（5）可变为由果溯因句"事忙不及相见，且请保重，为已吃点心才毕，去送朱相"，（7）可变为由因及果句"道之不明，盖是后人舍事迹以求道，所以古人只道格物"，将引语成分删除即可。

这种会话式因果句在近代汉语中比较少见，多出现于会话体文献中，再举几例：

（9）问："……行之终恐不尽也。"曰："只为知不至……"（《朱子语类》卷十八）

（10）义刚曰："事卒然在面前，卒然断制不下，这须是精神强，始得。"曰："所以格物，便是要闲时理会，不是要临时理会……"（同上）

（11）又问："'恕'字怎地阔?"曰："所以道:'一言而可以终身行之者，其恕乎!'"（《朱子语类》卷二十七）

（12）曰："……只是心中有些小不慊快处，便是不仁。"文蔚曰："所以孔子称夷齐曰:'求仁而得仁，又何怨!'"（《朱子语类》卷二十九）

（13）大喜道："……目今宋先锋被大辽兀颜统军把兵马摆成混天阵势，连输了数阵。头目人等，中伤者多，见今发在此间将养，令安道全医治。宋先锋扎寨在永清县地方，并不敢出战，好生纳闷。"王文斌禀道："朝廷因此就差某来催并军士前向，早要取胜……"（《水浒传》第八十八回）

由于发话人一般不能说语义不自足的句子，所以只会出现"p，表果连词 q"和"q，表因连词 p"这两种句式，而不会出现"表因连词 p，q"、"表因连词 p，表果连词 q"、"表果连词 q，表因连词 p"、"表果连词 q，p"等句式，因为发话人可以说一个自足句，不可以说一个非自足句，而一个原因句或结果句在没有因果连词作标记的情况下可以是一个自足句，这个句子只有在应话人说话之后才体现为原因句或结果句，本身并不能体现为原因句或结果句，但如果发话人说一个有因果连词作标记的原因句或结果句，那么这个句子就必定是不自足的，缺少相应的原因句或结果句来构成完整的因果句，此时这个句子在因果连词的作用下本身就可以体现为原因句或结果句，不需要同应话人说的话连起来看。如（5），发话人说"道之不明，盖是后人舍事迹以求道"就是一个自足句，本身看不出是原因句还是结果句，只有同应话人所说的"所以古人只道格物"联系起来看才是一个原因句。但如果发话人说"为道之不明，盖是后人舍事迹以求道"，就显然是一个非自足句，缺少相应的结果句来构成完整的因果句，原因就在于表因连词"为"标示了整个句子是原因句，不需要同应话人说的话连起来看。发话人说的话必须是自足的，因为只有自足才能让对方充分理解以便于交际，这是符合会话合作原则中的数量准则的。① 应话人的回应可以自足，也可以不自足，因为回应是接着发话人说的话的，只需同发话人说的话结合起来能表达一个完整的意义就可以了，所以应话人说的话中可以出现表因连词或表果连词。②

---

① 邵敬敏（2001/2007），据所谓"数量准则"，指的是话语所含信息量应与本次交谈所需信息量一致，即在进行一次言语行为时，发话人应根据语境要求向受话人提供适量信息，既不能太少，也不能太多，同时受话人也相信发话人正是这么做的。

② 第六章第一节中有与之类似的论述。

第八章 结论：近代汉语因果句的历时发展

综上所述，因果句在从近代汉语向现代汉语发展的过程中，至少在六个方面发生了较为明显的变化，即因果连词的范围和使用频率、因果句搭配句式、原因句修饰成分、因果句主语的位置、因果句句序以及因果连词的语义偏向。这些变化散见于前文各章，现稍作省缩集中于本章。

第一节 因果连词范围和使用频率的变化①

近代汉语中的49种因果连词，到了现代汉语中有32种消失了，不再使用，剩下17种仍在使用。消失的表因连词有"为"、"缘"、"惟其"、"以"、"因是₁"、"由"、"不因"、"缘为"、"为缘"、"因着"、"缘是"、"为因"、"缘以"、"为是"、"为的是"15种，仍在使用的表因连词有"既"、"因₁"、"既然"、"因为"、"由于"5种；消失的表果连词有"故"、"是故"、"是以"、"为之"、"因兹"、"致令"、"缘此"、"以此"、"故而"、"缘兹"、"故此"、"以是"、"是用"、"因是₂"、"以故"、"由是"、"由此"17种，仍在使用的表果连词有"那"、"所以₁"、"因此"、"致使"、"为此"、"因而"、"所以₂"、"之所以"、"可见"、"以至"、"以致"、"以至于"12种。

近代汉语中的这四十多个因果连词到了现代汉语中，有32种消失了，17种保留了下来，这是竞争导致的必然结果。这种结果可以概括为两类情形，一为一部分成员消亡，二为保留下来的成员相互之间在使用频率的高低上较之近代汉语也有不同。一部分成员消亡的原因在于首先，如果因

---

① 原文见第一章第三节。

果连词表达效果基本相同，且使用频率有高低之别，那么使用频率低的倾向于被淘汰，使用频率高的倾向于被保留。表因连词中，"惟其"、"以""由"、"缘以"、"因是₁"、"不因"、"缘为"、"为缘"、"因着"、"缘是"、"为因"、"为是"、"为的是"与近代汉语使用频率很高的三个表因连词"为"、"缘"、"因"一样，表达的同是说明因果，且出现频率一直远低于后者，所以使用空间变得越来越小，口语性越来越差，以致最终被淘汰。"由于"表达的也是说明因果，使用频率不高，却能保留到现代汉语中，可谓是个例外。表果连词中，"是故"、"是以"、"是用"、"为之"、"因兹"、"缘此"、"以此"、"缘兹"、"以是"、"因是₂"、"故而"、"故此"与近代汉语使用频率最高的三个表果连词"故"、"因此"、"所以₁"一样，表达的同是中性义说明因果，且专用于由因及果句中，出现频率一直远低于后者，所以使用空间变得越来越小，口语性越来越差，以致最终被淘汰。"致令"与"以致"表达的同是消极义说明因果，但出现频率一直远低于后者，所以无法避免被淘汰的命运。由于只是一种倾向而非必然，所以自然也有例外的情况，如"那"的使用频率不如"可见"，"之所以"的使用频率不如"所以₂"，"为此"、"因而"的使用频率不如"故"、"因此"、"所以₁"，"致使"、"以至"、"以至于"的使用频率不如"以致"，却仍然保留到了现代汉语中。

其次，如果一个因果连词口语性差，另一个因果连词口语性强，那么前者倾向于被淘汰，后者倾向于被保留。"因"、"为"、"缘"表达的同是说明因果，在语言经济原则的制约下，三者也展开了竞争，最终"因"保留了下来，"为"、"缘"被淘汰。表因连词"缘"在元代开始衰落，到了明代就从口语中消失了；"为"在明代开始衰落，到了清代中期就从口语中消失了，显然是受到了另一个强势的表因连词"因"的影响。"因"的口语性要高于"为"和"缘"，其根据为"语体同一规则"。所谓"语体同一规则"，指的是在词内或词间编码中，语素的语体多具有同一性，文言性的语素宜跟文言性的语素组合，口语性的语素宜跟口语性的语素组合。"缘"可以同文言性很强的"以"同义连用凝合为"缘以"，而"为"、"因"不能，所以"缘"的口语性要比"为"、"因"差，因而最先被淘汰；"为"可以同口语性较弱的"缘"同义连用凝合为"缘为"、"为缘"，而"因"不能，所以"为"的口语性要比"因"差，因而在"缘"之后被淘汰。相比之下，"因"的口语性是三者中最强的，所以最终成了表达说明因果关系的优选形式，而"为"和"缘"竞争不过"因"，消亡了。

再次，单音节倾向于被淘汰，双音节倾向于被保留。"故"、"所以$_1$"、"因此"之间也展开了相互竞争，最终"所以$_1$"、"因此"保留了下来，成了现代汉语中用得最多的两个表果连词。"故"是从先秦到元代使用频率最高的表果连词，从明代开始衰落，清代口语中很少再用，因此也未能在现代汉语中保留下来。其衰落的原因是它是个单音词，与汉语从东汉开始直到现在的双音节化趋势相悖，故而竞争不过双音节的"所以$_1$"和"因此"。

保留下来的成员相互之间在使用频率的高低上较之近代汉语也有不同的原因在于首先，单音节倾向于降低，双音节倾向于增高。"既"、"因"、"既然"、"因为"虽然沿用到了现代汉语中，但在使用频率上发生了一些变化。"因为"表达的是说明因果，"既然"表达的是推断因果，和"因"、"既"没有什么太大的区别，因此在相当长的一段时间内，它们的使用频率远低于运用得更加成熟的"因"、"既"。但由于是双音词，顺应了汉语双音节化的趋势（这种趋势在现代汉语中尤为强烈），所以能够在使用频率上实现反超。

其次，如果一个因果连词的同形词也是很常用的，另一个因果连词没有同形词或有同形词但不常用，那么前者倾向于降低，后者倾向于增高。"因"常用作表"原因"义的名词或语素，"既"常用作表并列的时间副词，如"既……又……"中的"既"。为了与这两种用法区别，迫使人们更多地选择用法更为单纯的"因为"和"既然"，所以它们不仅沿用到了现代汉语中，而且使用频率上反超过了"因"和"既"，成了用得最多的表因连词。在现代汉语中，"所以$_2$"虽在使用，但其频率已远不及"之所以"，这与近代汉语中的情形大相径庭，是因为"所以$_2$"与"所以$_1$"同形，"所以$_1$"是极为常见的，"所以$_2$"易与之发生混淆，因而人们更倾向于用"之所以"。

再次，如果一个因果连词语法化的程度比另一个更深，典型性也比另一个更强，那么人们就更倾向于用前者。不管是在近代汉语还是在现代汉语中，"因此"的使用频率均不及"所以$_1$"，这是因为"因此"既可做表果连词，又可做介宾结构，而"所以$_1$"只能是词，不能是结构，也就是说比"因此"结合得更加紧密，语法化的程度更深，充当表果连词的典型性也更强，所以人们多用"所以₁"。近代汉语中"可见"比"那"用得多，但到了现代汉语中却是"那"用得多于"可见"，这也是因为"可见"既可作表果连词，又可作述宾结构，如"由此可见"、"随处可见"，而"那"只能是词，不能是结构，也就是说比"可见"结合得更加紧密，语法化的程度更深，充当表果连词的典型性也更强，所以人们多用"那"。

同义者竞争说的是成员的减少，但也有增加的情况，如在近代汉语向现代汉语的过渡时期产生了一个新的表果连词"那么"。

上文说过，有17个因果连词从近代汉语沿用到了现代汉语中，但是这些因果连词的使用频率较之近代汉语却大大提高了，这是受到了西方语言的影响。如现代汉语中有一个表因连词"由于"，在整个近代汉语及从近代汉语向现代汉语的过渡时期的白话语境中出现较少，在文言语境中出现较多，但总的来看出现频率不高。进入了现代汉语后已成了一个常用词了，不论是在使用频率还是在口语性上都远超过近代汉语。表果连词"以至于"也是如此。这个表果连词自魏晋产生后直到"五四"之前，一般只接单音节词充当结果句，很少接双音节及双音节以上者，可见发展得很不成熟。这在49个因果连词中是独一无二的现象，其他48个则多接较为复杂的结构，可见在近代汉语中，"以至于"连接能力是受到极大限制的，在使用上还很不成熟。究其原因，是因为它产生之初文言性就较强，以接单音节词居多，进入近代汉语中口语性并未有所增加，使用频率也不高，仍保留了原来的用法而未得到多少发展。但到了现代汉语中，"以至于"也已成了一个常用词了，不论是在出现频率还是在口语性上都远超过近代汉语。与此同时，所接的结果句也开始变得复杂起来，在使用上显得非常成熟了。

近代汉语表因连词有强势弱势之分，强势和弱势又各有说明和推断之分；表果连词有强势弱势之分，弱势又有说明和推断之分，但强势只有说明而无推断，强势推断表果连词就是近代汉语因果连词体系中的一个空格。由于语言是一种自组织系统，会根据交际需要以及语言发展的内在规律而自发地进行适当合理的调整，据此我们也可以说，汉语语法是有自组织能力的，会在内部进行适当的调整以使不对称变得对称，使空格被填满，因此在整个系统中于过渡时期产生了推断表果连词"那么"，经过长时间的发展，"那"和"那么"在现代汉语中得到了大量的运用，于是就成了强势推断表果连词，使得现代汉语因果连词体系又变得对称了。

值得注意的是，在因果连词从近代汉语向现代汉语的发展中，社会因素起了很大的作用，19、20世纪之交所掀起的白话文浪潮和"五四"时的白话文运动所提出的言文一致主张无疑促进了这种发展。

第二节　因果句搭配句式的变化①

从近代汉语到现代汉语中，因果句搭配句式有产生，有消亡，也有保留，具体有以下四种情形：

其一，如果旧的因标和果标均保留了下来，那么由二者构成的搭配也就保留了下来，这也体现了搭配上的一种稳定性。前面说过，因标是表因连词，果标包括"为什么"、"怎么"类疑问代词，"就"、"又$_1$"、"也$_1$"、"才"类关联副词，"岂"、"莫非"、"还$_2$"、"也$_2$"类语气副词，承接连词、表果连词以及"又何"、"为什摩却"、"因此就"等超词形式。到了现代汉语中，有17个因果连词保留了下来，疑问代词留下了"怎"、"哪"、"为什摩"，关联副词留下了"就"、"也$_1$"、"又$_1$"、"才"，语气副词留下了"还$_3$"、"也$_2$"、"又$_2$"，承接连词留下了"于是"、"然后"，超词形式留下了"因此就"、"为什摩却"，因而留下的搭配为"既p，怎/那/为什摩/为什摩却/还$_3$/也$_1$/也$_2$/又$_2$/就/所以$_1$q"、"既然p，那/为甚摩/就/也$_2$q"、"因$_1$p，怎/就/又$_1$/才/于是/因此/所以$_1$/为此/致使/以至/因而/以致/因此就q"、"因为p，才/就/因此q"。

其二，如果旧的因标和果标只要有一方消亡了，那么由二者构成的搭配也就消亡了。到了现代汉语中，有32个因果连词被淘汰了，疑问代词被淘汰了"争"、"如何"、"作摩生"、"何"、"安"、"何因"、"何故"、"何以"、"缘何"、"因何"、"为甚"、"因甚"、"凭何$_1$"、"凭何$_2$"、"怎的"、"因什摩"，关联副词被淘汰了"即"、"便"、"却$_3$"、"然"、"乃"、"遂"、"当"、"因$_2$"、"却是"、"亦$_1$"、"方"、"始"，语气副词被淘汰了"岂"、"且"、"宁"、"恰"、"却$_2$"、"还$_2$"、"莫不"、"亦$_2$"、"莫非"，承接连词被淘汰了"则"，超词形式被淘汰了"便却"、"即

---

① 原文见第二章第二节。

便"、"遂即"、"因遂"、"则便"、"故遂"、"又安"、"亦安"、"亦更"、
"方才"、"乃始"、"又何"、"何以却"、"却为甚"、"因甚却"、"如何
却"、"却如何"、"又却如何"、"故此所以"，因而淘汰的搭配为"既 p，
何/争/安/何故/何因/因何/如何/何以/缘何/凭何$_1$/怎的/作摩生/为什摩/
因什摩/又何/又安/亦安/何以却/却为甚/因甚却/如何却/为什摩却/又却
如何/岂/且/宁/恰/却$_2$/还$_2$/亦$_1$/亦$_2$/即/便/却$_3$/然/乃/遂/莫不/亦更/便
却/即便/故/是以/则便 q"、"既然 p，何/安/如何/何故/因什摩/为甚摩/
却如何/却$_3$/便/却是/莫非 q"、"为 p，如何/遂/便/乃/当/即/方/就/因$_2$/
却$_3$/也$_1$/故/所以$_1$/致令/是以/以至/为此/因此/以此 q"、"因$_1$p，争/何/
凭何$_2$/怎的/方/亦$_1$/遂/乃/却$_3$/因$_2$/即/便/始/方才/乃始/故/以此/由是
q"、"缘 p，争/何/如何/亦$_1$/方/便/乃/遂/即/始/遂即/则/于是/故/所
以$_1$/以此/故此所以 q"、"争 q，缘 p"、"因为 p，遂/便/故/以此/故此
q"、"以 p，方/遂/乃/于是/故/是以/是用/所以$_1$/故遂 q"、"由 p，岂/
方/遂/故/所以$_1$q"、"为缘 p，所以$_1$q"、"缘是 p，方/便/却$_3$/故/所以$_1$
q"、"为因 p，即/却$_3$/以此 q"、"亦$_1$q，为因 p"、"为是 p，便/遂/故
q"、"惟其 p，方/然后/故/所以$_1$/是以 q"、"因是$_1$p，却$_3$/故/因此 q"、
"因着 p，就 q"、"所以$_2$q，为/缘/以/缘是 p"、"之所以 q，缘/以 p"。

　　其三，如果新的因标或果标产生了，那么由二者构成的新搭配就有可
能产生。如果标"那么"是过渡时期产生的，结果在现代汉语初期就形
成了一种新的搭配"既/既然 p，那么 q"；再如现代汉语中新产生了因标
"是由于"，结果就有了新的搭配"所以$_2$/之所以 q，是由于 p"。

　　其四，旧的因标和果标如果重新组合，也可以形成新的搭配。就表因
连词和表果连词的搭配而言，"既然"和"所以$_1$"、"可见"在近代汉语
初期就已经存在了，但构成"既然 p，所以$_1$/可见 q"却是在现代汉语中。
"所以$_2$"产生于南北朝，"之所以"产生于东汉，"是因为"产生于清初，
但构成"所以$_2$/之所以 q，是因为 p"却是在现代汉语初期。

第三节　原因句修饰成分的变化①

　　到了现代汉语中，原因句修饰成分的发展可以体现在三个方面：第

---

　　①　原文见第三章第三节。

一，一部分成员不再使用，如限定类的"但"、"止"、"特"、推测类的"盖"、确定类的"直"、"切"、"却"、"实"、"良"、"委"、"自"、总括类的"尽"、"皆"、"总"、"莫不"、类同类的"亦"、累加类的"更"、频率类的"偶"、"每"、语气类的"奈缘"，择一原则起了一定作用。根据择一原则，承担同一语法功能的多种并存形式经过竞争和淘汰，最后会缩减到少数几种，所以限定类留下了"只"、"只是"，确定类留下了"正"，总括类留下了"都"，类同类留下了"也₁"，累加类留下了"又"、"又是"，语气类留下了"也₂"、"也是"。至于缩减的机制，可以认为在一组具有同义关系的副词中，组合能力强的副词，可能会将组合能力相对弱的副词排挤掉，如"都"战胜了"皆"，"也₁"战胜了"亦"。组合能力越强，出现在表因连词前的频率也就越高，因而每一类中被保留下来的一般是出现频率最高的，出现频率较低的都被淘汰了。在八部文献中，"只"出现267次，远超"但"（6次）、"止"（9次）、"特"（2次）；"正"出现13次，高于"切"（4次）、"却"（1次）、"实"（5次）、"良"（2次）、"委"（1次）、"自"（3次）；"都"出现13次，高于"尽"（4次）、"总"（3次）、"莫不"（1次）；"又"出现10次，高于"更"（1次）。其实不只是副词之间的互相排挤，组合能力相对弱的副词也可能被同义的组合能力强的形容词排挤掉。如"奈缘"在近代汉语中使用得不多，远低于同义的形容词"无奈"，最终前者消失于清代，而后者则沿用了下来，在现代汉语中用于表因连词前修饰原因句。当然也有例外，如"直"共出现了19次，高于"正"，但最后仍被淘汰了，这是因为"直"可能具有方言色彩。它在晚唐五代出现了18次，在宋代只出现了1次，元明两代均未出现，也未沿用到现代汉语中，可能是当时某一地的方言。而"正"的使用频率虽略低，但却是共同语，所以沿用到了现代汉语中。另一方面，由于汉语由古到今的发展符合双音化的趋势，因此表推测的"盖"、表低频的"偶"、表高频的"每"分别被双音的"大概"、"也许"、"偶尔"、"经常"、"常常"等词取代。

　　第二，产生了新的成员。包括两种情形，一是原先没有这个副词，后来才产生，并可用于表因连词前修饰原因句。如表推测的语气副词"也许"不见于近代汉语，是在由近代汉语向现代汉语的过渡阶段中产生的，在现代汉语中用于表因连词前修饰原因句。二是原先有这个副词，但开始不用于表因连词前修饰原因句，后来才有这种用法。如表确定强调的语气副词"就"宋代已经使用，但直到清代中后期才进入"副词 + 表因连词 + 原因句"，一直延续到现代汉语中。

新成员的产生有两个原因，一是为了取代旧成员继续以某种特定的语义修饰原因句。如"盖"在过渡阶段即清代中后期仍在使用，但已是强弩之末了，基本上退出了口语，只出现在文言语境中。但"盖"的表示对原因句推测的用法却出于表意的需要不能消亡，于是"也许"在过渡阶段应运而生。"也许"是新生的双音节推测副词，有很强的生命力，二者在并存的过程中相互竞争，但显然单音节的"盖"无法竞争过"也许"，终于在现代汉语中被彻底淘汰，而"也许"也继承了"盖"充当原因句修饰成分的用法，在现代汉语中进入了"副词 + 表因连词 + 原因句"，继续表示对原因句的推测。二是副词自身用法扩展所致。副词修饰谓词性成分是常见的、一般的，位于表因连词前修饰原因句相对来说则是不太常见、特殊的，所以副词形成后，总是先用于修饰谓词性成分，后来才扩展到位于表因连词前修饰原因句，即由常见、一般的用法延伸到不太常见、特殊的用法，这是很好理解的。上面所说的表确定强调的语气副词"就"宋代已经使用，但直到清代中后期才能充当原因句修饰成分，就是这个道理。

第三，保留下的某些成员在出现频率上发生了较大变化，这在最常用的修饰成分上体现得最为明显。近代汉语中出现频率最高的是确定强调类的"只"，"正"使用得不多，"正是"更少，而现代汉语中则是确定强调类的"正"、"正是"、"就"、"就是"四个，超过了"只"，尽管"只"的使用仍然很常见。其中"正是 + 表因连词 + 原因句"产生于清初，"就是 + 表因连词 + 原因句"出现于现代汉语初期。在上述变化中，英语等印欧语的影响起到了部分作用。理由有二，一是在《儿女英雄传》和四大谴责小说中，"正/正是/就/就是 + 表因连词 + 原因句"共 36 次，远低于"只 + 表因连词 + 原因句"的 172 次，可见"正"、"正是"、"就"、"就是"直到过渡阶段充当原因句修饰成分的能力还远不及"只"，而到了现代汉语中便有了突飞猛进的增长，一下就超过了"只"，显然这与"五四"以来汉语受到了英语等印欧语的强烈影响有关。还有一条辅助证据支持此观点：通过对明清和现代的口语语料的调查，可知表示假设、条件、因果、转折等逻辑关系的连词在后者中用得远比前者频繁，并可做出如下判断：起初汉语的主从复句分句与分句之间重意合而轻形合，而英语等印欧语则重形合而轻意合，但由于清末以来汉语受到了英语等印欧语的强烈影响，因而也变得重形合而轻意合了，可见"五四"时期的这种语言接触确实能改变某些词的使用频率。二是在英语里，"确定强调类副词＋表因连词＋原因句"多表现为"just because"。"just because"译为汉语即"正＼＼正是＼＼就＼＼就是因为"。"only because"（只因为）虽也可用，但毕竟不如"just because"常见。当然，更为重要的是汉语内部因素所起的作用："只"表确定强调义往往不纯粹、不鲜明，常与唯一义并存，而"正"、"正是"、"就"、"就是"表确定强调义则更纯粹更强烈，所以人们最终倾向于选择后四者。也就是说，最常用修饰成分的转变是内部因素和外部因素共同起作用的结果。

第四节　因果句主语位置的变化①

从晚唐五代到现代汉语，主语位置的演变情形不外乎以下几种：其一，原先主语可以在前，也可以在后，最后在后用法消失，如"既"；其二，原先主语可以在前，也可以在后，且两种位置一直保留到了现代汉语中，如"既然"；其三，原先主语可以在前，也可以在后，最后在前用法消失，如"所以₁"；其四，原先主语只能在前，不能在后，到了现代汉语中在前用法才产生，如"之所以"。演变的结果究竟如何，无非两种力量在起作用，其一是推动主语一直在前的力量，其二是推动主语一直在后的力量。如果前一种力量发展顺利，到了现代汉语中主语就会一直在前；若发展不顺利，到了现代汉语中主语在前用法就会消失。如果后一种力量发展顺利，到了现代汉语中主语就会一直在后；若发展不顺利，到了现代汉语中主语在后用法就会消失，或仅仅是在现代汉语中才出现主语在后的用法，之前都没有出现过。

就"既"而言，推动主语一直在前的力量是保持原则，因为副词"既"后VP如果有主语，只能加在"既"的前面，所以语法化为表因连词后，"既"后VP如果有主语，当然可以加在"既"的前面。推动主语一直在后的力量是同化。晚唐五代时"既VP，q"的数量是相当多的，

---

① 原文见第五章第一节。

在"既 VP, q"中，整个推断原因都处于"既"后，所以这就形成了一股推动力，使得推断原因 SVP 也可出现在"既"后，于是就有了"既SVP, q"。前一种力量在发展中没有遇到阻碍，而后一种力量在发展中则遇到了阻碍，这个阻碍就是音节的影响。"既 SVP"中句首的单音节"既"必须后接一个单音节成分才能构成标准音步，而这个标准音步一旦实现，在句法和语义上往往是不合法的，剩下的部分在句法和语义上也往往是不完整的，这就造成了认知上的困难。并且就"既 VP"而言，标准音步实现后"既"与 VP 之间没有停顿，在这种情况下，在 VP 前插入 S是比较困难的，即由"既 VP, q"变为"既 SVP, q"是比较困难的。从晚唐五代到现代，保持原则的力量一直未受任何影响，因此主语可以一直出现在前；同化的力量则受到了音节的影响，因此发展受阻，以致最终消亡。

就"既然"而言，推动主语一直在前和一直在后的力量均为同化，这很显然是受到了形式相似语义相同的表因连词"既"的类推。"既"有"S 既 VP, q"和"既 SVP, q"两种用法，"既然"一开始只能接指示代词，不能用在主语前或主语后，但后来受"既"的同化，把"既"出现在主语前和主语后的用法类推到了自己身上，于是就有了"S 既然VP, q"和"既然 SVP, q"。与"既"不同的是，上述两种力量均未受到任何阻碍，因此主语可以一直出现在前和在后。音节因素对"既"产生的是消极作用，但并未对"既然"产生消极作用，因为"既然"是双音节，后接 SVP 显然比"既"接 SVP 更容易被人接受，因为句首的双音节音步是优先实现的，"既然 SVP, q"中双音节的"既然"处于句首，可以作为一个有意义的组块而先得到认知，剩下的原因 SVP 在句法和语义上都是完整的，并且就"既然 VP, q"而言，"既然"与VP 之间有一个短暂的停顿，在这种情况下，在 VP 前插入 S 是比较容易的，即由"既然 VP, q"变为"既然 SVP, q"是比较容易的。从晚唐五代到现代，同化的力量一直未受任何影响，因此主语可以一直出现在前和出现在后。

就"所以₁"而言，推动主语一直在前的力量是保持原则，因为表原因义的所字结构"所以"后 VP 如果有主语，只能加在"所以"的前面，故而语法化为表果连词后，"所以₁"后 VP 如果有主语，当然可以加在

"所以₁"的前面，这是符合保持原则的。推动主语一直在后的力量则是重新分析，具体地说，就是原先为"所（以 VP）"，但"所"与"以"是紧密相连的，恰好构成了一个双音节的组合，符合基本音步的要求，并且二者在一起可以表达一个完整的意义"x 的原因"，而作为结果的 x 正是其后的 VP，因此就发生了重新分析，使得二者在一定程度上发生了凝合，即"（所以）VP"。后一种力量在发展中没有遇到阻碍，而前一种力量在发展中则遇到了阻碍，这个阻碍就是联系项居中原则的影响。联系项居中原则可以迫使居中但不典型的联系项居中且典型，也就是说迫使它们向优先位置靠拢。"p, S 所以 VP"和"p, 所以 SVP"均符合联系项居中原则，但后者比前者更典型，因为后者处于正中央，前者受到了 S 的阻隔，处于稍偏正中央的位置。如果是前者，那么表果连词就会受到联系项居中典型形式的影响，迫使它移至 SVP 前，即迫使它由主语后移至主语前。从晚唐五代到现代，重新分析的力量一直未受任何影响，因此主语可以一直出现在后；保持原则的力量则受到了联系项居中原则的影响，因此发展受阻，以致最终消亡。

就"之所以"而言，推动主语一直在前的力量是保持原则，因为"之所以"中的"之"原本是个连接定语和中心语的连词，通常必须同时与定语和中心语并存，缺一不可，因而演变为表果连词后，由于保持原则的影响才变得如此。推动主语一直在后的力量则有两种，一是因为随着在现代汉语中使用频率的急剧增加，表果连词"之所以"的词汇化程度自然会进一步加深，这很显然是受了频率原则的影响。一旦"之所以"在内部结构上更加凝固了，那么"之"也就失去了原先必须同时与定语和中心语并存这样的用法，所以就为出现在句首奠定了基础。二是受到了印欧语尤其是英语的同化影响。也就是说，此句式在现代汉语中的形成印欧语的影响起到了一定作用，英语中的相似句式如"the reason q is because p"用得很普遍。"五四"时期人们常把"the reason q is because p"译成"之所以 q，是因为 p"。大量地把句首的"the reason"翻译成"之所以"显然对现代汉语中的"之所以"可以用在句首起到了积极的推动作用。从晚唐五代到现代，前一种力量在发展中没有遇到阻碍，因此主语可以一直出现在前；但后两种力量显然是到了"五四"之后也就是现代汉语中才可能会出现，也可以看作是受到了阻碍，因此到了现代汉语中主语才可以出现在后。

第五节 因果句句序的变化①

在现代汉语中产生了"之所以 q，是因为 p"以及"q，既然 p"。近代汉语中已有"之所以 q，p"、"之所以 q，缘 p"、"之所以 q，以 p"，到了后期又出现了"q，是因为 p"，只要将前者的果标"之所以"添加到后者的 q 前，或将后者的因标"是因为"添加到前者的 p 前，或取代已有的因标"缘"、"以"，就会形成"之所以 q，是因为 p"。当然，此句式在现代汉语中的形成印欧语的影响起到了一定作用，英语中的相似句式"the reason q is that p"很普遍，"the reason q is that p"译成汉语即"之所以 q，是因为 p"。"q，既然 p"也是如此。近代汉语中已有大量由果溯因句，但都是说明因果句，而非推断因果句。"q，既然 p"的出现很显然是把说明因果句的由果溯因类推到了推断因果句上。当然，此句式在现代汉语中的形成印欧语的影响起到了一定作用，英语中的类似句式"q，since/now that p"较为多见，"q，since/now that p"译成汉语即"q，既然 p"。"q，是因为 p"、"之所以 q，是因为 p"算不上真正句序的变化，因为在近代汉语中，"q，表因连词 p"以及"所以₂/之所以"句这两类由果溯因句早已存在。而"q，既然 p"是真正句序的变化，因为在近代汉语中，从未出现过推断表因连词用于由果溯因句中的情形。

近代汉语中的由果溯因句在数量上远低于由因及果句。这一是因为由果溯因句在表达上虽有优于由因及果句的地方，但毕竟是一种语用上的变体，因果句的本体仍是由因及果句，原因在前结果在后仍比原因在后结果在前在心理上更容易接受。二是因为虽然凸显原因、为了追补以及顺应韵律要求都会形成由果溯因句，但这些场合毕竟是比较少的。到了现代汉语中，由果溯因句的比重大大增加，在某些语境中甚至超过了由因及果句，这里欧化影响起了一定的作用。通过对明清语料和现代汉语语料的比较，发现进入现代汉语中，主从复句的"主句 + 从句"模式明显上升，显然英语等印欧语的影响在其中起了重要的作用。英语等印欧语的因果句多是由果溯因句。当然，现代汉语中由果溯因句的比重大大增加更重要的是因

---

① 原文见第六章第三节。

为汉语中原本就有由果溯因句，而且从数量上看还不算少，受英语等印欧语的影响也可以说是符合了汉语自身的习惯。也就是说，现代汉语中由果溯因句使用频率的增加和新句式的出现，汉语自身的发展是主要原因，是第一位的；英语等印欧语的影响是次要原因，是第二位的。

第六节　因果连词语义偏向的变化①

近代汉语因果连词中，绝大多数在语义上没有明显的积极消极倾向，所接的原因句和结果句既可以是积极的，也可以是消极的，还可以是中性的，三者在数量上没有明显的差异。但有少数比较例外，如"以致"和"以至"。这两个表果连词有强烈的消极倾向，所接的结果句基本上是消极的，是说话人所不愿见到的。在先秦，"致"有"招致"的意思，与其后所接的宾语组成的述宾结构可以表达积极义，如"致社稷之福"、"致主霸王"，此时表达的是说话人主观的意愿和目的，是说话人愿意看见的，也可以表达消极义，如"致尊过耕战之士"、"致刑"，此时表达的并非是说话人主观的意愿和目的，而仅是一种由某种原因导致的客观结果，是说话人不愿看见的。正是因为积极义同目的紧密联系，消极义和原因紧密联系，"致＋宾语"后来出现在"以致"因果句中时，基本上是消极的；出现在"以致"目的句中时，基本上是积极的。表果连词"以致"是由非短语结构"以致"发展来的，当然也有表消极义的强烈倾向。其他一些因果连词如"因为"、"所以₁"、"既然"、"可见"等，没有经历这样一个消极义和积极义互补的过程，故而也就没有明显的消极倾向。

表果连词"以至"没有经历这样一个消极义和积极义互补的过程，但却有明显的消极倾向，这是因为在词汇化过程中受了非短语结构"以致"的影响。"以至"在未成词之前是非短语结构，表示的是"由于某种原因到了某种境地"，而非短语结构"以致"表示的是"由于某种原因使某种事物或情形出现"。"使某种事物或情形出现"就等于说是"到了某种境地"，二者在语义上有着共通性，所以前者能受到后者的影响。因此在变为表果连词后，"以至"基本上表示由于某种原因而引起了不好的结

---

① 原文见第七章第二节。

果。但在整个近代汉语时期，表果连词"以致"的使用频率要高于"以至"，这是因为后者不仅有表果连词的用法，还有递进连词的用法，义为"直到"。正因为"以至"还有递进连词的用法，所以人们为了避免发生混淆，更倾向于使用表果连词"以致"，这种倾向一直延伸到了现代汉语中。由于表果连词"以至"在表达消极意义上的使用频率不如"以致"，所以在现代汉语中就增加了表积极义和中性义的用法。所以在现代汉语中，"以致"多用于不好的或说话人不希望的结果，而"以至"则没有这个限制。

引用书目

王明：《抱朴子内篇校释》（增订 2 版），中华书局 1985 年版。

李延寿撰：《北史》，中华书局 1974 年版。

公羊寿传，何休解诂，徐彦疏，浦卫忠整理，杨向奎审定：《春秋公羊传注疏》，北京大学出版社 1999 年版。

钟文烝撰，骈宇骞、郝淑慧点校：《春秋穀梁经传补注》，中华书局 1996 年版。

范宁集解，杨士勋疏，夏先培整理，杨向奎审定：《春秋穀梁传注疏》，北京大学出版社 1999 年版。

苏舆撰，钟哲点校：《春秋繁露义证》，中华书局 1992 年版。

左丘明传，杜预注，孔颖达正义，浦卫忠、龚抗云、于振波整理，胡遂、陈咏明、杨向奎审定：《春秋左传正义》，北京大学出版社 1999 年版。

杨伯峻编著：《春秋左传注》（修订 2 版），中华书局 1990 年版。

《大正新修大藏经》，台湾佛陀教育基金会 1990 年版。

黄征、张涌泉校注：《敦煌变文校注》，中华书局 1997 年版。

文康著，松颐校注：《儿女英雄传》，人民文学出版社 1983 年版。

凌濛初著，陈迩冬、郭隽杰校注：《二刻拍案惊奇》，人民文学出版社 1996 年版。

吴趼人著，张友鹤校注：《二十年目睹之怪现状》，人民文学出版社 1959 年版。

李宝嘉：《官场现形记》，人民文学出版社 2000 年版。

黎翔凤撰，梁运华整理：《管子校注》，中华书局 2004 年版。

王士性撰，吕景琳点校：《广志绎》，中华书局 1981 年版。

徐元诰撰，王树民、沈长云点校：《国语集解》，中华书局 2002 年版。

王先慎撰，钟哲点校：《韩非子集解》，中华书局 1998 年版。

曹雪芹、高鹗著，中国艺术研究院、红楼梦研究所校注：《红楼梦》，人民文学出版社 1982 年版。

范晔撰，李贤等注：《后汉书》，中华书局 1965 年版。

何宁撰：《淮南子集释》，中华书局 1998 年版。

［日］田中谦二、［日］岩村忍校定：《校定本元典章刑部》，京都大学人文科学研究所元典章研究班 1964 年版。

兰陵笑笑生著，戴鸿森校点：《金瓶梅词话》，人民文学出版社 1985 年版。

刘坚、蒋绍愚主编：《近代汉语语法资料汇编（宋代卷）》，商务印书馆 1992 年版。

房玄龄等撰：《晋书》，中华书局 1974 年版。

冯梦龙编，严敦易校注：《警世通言》，人民文学出版社 1956 年版。

辛站军译注：《老子译注》，中华书局 2008 年版。

郑玄注，孔颖达疏，龚抗云整理，王文锦审定：《礼记正义》，北京大学出版社 1999 年版。

李渔著，浙江古籍出版社编：《李渔全集》，浙江古籍出版社 1992 年版。

脱脱等撰：《辽史》，中华书局 1974 年版。

廖珣英校注：《刘知远诸宫调校注》，中华书局 1993 年版。

杨伯峻译注：《论语译注》（第 2 版），中华书局 1980 年版。

黄晖撰：《论衡校释（附刘盼遂集解）》，中华书局 1990 年版。

杨衒之著，杨勇校笺：《洛阳伽蓝记校笺》，中华书局 2006 年版。

许维遹撰，梁运华整理：《吕氏春秋集释》，中华书局 2009 年版。

毛亨传，郑玄笺，孔颖达疏，龚抗云、李传书、胡渐逵整理，肖永明、夏先培、刘家和审定：《毛诗正义》，北京大学出版社 1999 年版。

杨伯峻译注：《孟子译注》，中华书局 1960 年版。

孙诒让撰，孙启治点校：《墨子闲诂》，中华书局 2001 年版。

曾朴著，韩秋白点校：《孽海花》，中华书局 2001 年版。

凌濛初著，陈迩冬、郭隽杰校注：《拍案惊奇》，人民文学出版社 1991 年版。

天花藏主人著，王根林标点：《平山冷燕》，上海古籍出版社 1994 年版。

蒲松龄著，路大荒整理：《蒲松龄集》，上海古籍出版社 1986 年版。

郎瑛：《七修类稿》，上海书店出版社 2001 年版。

李绿园著，栾星校注：《歧路灯》，中州书画社 1980 年版。

严可均校辑：《全上古三代秦汉三国六朝文》，中华书局 1958 年版。

唐圭璋编：《全宋词》，中华书局 1965 年版。

北京大学古文献研究所编：《全宋诗》，北京大学出版社 1991—1999 年版。

中华书局编辑部点校：《全唐诗》（增订 1 版），中华书局 1999 年版。

董诰等编：《全唐文》，中华书局 1983 年版。

隋树森编：《全元散曲》，中华书局 1964 年版。

陈寿撰，陈乃乾校点：《三国志》，中华书局 1964 年版。

《三国志平话》，上海古典文学出版社 1955 年版。

罗贯中著，张荣起整理：《三遂平妖传》，北京大学出版社 1983 年版。

蒋礼鸿撰：《商君书锥指》，中华书局 1986 年版。

孙星衍撰，陈抗、盛冬铃点校：《尚书今古文注疏》（第 2 版），中华书局 2004 年版。

王先谦撰，吴格点校：《诗三家义集疏》，中华书局 1987 年版。

孙武撰，曹操等注，杨丙安校理：《十一家注孙子校理》，中华书局 1999 年版。

司马迁撰：《史记》，中华书局 1959 年版。

刘义庆著，刘孝标注，余嘉锡笺疏，周祖谟、余淑宜、周士琦整理：《世说新语笺疏》（第 2 版），中华书局 2007 年版。

叶盛撰，魏中平点校：《水东日记》，中华书局 1980 年版。

施耐庵、罗贯中：《水浒传》，人民文学出版社 1975 年版。

沈约撰：《宋书》，中华书局 1974 年版。

干宝撰，汪绍楹校注：《搜神记》，中华书局 1979 年版。

孔凡礼点校：《苏轼文集》，中华书局 1986 年版。

魏征、令狐德棻撰：《隋书》，中华书局 1973 年版。

王溥撰：《唐会要》，中华书局 1955 年版。

黄时鉴点校：《通制条格》，浙江古籍出版社 1986 年版。

沈德符撰：《万历野获编》，中华书局 1959 年版。

魏收撰：《魏书》，中华书局 1974 年版。

萧统编，李善注：《文选》，中华书局 1977 年版。

普济著，苏渊雷点校：《五灯会元》，中华书局 1984 年版。

吴承恩：《西游记》（第 2 版），人民文学出版社 1980 年版。

逯钦立辑校：《先秦汉魏晋南北朝诗》，中华书局 1988 年版。

《新编五代史平话》，中国古典文学出版社 1954 年版。

徐沁君校点：《新校元刊杂剧三十种》，中华书局 1980 年版。

《新刊大宋宣和遗事》，中国古典文学出版社 1954 年版。

陈独秀主编：《新青年》，1920 年第 2、3、4、6 号。

贾谊撰，阎振益、钟夏校注：《新书》，中华书局 2000 年版。

欧阳修、宋祁撰：《新唐书》，中华书局 1975 年版。

刘向撰，赵仲邑注：《新序详注》，中华书局 1997 年版。

陆人龙著，覃君点校：《型世言》，中华书局 1993 年版。

冯梦龙编著，顾学颉校注：《醒世恒言》，人民文学出版社 1956 年版。

西周生撰，黄肃秋校注：《醒世姻缘传》，上海古籍出版社 1981 年版。

李焘撰，上海师范大学古籍整理研究所、华东师范大学古籍研究所点校：《续资治通鉴长编》，上海古籍出版社 1979—1995 年版。

王先谦撰，沈啸寰、王星贤点校：《荀子集解》，中华书局 1988 年版。

王利器撰：《颜氏家训集解》（增补本），中华书局 1993 年版。

王利器校注：《盐铁论校注》（定本），中华书局 1992 年版。

吴则虞编著：《晏子春秋集释》，中华书局 1962 年版。

张文成撰，李时人、詹绪左校注：《游仙窟校注》，中华书局 2010 年版。

冯梦龙编，许政扬校注：《喻世明言》，人民文学出版社 1958 年版。

[韩] 郑光主编：《原本老乞大》，外语教学与研究出版社 2002 年版。

王学奇主编：《元曲选校注》，河北教育出版社 1994 年版。

宋濂撰：《元史》，中华书局 1976 年版。

张君房编，李永晟点校：《云笈七签》，中华书局 2003 年版。

张亚初编著：《殷周金文集成引得》，中华书局 2001 年版。

吴兢：《贞观政要》，骈宇骞、骈骅译，中华书局 2009 年版。

孙诒让撰，王文锦、陈玉霞点校：《周礼正义》，中华书局 1987 年版。

王弼注，孔颖达疏，李申、卢光明整理，吕绍刚审定：《周易正义》，北京大学出版社 1999 年版。

黎靖德编，王星贤点校：《朱子语类》，中华书局 1986 年版。

王先谦、刘武撰，沈啸寰点校：《庄子集解·庄子集解内篇补正》，中华书局 1987 年版。

司马光编著，胡三省音注，"标点《资治通鉴》小组"校点：《资治通鉴》，中华书局 1956 年版。

静、筠二禅师编撰，孙昌武、[日] 衣川贤次、[日] 西口芳男点校：《祖堂集》，中华书局 2007 年版。

参考文献

公开发表的论文和专著

白兆麟：《〈盐铁论〉句法研究》，商务印书馆 2003 年版。

北京大学中文系现代汉语教研室：《现代汉语》（增订本），商务印书馆 2012 年版。

曹广顺、梁银峰、龙国富：《〈祖堂集〉语法研究》，河南大学出版社 2011 年版。

曹炜：《〈水浒传〉虚词计量研究》，暨南大学出版社 2009 年版。

——《〈金瓶梅词话〉虚词计量研究》，暨南大学出版社 2011 年版。

——《〈型世言〉虚词计量研究》，暨南大学出版社 2011 年版。

曹小云：《近代汉语语法札记二则》，《语言教学与研究》2001 年第 3 期。

曹秀玲：《"说"和"是"与关联词语组合浅谈》，《中国语文》2012 年第 5 期。

陈保亚：《20 世纪中国语言学方法论：1898—1998》，山东教育出版社 1999 年版。

陈新仁：《词汇阻遏现象的顺应性阐释》，《外语学刊》2007 年第 1 期。

陈秀兰：《也谈连词"所以"产生的时代》，《古汉语研究》1998 年第 3 期。

储泽祥、陶伏平：《汉语因果复句的关联标记模式与"联系项居中原则"》，《中国语文》2008 年第 5 期。

戴浩一：《时间顺序和汉语的语序》，黄河译，《国外语言学》1988 年第 1 期。

戴庆厦、范丽君：《藏缅语因果复句关联标记研究——兼与汉语比较》，《中央民族大学学报》（哲学社会科学版）2010 年第 2 期。

邓思颖：《问原因的"怎么"》，《语言教学与研究》2011 年第 2 期。

［日］町田茂：《关于汉语复句里的动词语法化现象》，《语法化与语法研究》2003 年第 1 辑。

刁晏斌：《〈三朝北盟会编〉语法研究》，河南大学出版社 2007 年版。

丁健：《"X 然"的连词化——兼谈从代词结构到连词的演化模式》，《南开语言学刊》2011 年第 2 辑。

董秀芳：《词汇化：汉语双音词的衍生和发展》（修订版），商务印书馆 2011 年版。

——《"X 说"的词汇化》，《语言科学》2003 年第 2 期。

董治国：《古代汉语因果复句句型探究》，《渤海学刊》1990 年第 2、3 期。

范晓、张豫峰等：《语法理论纲要》，上海译文出版社 2008 年版。

方梅：《会话结构与连词的浮现义》，《中国语文》2012 年第 6 期。

冯春田：《近代汉语语法研究》，山东教育出版社 2000 年版。

——《〈聊斋俚曲〉语法研究》，河南大学出版社 2003 年版。

冯胜利：《汉语的韵律、词法与句法》（修订 2 版），北京大学出版社 2009 年版。

冯志伟：《现代语言学流派》（增订本），商务印书馆 2013 年版。

［德］弗里德里希·温格瑞尔、［德］汉斯 – 尤格·施密特著，彭利贞、许国萍、赵微译：《认知语言学导论》（第二版），复旦大学出版社 2009 年版。

高再兰：《前、后置"因为"的隐现及功能差异》，《汉语学报》2013 年第 2 期。

郭继懋：《从光杆 P 与"因为 P"的区别看"因为"的作用》，《南开语言学刊》2004 年第 2 辑。

——《"于是"和"所以"的异同》，《汉语学报》2006 年第 4 期。

——《"因为所以"句和"既然那么"句的差异》，《汉语学习》2008 年第 3 期。

郭锐：《现代汉语词类研究》，商务印书馆 2002 年版。

郭锡良：《历代书面语和口语的关系》，《程千帆先生八十寿辰纪念文集》编委会《程千帆先生八十寿辰纪念文集》，江苏古籍出版社 1992 年版。

——《介词"以"的起源和发展》，《古汉语研究》1998 年第 1 期。

郭锡良等：《古代汉语（上册）》（修订本），商务印书馆 1999 年版。

《汉语大词典》编辑委员会、《汉语大词典》编纂处：《汉语大词典（第一卷）》，上海辞书出版社 1986 年版。

——《汉语大词典（第四卷）》，汉语大词典出版社 1989 年版。

何向东：《逻辑学教程》（第 3 版），高等教育出版社 2010 年版。

何自然、冉永平：《新编语用学概论》，北京大学出版社 2009 年版。

贺阳：《现代汉语欧化语法现象研究》，商务印书馆 2008 年版。

胡裕树：《现代汉语》（重订第 6 版），上海教育出版社 1995 年版。

胡竹安：《〈水浒全传〉属句关系词的描写和源流探索》，《语言研究》1987 年第 2 期。

华学诚：《周秦汉晋方言研究史》（修订第 2 版），复旦大学出版社 2007 年版。

黄伯荣、廖序东：《现代汉语》（增订第 5 版），高等教育出版社 2011 年版。

黄丽丽：《略谈〈左传〉及杜注中的"所以"》，《中国语文通讯》1983 年第 2 期。

黄章恺：《汉语表达语法》，汕头大学出版社 1994 年版。

［英］霍恩比：《牛津高阶英汉双解词典》（第六版）（第 2 版），石孝殊等译，商务印书馆 2004 年版。

江蓝生：《时间词"时"和"后"的语法化》，《中国语文》2002 年第 4 期。

——《同谓双小句的省缩与句法创新》，《中国语文》2007 年第 6 期。

——《概念叠加与构式整合——肯定否定不对称的解释》，《中国语文》2008 年第 6 期。

江蓝生、曹广顺：《唐五代语言词典》，上海教育出版社 1997 年版。

蒋绍愚：《近代汉语研究概要》，北京大学出版社 2005 年版。

——《古汉语词汇纲要》，商务印书馆 2005 年版。

蒋绍愚、曹广顺：《近代汉语语法史研究综述》，商务印书馆 2005 年版。

金兆梓：《国文法之研究》（新 1 版），商务印书馆 1983 年版。

蓝鹰：《上古单音连词考原——从词类角度作的考察》，《语言研究论丛》1991 年第 6 辑。

雷文治：《近代汉语虚词词典》，河北教育出版社 2002 年版。

李崇兴、黄树先、邵则遂：《元语言词典》，上海教育出版社 1998 年版。

李崇兴、祖生利：《〈元典章·刑部〉语法研究》，河南大学出版社 2011 年版。

李崇兴、祖生利、丁勇：《元代汉语语法研究》，上海教育出版社 2009 年版。

李福印：《认知语言学概论》，北京大学出版社 2008 年版。

李晋霞：《论"由于"与"因为"的差异》，《世界汉语教学》2011 年第 4 期。

李晋霞、刘云：《"由于"与"既然"的主观性差异》，《中国语文》2004 年第 2 期。

——《论推理语境"如果说"中"说"的隐现》，《中国语文》2009 年第 4 期。

李晋霞、王忠玲：《论"因为""所以"单用时的选择倾向与使用差异》，《语言研究》2013 年第 1 期。

李泰洙：《〈老乞大〉四种版本语言研究》，语文出版社 2003 年版。

李泰洙、江蓝生：《〈老乞大〉语序研究》，《语言研究》2000 年第 3 期。

李小军：《"从而"、"因而"的功能差异及其历时解释》，《汉语学习》2009 年第 1 期。

李英哲、卢卓群：《汉语连词发展过程中的若干特点》，《湖北大学学报》（哲学社会科学版）1997 年第 4 期。

李宗江：《连词"不说"的语义和语用功能》，《汉语学报》2009 年第 3 期。

廖巧云：《因果构式的运作机理研究》，中国社会科学出版社 2011 年版。

廖秋忠：《廖秋忠文集》，北京语言学院出版社 1992 年版。

刘丹青：《语序类型学与介词理论》，商务印书馆 2003 年版。

——《重新分析的无标化解释》，《语法化与语法研究》2009 年第

4 辑。

刘坚、曹广顺、吴福祥：《论诱发汉语词汇语法化的若干因素》，《中国语文》1995 年第 3 期。

刘瑞明：《百例"不争"辨确义》，《绵阳师专学报》（哲学社会科学版）1996 年第 3 期。

刘宋川、刘子瑜：《"名·之·动/形"结构再探讨》，《语言学论丛》2006 年第 32 辑。

刘亚辉、姚小鹏：《"可见"的情态化与关联化——兼论汉语两类视觉词的演化差异》，《汉语学报》2011 年第 4 期。

刘永耕：《先秦因果复句初探》，《新疆大学学报》（哲学社会科学版）1986 年第 2 期。

龙潜庵：《宋元语言词典》，上海辞书出版社 1985 年版。

陆澹安：《戏曲词语汇释》，上海古籍出版社 1981 年版。

陆俭明：《汉语中表示主从关系的连词》，《北京大学学报》（哲学社会科学版）1983 年第 3 期。

吕叔湘：《中国文法要略》（新第 1 版），商务印书馆 1982 年版。

——《现代汉语八百词》（增订第 1 版），商务印书馆 1999 年版。

——《近代汉语读本·序》，《近代汉语读本》（修订第 1 版），上海教育出版社 2005 年版。

——《近代汉语指代词·序》，《近代汉语指代词》，学林出版社 1985 年版。

马贝加：《介词"缘"的产生及其意义》，《山西大学学报》（哲学社会科学版）1996 年第 2 期。

马建忠：《马氏文通》（新第 1 版），商务印书馆 1983 年版。

马清华：《复句的系统复杂化与自繁殖》，《山西大学学报》（哲学社会科学版）2012 年第 1 期。

钱宗武：《今文尚书语法研究》，商务印书馆 2004 年版。

邵敬敏：《现代汉语通论》（第 2 版），上海教育出版社 2007 年版。

邵敬敏、饶春红：《说"又"——兼论副词研究的方法》，《语言教学与研究》1985 年第 2 期。

沈家煊：《"语法化"研究综观》，《外语教学与研究》1994 年第 4 期。

——《语言的"主观性"和"主观化"》，《外语教学与研究》2001年第 4 期。

——《复句三域"行、知、言"》，《中国语文》2003 年第 3 期。

——《三个世界》，《外语教学与研究》2008 年第 6 期。

——《复句"合乎事理"辨》，《现代外语》2009 年第 2 期。

沈家煊、完权：《也谈"之字结构"和"之"字的功能》，《语言研究》2009 年第 2 期。

石毓智：《汉语的主语与话题之辨》，《语言研究》2001 年第 2 期。

——《论判断、焦点、强调与对比之关系——"是"的语法功能和使用条件》，《语言研究》2005 年第 4 期。

——《判断词"是"构成连词的概念基础》，《汉语学习》2005 年第 5 期。

宋绍年：《〈马氏文通〉研究》，北京大学出版社 2004 年版。

宋绍年、李晓琪：《"所以"再认识》，《纪念王力先生九十诞辰文集》编委会《纪念王力先生九十诞辰文集》，山东教育出版社 1991 年版。

宋作艳、陶红印：《汉英因果复句顺序的话语分析与比较》，《汉语学报》2008 年第 4 期。

孙德金：《现代书面汉语中的文言语法成分研究》，商务印书馆 2012 年版。

孙良明：《古代汉语语法变化研究》，语文出版社 1994 年版。

孙书杰：《"以致"的词汇化考探》，《词汇学理论与应用》2010 年第 5 辑。

孙锡信：《汉语历史语法丛稿》，汉语大词典出版社 1997 年版。

索振羽：《语用学教程》，北京大学出版社 2000 年版。

［日］太田辰夫：《中国语历史文法》，蒋绍愚、徐昌华译，北京大学出版社 2003 年版。

童庆炳：《文学理论教程》（第 4 版），高等教育出版社 2008 年版。

汪国胜：《"既然"句的前提及推论形式》，《荆州师专学报》（社会科学版）1994 年第 1 期。

汪维辉：《"所以"完全变成连词的时代》，《古汉语研究》2002 年第 2 期。

王东海：《汉语同义语素编码的参数和规则》，《中国语文》2002 年第 2 期。

　　王洪君：《汉语的韵律词与韵律短语》，《中国语文》2000 年第 6 期。

　　王慧兰：《"于是"的词汇化——兼谈连词词汇化过程中的代词并入现象》，《语法化与语法研究》2007 年第 3 辑。

　　王静：《"很"的语法化过程》，《淮阴师范学院学报》（哲学社会科学版）2003 年第 4 期。

　　王魁伟：《"所以 + 主谓"式已见于〈黄帝内经〉补疑》，《中国语文》1993 年第 6 期。

　　王力：《汉语史稿》（重排本），中华书局 1980 年版。

　　——《汉语语法史》，商务印书馆 2005 年版。

　　王森：《〈老乞大〉、〈朴通事〉的复句》，《兰州大学学报》（社会科学版）1990 年第 2 期。

　　王维贤：《王维贤语言学论文集》，商务印书馆 2007 年版。

　　王维贤、张学成、卢曼云等：《现代汉语复句新解》，华东师范大学出版社 1994 年版。

　　王兴才：《汉语词汇语法化和语法词汇研究》，人民出版社 2009 年版。

　　王学奇、王静竹：《宋金元明清曲辞通释》，语文出版社 2002 年版。

　　王锁：《"所以 + 主谓"式已见于〈黄帝内经〉》，《中国语文》1993 年第 3 期。

　　王云路：《中古汉语词汇史》，商务印书馆 2010 年版。

　　魏达纯：《"所以"在六本古籍中的演变考察》，《古汉语研究》1998 年第 2 期。

　　卫乃兴：《词语搭配的界定与研究体系》，上海交通大学出版社 2002 年版。

　　吴福祥：《敦煌变文 12 种语法研究》，河南大学出版社 2004 年版。

　　——《〈朱子语类辑略〉语法研究》，河南大学出版社 2004 年版。

　　——《近代汉语语法史研究综述·余论：从一般历史句法学看汉语历史语法研究的现状》，商务印书馆 2005 年版。

　　——《汉语语法化研究·后记》，商务印书馆 2005 年版。

　　——《汉语主观性与主观化研究》，商务印书馆 2011 年版。

　　吴中伟：《复句的话题》，《世界汉语教学》1995 年第 2 期。

席嘉：《近代汉语连词》，中国社会科学出版社 2010 年版。

［日］香坂顺一：《水浒词汇研究（虚词部分)》，［日］植田均译，文津出版社 1992 年版。

向熹：《简明汉语史（下）》（修订第 1 版），商务印书馆 2010 年版。

肖任飞、储泽祥：《现代汉语因果复句优先序列研究》，中国社会科学出版社 2010 年版。

肖奚强、王灿龙：《"之所以"的词汇化》，《中国语文》2006 年第 6 期。

——《"之所以"小句篇章功能论略》，《世界汉语教学》2008 年第 3 期。

萧旭：《古书虚词旁释》，广陵书社 2007 年版。

谢晓明：《"难怪"因果句》，《语言研究》2010 年第 2 期。

邢福义：《汉语语法学》，东北师范大学出版社 1996 年版。

——《语法研究中"两个三角"的验证》，《华中师范大学学报》（人文社会科学版）2000 年第 5 期。

——《汉语复句研究》，商务印书馆 2001 年版。

——《"由于"句的语义偏向辨》，《中国语文》2002 年第 4 期。

邢福义、刘培玉、曾常年等：《汉语句法机制验察》，生活·读书·新知三联书店 2004 年版。

邢福义、姚双云：《连词"为此"论说》，《世界汉语教学》2007 年第 2 期。

徐丹：《"是以"、"以是"——语法化与词汇化》，《语法化与语法研究》2007 年第 3 辑。

徐赳赳：《现代汉语篇章语言学》，商务印书馆 2010 年版。

徐烈炯、刘丹青：《话题的结构与功能》，上海教育出版社 1998 年版。

——《话题与焦点新论》，上海教育出版社 2003 年版。

徐通锵：《自动和使动——汉语语义句法的两种基本句式及其历史演变》，《世界汉语教学》1998 年第 1 期。

徐阳春：《现代汉语复句句式研究》，中国社会科学出版社 2002 年版。

徐中舒：《甲骨文字典》，四川辞书出版社 1989 年版。

许宝华、[日] 宫田一郎：《汉语方言大词典》，中华书局 1999 年版。

许少峰：《近代汉语大词典》，中华书局 2008 年版。

许慎：《说文解字》，中华书局 1963 年版。

许仰民：《〈金瓶梅词话〉语法研究》，中华书局 2006 年版。

杨伯峻、何乐士：《古汉语语法及其发展（上）》（修订第 2 版），语文出版社 2001 年版。

——《古汉语语法及其发展（下）》（修订第 2 版），语文出版社 2001 年版。

杨耕：《马克思主义哲学概论》，高等教育出版社 2004 年版。

杨荣祥：《近代汉语副词研究》，商务印书馆 2005 年版。

——《"两度陈述"标记：论上古汉语"而"的基本功能》，《历史语言学研究》2009 年第 3 辑。

——《"而"在上古汉语语法系统中的重要地位》，《汉语史学报》2010 年第 10 辑。

杨永龙、江蓝生：《〈刘知远诸宫调〉语法研究》，河南大学出版社 2010 年版。

杨郁：《论"之""其"互训——兼论"之所以"和"其所以"》，《宁夏大学学报》（社会科学版）1996 年第 1 期。

姚双云：《自然口语中的关联标记研究》，中国社会科学出版社 2012 年版。

姚双云、邢福义：《复句关系标记的搭配研究》，华中师范大学出版社 2008 年版。

姚振武：《〈晏子春秋〉词类研究》，河南大学出版社 2005 年版。

叶蜚声、徐通锵、王洪君等：《语言学纲要》（修订第 4 版），北京大学出版社 2010 年版。

殷国光：《〈吕氏春秋〉词类研究》，商务印书馆 2008 年版。

殷树林：《试谈"还"和"又"的反问用法》，《南开语言学刊》2008 年第 1 辑。

俞光中、[日] 植田均：《近代汉语语法研究》，学林出版社 1999 年版。

袁宾：《宋语言词典》，上海教育出版社 1997 年版。

袁雪梅：《中古汉语的关联词语：以鸠摩罗什译经为考察基点》，人民出版社 2010 年版。

袁毓林:《话题化及相关的语法过程》,《中国语文》1996 年第 4 期。

——《汉语词类的认知研究和模糊划分》,上海教育出版社 2010 年版。

张宝胜:《也说"复句三域"》,《语法研究和探索》2006 年第 13 辑。

——《因果类复句中的"就"与"才"》,《中国语言学报》2010 年第 14 辑。

张斌:《汉语语法学》,上海教育出版社 1998 年版。

——《现代汉语描写语法》,商务印书馆 2010 年版。

张金桥、莫雷:《汉语因果复句的心理表征项目互换效应研究》,《心理发展与教育》2003 年第 4 期。

张俊阁:《明清山东方言指示词"这""那"与"这么""那么"及其连词化》,《鲁东大学学报》(哲学社会科学版) 2011 年第 2 期。

张炼强:《汉语语序的多面考察 (下)》,《首都师范大学学报》(社会科学版) 1997 年第 6 期。

张绵厘:《实用逻辑学教程》(第 4 版),人民大学出版社 2011 年版。

张相:《诗词曲语辞汇释》,中华书局 1953 年版。

张谊生:《现代汉语副词研究》,学林出版社 2000 年版。

张玉金:《西周汉语语法研究》,商务印书馆 2004 年版。

赵大明:《〈左传〉介词研究》,首都师范大学出版社 2007 年版。

赵新:《"因此、于是、从而"的多角度分析》,《语文研究》2003 年第 1 期。

赵心树:《因果关系的类型和概率分布》,《中国海洋大学学报》(社会科学版) 2007 年第 1 期。

赵元任:《汉语口语语法》,吕叔湘译,商务印书馆 1979 年版。

中国社会科学院语言研究所词典编辑室:《现代汉语词典》 (第 6 版),商务印书馆 2012 年版。

周毕吉:《"结果"的语法化历程及语用特点》,《汉语学习》2008 年第 6 期。

周刚:《连词与相关问题》,安徽教育出版社 2002 年版。

周祖谟:《汉语发展的历史》,周士琦:《周祖谟语言文字论集》,人民教育出版社 2000 年版。

朱斌、伍依兰：《现代汉语小句类型联结研究》，华中师范大学出版社 2009 年版。

朱城：《连词"所以"产生的时代》，《辽宁大学学报》（哲学社会科学版）2000 年第 4 期。

朱德熙：《语法讲义》，商务印书馆 1982 年版。

——《自指和转指——汉语名词化标记"的、者、所、之"的语法功能和语义功能》，《方言》1983 年第 1 期。

祝敏彻：《〈朱子语类〉中的偏正复句》，《湖北大学学报》1991 年第 1 期。

——《近代汉语句法史稿》，中州古籍出版社 1996 年版。

祖生利：《元代直译体文献中的原因后置词"上/上头"》，《语言研究》2004 年第 1 期。

Dik，Simon C. 1997. The Theory of Functional Grammar. Part 1：The Structure of the Clause. ed. By Kees Hengeveld，Second，revised version. Berlin & New York：Mouton de Gruyter.

Eve Sweetser 1990《从语源学到语用学：语义结构的隐喻和文化内涵》，北京大学出版社 2002 年版。

F. Ungerer & H. J. Schmid 1996《认知语言学入门》，外语教学与研究出版社 2001 年版。

Paul J. Hopper & Elizabeth Closs Traugott 2003《语法化》（第 2 版），北京大学出版社 2005 年版。

Robert D. Van Valin & Randy J. LaPolla 1997《句法：结构、意义与功能》，北京大学出版社 2002 年版。

Ronald W. Langacker 1987《认知语法基础（Ⅰ）·理论前提》，北京大学出版社 2004 年版。

——《认知语法基础（Ⅱ）·描写应用》，北京大学出版社 2004 年版。

Stephen C. Levinson 1983《语用学》，外语教学与研究出版社 2001 年版。

William Croft & D. Alan Cruse 2004《认知语言学》，北京大学出版社 2006 年版。

学位论文

丁俊苗：《〈醒世姻缘传〉复句研究》，硕士学位论文，西北师范大学，2003 年。

刘伟：《〈红楼梦〉前 80 回连词计量研究》，硕士学位论文，苏州大学，2011 年。

张秋梅：《〈儿女英雄传〉连词计量研究》，硕士学位论文，苏州大学，2009 年。

附录一　近代汉语因果句概况一览表①

表 1　　　　　　　　　　　　晚唐五代因果句概况

		因果连词的范围和音节	原因句的修饰成分	原因句主语的位置
因果句	表因连词	既（202 次，单）	无	前 71 次，后 4 次
		为（129 次，单）	只为（42 次）、直为（12 次）、盖为（10 次）、总为（2 次）、都为（1 次）、尽为（1 次）、良为（1 次）、亦为（1 次）、却为（1 次）	前 0 次，后 59 次
		缘（122 次，单）	都缘（10 次）、只缘（9 次）、直缘（6 次）、盖缘（6 次）、切缘（3 次）、但缘（2 次）、自缘（1 次）、实缘（1 次）、还缘（1 次）、又缘（1 次）	前 0 次，后 73 次
		因₁（20 次，单）	尽因（3 次）、皆因（2 次）、不因（2 次）、只因（1 次）、总因（1 次）、偶因（1 次）、莫不皆因（1 次）	前 0 次，后 8 次
		以（11 次，单）	每以（1 次）	前 0 次，后 10 次
		既然（7 次，双）	无	前 0 次，后 0 次
		由（6 次，单）	都由（1 次）、良由（1 次）	前 0 次，后 4 次
		缘为（3 次，双）	无	前 0 次，后 3 次
		为缘（3 次，双）	无	前 0 次，后 1 次
		因为（2 次，双）	无	前 0 次，后 1 次
		缘是（1 次，双）	无	前 0 次，后 1 次
		为因（1 次，双）	无	前 0 次，后 1 次
		缘以（1 次，双）	无	前 0 次，后 1 次
		为是（1 次，双）	只为是（1 次）	前 0 次，后 0 次

① 本表是根据八部文献归纳出来的，表中归类的原则如下：如果一个句式中只出现一个表因连词或表果连词，那么就归入这个表因连词或表果连词所在的系，如"既 p，q"归入"既"系，"p，故 q"归入"故"系；如果一个句式中同时出现一个表因连词和一个表果连词，那么就归入这个表因连词所在的系，如"为 p，所以 q"归入"为"系，"由 p，故 q"归入"由"系；如果一个句式中同时出现两个表因连词或两个表果连词，那么就根据各个断代因果连词出现次数的高低归入出现次数高的表因连词或表果连词所在的系，如在晚唐五代，"q，缘 p，为 p"归入"为"系，因为在该时期"为"的出现次数要高于"缘"；"p，是以 q，故 q"归入"故"系，因为在该时期"故"的出现次数要高于"是以"。

		因果连词的范围和音节	原因句的修饰成分	原因句主语的位置
因果句	表果连词	故（216 次，单）		前 2 次，后 37 次
		所以₁（164 次，双）		前 5 次，后 69 次
		因此（45 次，双）		前 6 次，后 14 次
		是故（37 次，双）		前 0 次，后 32 次
		是以（16 次，双）		前 0 次，后 4 次
		因兹（12 次，双）		前 2 次，后 2 次
		致令（7 次，双）		前 0 次，后 4 次
		致使（5 次，双）		前 0 次，后 5 次
		为此（5 次，双）		前 0 次，后 1 次
		以此（3 次，双）		前 0 次，后 0 次
		由是（3 次，双）		前 1 次，后 1 次
		由此（1 次，双）		前 1 次，后 0 次
		故而（1 次，双）		前 0 次，后 0 次
		缘兹（1 次，双）		前 0 次，后 0 次
		故此（1 次，双）		前 0 次，后 0 次
	总结	表因连词 14 个，共出现 509 次；表果连词 15 个，共出现 517 次	作为晚唐五代原因句修饰成分的副词共九类 20 种，包括限定类的"只"、"但"，共出现 55 次；确定类的"直"、"切"、"良"、"自"、"却₄"、"实"，共出现 26 次；总括类的"都"、"尽"、"皆"、"总"、"莫不皆"，共出现 22 次；推测类的"盖"，共出现 16 次；频率类的"偶"、"每"，共出现 2 次；否定类的"不"，共出现 2 次；类同类的"亦₁"，共出现 1 次；累加类的"又₁"，共出现 1 次；语气类的"还₄"，共出现 1 次	表因连词：前 71 次，后 166 次；表果连词：前 17 次，后 169 次

续表

因果连词的范围和音节	原因句的修饰成分	原因句主语的位置
	因果句的句式	因果句的句序
因果句 / "既"系因果句33种202句	独用句式1种91句,即"既p,q"(91次)。搭配句式31种110句,又可分为4个次类,即与疑问代词搭配,有"既p,何q"(18次)、"既p,为什摩q"(18次)、"既p,争q"(10次)、"既p,如何q"(3次)、"既p,因什摩q"(3次)、"既p,作摩生q"(3次)、"既p,何以q"(1次)、"既p,缘何q"(1次)、"既p,因何q"(1次)、"既p,何因q"(1次)、"既p,何故q"(1次)11种60句;与副词搭配,有"既p,岂q"(10次)、"既p,亦₁q"(4次)、"既p,即q"(3次)、"既p,还₂q"(2次)、"既p,又₂q"(2次)、"既p,更q"(2次)、"既p,复q"(2次)、"既p,且q"(1次)、"既p,宁q"(1次)、"既p,却₃q"(1次)、"既p,然q"(1次)、"既p,乃q"(1次)、"既p,便q"(1次)、"既p,也₁q"(1次)14种32句;与连词搭配,有"既p,则q"(3次)、"既p,故q"(1次)2种4句;与疑问代词和副词的连用形式搭配,有"既p,为什摩却q"(11次)、"既p,何以却q"(1次)、"既p,又何q"(1次)3种13句;与副词和副词的连用形式搭配,仅"既p,亦更q"(1次)1种1句。递用句式1种1句,即"既p,q,故q"(1次)	由因及果
"为"系因果句18种126句	独用句式2种82句,即"为p,q"(49次)、"q,为p"(33次)。搭配句式8种32句,又可分为2个次类,即与副词搭配,有"为p,遂q"(3次)、"为p,便q"(1次)、"为p,乃q"(1次)、"为p,当q"(1次)4种6句;与连词搭配,有"为p,所以₁q"(19次)、"为p,故q"(5次)、"为p,致令q"(1次)、"为p,是以q"(1次)4种26句。一般并用句式6种10句,即"为p,为p,q"(3次)、"q,缘p,为p"(3次)、"为p,p,q"(1次)、"为p,缘p,q"(1次)、"q,因₁p,为p"(1次)、"缘p,为p,所以₁q"(1次)。特殊并用句式2种2句,即"p,因兹q,为p"(1次)、"p,因此q,为p"(1次)	由因及果和由果溯因(6种39句:"q,为p"、"q,缘p,为p"、"q,因₁p,为p"、"p,因兹q,为p"①、"p,因此q,为p"、"即q,缘p,为p")

---

①　特殊并用句式既属于由因及果句,也属于由果溯因句,因此一个特殊并用句式在由因及果句和由果溯因句中各计一次。

	因果连词的范围和音节	原因句的修饰成分	原因句主语的位置
因果句	"缘"系因果句16种117句	独用句式2种87句，即"缘 p，q"（58次）、"q，缘 p"（29次）。搭配句式13种28句，又可分为4个次类，即与疑问代词搭配，有"缘 p，如何 q"（3次）、"缘 p，何 q"（2次）、"缘 p，争 q"（1次）、"争 q，缘 p"（1次）4种7句；与副词搭配，有"缘 p，便 q"（1次）、"缘 p，乃 q"（1次）、"缘 p，亦 q"（1次）、"缘 p，方 q"（1次）4种4句；与连词搭配，有"缘 p，所以₁ q"（13次）、"缘 p，于是 q"（1次）、"缘 p，故 q"（1次）3种15句；与副词和副词的连用形式搭配，仅"缘 p，遂即 q"（1次）1种1句；与连词和连词的连用形式搭配，仅"缘 p，故此所以 q"（1次）1种1句。并用句式1种2句，即"q，p，缘 p"（2次）	由因及果和由果溯因（3种32句："q，缘 p"、"争 q，缘 p"、"q，p，缘 p"）
	"因₁"系因果句8种19句	独用句式2种13句，即"因₁ p，q"（9次）、"q，因₁ p"（4次）。搭配句式6种6句，又可分为3个次类，即与疑问代词搭配，有"因₁ p，争 q"（1次）、"因₁ p，凭何 q"（1次）2种2句；与副词搭配，有"因₁ p，遂 q"（1次）、"因₁ p，便 q"（1次）、"因₁ p，方 q"（1次）3种3句；与连词搭配，仅"因₁ p，因此 q"（1次）1种1句	由因及果和由果溯因（1种4句："q，因₁ p"）
	"以"系因果句4种11句	独用句式1种6句，即"以 p，q"（6次）。搭配句式3种5句，又可分为2个次类，即与副词搭配，仅"以 p，遂 q"（2次）1种2句；与连词搭配，有"以 p，故 q"（2次）、"以 p，是以 q"（1次）2种3句	由因及果
	"既然"系因果句4种7句	独用句式1种3句，即"既然 p，q"（3次）。搭配句式3种4句，均是与疑问代词搭配，即"既然 p，何 q"（2次）、"既然 p，因什摩 q"（1次）、"既然 p，为甚摩 q"（1次）	由因及果
	"由"系因果句6种6句	独用句式2种2句，即"由 p，q"（1次）、"q，由 p"（1次）。搭配句式3种3句，又可分为2个次类，即与副词搭配，有"由 p，遂 q"（1次）、"由 p，方 q"（1次）2种2句；与连词搭配，仅"由 p，故 q"（1次）1种1句。并用句式1种1句，即"p，由 p，所已 q"（1次）	由因及果和由果溯因（1种1句："q，由 p"）

续表

因果连词的范围和音节	原因句的修饰成分	原因句主语的位置
"缘为"系因果句2种3句	仅独用句式1类,共2种,即"缘为p,q"(2次)、"q,缘为p"(1次)	由因及果和由果溯因(1种1句:"q,缘为p")
"为缘"系因果句3种3句	独用句式2种2句,即"为缘p,q"(1次)、"q,为缘p"(1次)。搭配句式1种1句,是和连词搭配,即"为缘p,所以$_1$q"(1次)	由因及果和由果溯因(1种1句:"q,为缘p")
"因为"系因果句2种2句	独用句式1种1句,即"q,因为p"(1次)。搭配句式1种1句,是和副词搭配,即"因为p,便q"(1次)	由因及果和由果溯因(1种1句:"q,因为p")
"缘是"系因果句1种1句	仅独用句式1类,共1种,即"缘是p,方q"(1次)	由因及果
"为因"系因果句1种1句	仅搭配句式1类,共1种,是和副词搭配,即"亦$_1$q,为因p"(1次)	由果溯因(1种1句:"亦$_1$q,为因p")
"缘以"系因果句1种1句	仅独用句式1类,共1种,即"缘以p,q"(1次)	由因及果
"为是"系因果句1种1句	仅搭配句式1类,共1种,是和副词搭配,即"为是p,便q"(1次)	由因及果
"故"系因果句8种196句	独用句式1种173句,即"p,故q"(173次)。递用句式6种22句,即"p,故q,故q"(7次)、"p,故q,是故q"(7次)、"p,所以$_1$q,故q"(3次)、"p,是故q,故q"(3次)、"p,故q,是故q,故q"(1次)、"p,因兹q,因此q,故q"(1次)。并用句式1种1句,即"p,是以q,故q"(1次)	由因及果
"所以$_1$"系因果句1种125句	仅独用句式1类,共1种,即"p,所以$_1$q"(125次)	由因及果
"因此"系因果句1种42句	仅独用句式1类,共1种,即"p,因此q"(42次)	由因及果
"是故"系因果句2种25句	独用句式1种24句,即"p,是故q"(24次)。递用句式1种1句,即"p,是故q,是故q"(1次)	由因及果
"是以"系因果句1种13句	仅独用句式1类,共1种,即"p,是以q"(13次)	由因及果
"因兹"系因果句2种10句	独用句式1种9句,即"p,因兹q"(9次)。并用句式1种1句,即"p,由是q,因兹q"(1次)	由因及果
"致令"系因果句1种6句	仅独用句式1类,共1种,即"p,致令q"(6次)	由因及果

续表

因果连词的范围和音节		原因句的修饰成分	原因句主语的位置
因果句	"致使"系因果句 1 种 5 句	仅独用句式 1 类, 共 1 种, 即"p, 致使 q"(5 次)	由因及果
	"为此"系因果句 1 种 5 句	仅独用句式 1 类, 共 1 种, 即"p, 为此 q"(5 次)	由因及果
	"以此"系因果句 1 种 3 句	仅独用句式 1 类, 共 1 种, 即"p, 以此 q"(3 次)	由因及果
	"由是"系因果句 1 种 2 句	仅独用句式 1 类, 共 1 种, 即"p, 由是 q"(2 次)	由因及果
	"由此"系因果句 1 种 1 句	仅独用句式 1 类, 共 1 种, 即"p, 由此 q"(1 次)	由因及果
	"故而"系因果句 1 种 1 句	仅独用句式 1 类, 共 1 种, 即"p, 故而 q"(1 次)	由因及果
	"缘兹"系因果句 1 种 1 句	仅独用句式 1 类, 共 1 种, 即"p, 缘兹 q"(1 次)	由因及果
总结		晚唐五代因果句的句式共 28 系 124 种 935 句	由因及果句有 857 句, 由果溯因句有 80 句, 二者之比是 10.71 : 1

表 2　　　　　　　　　　宋代因果句概况

因果连词的范围和音节			原因句的修饰成分	原因句主语的位置
因果句	表因连词	既（281 次，单）	无	前 102 次，后 10 次
		缘（209 次，单）	只缘（55 次）、盖缘（13 次）、亦缘（10 次）、止缘（7 次）、正缘（5 次）、也缘（2 次）、皆缘（2 次）、但缘（1 次）、切缘（1 次）、自缘（1 次）、直缘（1 次）、也只缘（1 次）、亦只缘（1 次）	前 0 次，后 143 次
		为（126 次，单）	只为（59 次）、盖为（13 次）、正为（3 次）、又为（2 次）、但为（1 次）、更为（1 次）、亦为（1 次）	前 0 次，后 88 次
		以（113 次，单）	正以（3 次）、亦以（2 次）、但以（1 次）、皆以（1 次）、又以（1 次）、盖以（1 次）	前 0 次，后 93 次
		因₁（76 次，单）	只因（8 次）、盖因（3 次）、又因（2 次）、只是因（2 次）、不因（1 次）	前 0 次，后 35 次
		惟其（29 次，双）	无	前 0 次，后 7 次
		缘是（28 次，双）	只缘是（4 次）、盖缘是（2 次）、亦缘是（1 次）、皆缘是（1 次）、都缘是（1 次）、也缘是（1 次）、正缘是（1 次）	前 0 次，后 18 次
		由（5 次，单）	无	前 0 次，后 2 次
		为是（5 次，双）	只为是（2 次）、盖为是（1 次）	前 0 次，后 5 次
		缘为（1 次，双）	无	前 0 次，后 1 次
		因为（1 次，双）	无	前 0 次，后 1 次

	因果连词的范围和音节	原因句的修饰成分	原因句主语的位置
因果句	故（1362次，单）		前0次，后555次
	所以$_1$（750次，双）		前27次，后239次
	所以$_2$（69次，双）		前40次，后18次
	是以（30次，双）		前1次，后10次
	以此（19次，双）		前1次，后1次
	可见（17次，双）		前0次，后12次
	之所以（17次，三）		前17次，后1次
表果连词	因此（9次，双）		前2次，后1次
	为之（6次，双）		前3次，后0次
	以至（4次，双）		前0次，后1次
	缘此（3次，双）		前2次，后0次
	以至于（3次，三）		前0次，后0次
	以故（2次，双）		前0次，后1次
	因是$_2$（2次，双）		前1次，后0次
	以是（2次，双）		前1次，后0次
	以致（2次，双）		前0次，后2次
	是故（2次，双）		前0次，后2次
	由是（1次，双）		前0次，后1次
	是用（1次，双）		前0次，后0次
	致令（1次，双）		前0次，后1次
总结	表因连词11个，共出现874次；表果连词20个，共出现2302次	作为宋代原因句修饰成分的副词共7类16种，包括限定类的"只"、"但"、"止"、"直"、"只是"，共出现144次；推测类的"盖"，共出现33次；类同类的"亦$_1$"、"也$_1$"，共出现19次；确定类的"正"、"切"、"自"，共出现14次；累加类的"又$_1$"、"更"，共出现6次；总括类的"皆"、"都"，共出现5次；否定类的"不"，共出现1次	表因连词：前102次，后403次；表果连词：前95次，后845次

续表

因果连词的范围和音节	原因句的修饰成分	原因句主语的位置
	因果句的句式	因果句的句序
因果句 "既" 系因果句 43 种 281 句	独用句式 1 种 95 句，即 "既 p, q"（95 次）。搭配句式 29 种 169 句，又可分为 6 个次类，即与疑问代词搭配，有 "既 p, 如何 q"（17 次）、"既 p, 何故 q"（10 次）、"既 p, 安 q"（5 次）、"既 p, 何 q"（5 次）、"既 p, 何以 q"（2 次）、"既 p, 因何 q"（2 次）6 种 41 句；与副词搭配，有 "既 p, 便 q"（30 次）、"既 p, 岂 q"（7 次）、"既 p, 亦$_2$q"（7 次）、"既 p, 即 q"（5 次）、"既 p, 又$_2$q"（4 次）、"既 p, 亦$_1$q"（3 次）、"既 p, 却$_3$q"（2 次）、"既 p, 也$_2$q"（1 次）、"既 p, 也$_1$q"（1 次）、"既 p, 遂 q"（1 次）10 种 61 句；与连词搭配，有 "既 p, 则 q"（54 次）、"既 p, 故 q"（1 次）、"既 p, 是以 q"（1 次）、"既 p, 所以$_1$q"（1 次）4 种 57 句；与疑问代词和副词的连用形式搭配，有 "既 p, 却为甚 q"（2 次）、"既 p, 又安 q"（1 次）、"既 p, 亦安 q"（1 次）、"既 p, 因甚却 q"（1 次）、"既 p, 如何却 q"（1 次）、"既 p, 又却如何 q"（1 次）6 种 7 句；与副词和副词的连用形式搭配，有 "既 p, 便却 q"（1 次）、"既 p, 因遂 q"（1 次）2 种 2 句；与副词和连词搭配的连用形式，仅 "既 p, 则便 q"（1 次）1 种 1 句。递用句式 5 种 7 句，即 "既 p, q, 故 q"（3 次）、"既 p, 则 q, 故 q"（1 次）、"既 p, q, 所以$_1$q"（1 次）、"既 p, 便 q, 所以$_1$q"（1 次）、"既 p, 则 q, 所以$_1$q"（1 次）。并用句式 8 种 10 句，即 "既 p, q, 岂 q"（2 次）、"既 p, 便 q, 更 q"（2 次）、"既 p, p, 何 q"（1 次）、"既 p, p, 安 q"（1 次）、"既 p, p, 如何 q"（1 次）、"既 p, p, 何故 q"（1 次）、"既 p, q, 如何 q"（1 次）、"既 p, 何故 q, 何故 q"（1 次）	由因及果

续表

因果连词的范围和音节	原因句的修饰成分	原因句主语的位置
因果句 "缘"系因果句 19 种 209 句	独用句式 2 种 83 句，即"缘 p，q"（44 次）、"q，缘 p"（39 次）。搭配句式 10 种 118 句，又可分为 2 个次类，即与副词搭配，有"缘 p，遂 q"（13 次）、"缘 p，便 q"（11 次）、"缘 p，即 q"（3 次）、"缘 p，方 q"（1 次）4 种 28 句；与连词搭配，有"缘 p，故 q"（39 次）、"缘 p，所以$_1$q"（39 次）、"所以$_2$q，缘 p"（6 次）、"之所以 q，缘 p"（3 次）、"缘 p，则 q"（2 次）、"缘 p，以此 q"（1 次）6 种 90 句。递用句式 4 种 4 句，即"缘 p，q，以致 q"（1 次）、"缘 p，便 q，故 q"（1 次）、"缘 p，故 q，故 q"（1 次）、"缘 p，故 q，以此 q"（1 次）。一般并用句式 1 种 1 句，即"缘 p，以 p，遂 q"（1 次）。特殊并用句式 2 种 3 句，即"p，所以$_1$q，缘 p"（2 次）、"所以$_2$q，缘 p，所以$_1$q"（1 次）	由因及果和由果溯因（5 种 51 句："q，缘 p"、"所以$_2$q，缘 p"、"之所以 q，缘 p"、"p，所以$_1$q，缘 p"、"所以$_2$q，缘 p，所以$_1$q"）
"为"系因果句 15 种 126 句	独用句式 2 种 61 句，即"为 p，q"（31 次）、"q，为 p"（30 次）。搭配句式 9 种 63 句，又可分为 2 个次类，即与副词搭配，有"为 p，便 q"（8 次）、"为 p，遂 q"（2 次）、"为 p，即 q"（1 次）、"为 p，方 q"（1 次）、"为 p，因$_2$q"（1 次）5 种 13 句；与连词搭配，有"为 p，故 q"（34 次）、"为 p，所以$_1$q"（12 次）、"所以$_2$q，为 p"（3 次）、"为 p，以至 q"（1 次）4 种 50 句。递用句式 1 种 1 句，即"为 p，q，所以$_1$q"（1 次）。特殊并用句式 1 种 1 句，即"所以$_2$q，为 p，所以$_1$q"（1 次）	由因及果和由果溯因（3 种 34 句："q，为 p"、"所以$_2$q，为 p"、"所以$_2$q，为 p，所以$_1$q"）

因果连词的范围和音节	原因句的修饰成分	原因句主语的位置
"以"系因果句 12 种 113 句	独用句式 2 种 63 句，即"以 p, q"（34 次）、"q, 以 p"（29 次）。搭配句式 10 种 50 句，又可分为 3 个次类，即与副词搭配，有"以 p, 遂 q"（4 次）、"以 p, 方 q"（1 次）2 种 5 句；与连词搭配，有"以 p, 故 q"（29 次）、"以 p, 所以$_1$q"（5 次）、"所以$_2$q, 以 p"（5 次）、"之所以 q, 以 p"（2 次）、"以 p, 于是 q"（1 次）、"以 p, 是以 q"（1 次）、"以 p, 是用 q"（1 次）7 种 44 句；与副词和连词的连用形式搭配，有"以 p, 故遂 q"（1 次）1 种 1 句	由因及果和由果溯因（3 种 36 句："q, 以 p"、"之所以 q, 以 p"、"所以$_2$q, 以 p"）
"因$_1$"系因果句 14 种 76 句	独用句式 2 种 33 句，即"因$_1$p, q"（29 次）、"q, 因$_1$p"（4 次）。搭配句式 10 种 41 句，又可分为 3 个次类，即与副词搭配，有"因$_1$p, 遂 q"（17 次）、"因$_1$p, 便 q"（8 次）、"因$_1$p, 方 q"（2 次）、"因$_1$p, 亦 q"（1 次）、"因$_1$p, 又$_1$q"（1 次）、"因$_1$p, 却$_3$q"（1 次）、"因$_1$p, 因$_2$q"（1 次）7 种 31 句；与连词搭配，仅"因$_1$p, 故 q"（8 次）1 种 8 句；与副词和副词的连用形式搭配，有"因$_1$p, 方才 q"（1 次）、"因$_1$p, 乃始 q"（1 次）2 种 2 句。递用句式 1 种 1 句，即"因$_1$p, q, 故 q"（1 次）。并用句式 1 种 1 句，即"因$_1$p, 便 q, 便 q"（1 次）	由因及果和由果溯因（1 种 4 句："q, 因$_1$p"）
"惟其"系因果句 5 种 29 句	仅搭配句式 1 类，共 5 种，又可分为 2 个次类，即与副词搭配，仅"惟其 p, 方 q"（1 次）1 种 1 句；与连词搭配，有"惟其 p, 故 q"（11 次）、"惟其 p, 所以$_1$q"（11 次）、"惟其 p, 是以 q"（5 次）、"惟其 p, 然后 q"（1 次）4 种 28 句	由因及果

（因果句）

	因果连词的范围和音节	原因句的修饰成分	原因句主语的位置
因果句	"缘是"系因果句9种28句	独用句式2种13句，即"q，缘是p"（11次）、"缘是p，q"（2次）。搭配句式6种14句，又可分为两个次类，即与副词搭配，有"缘是p，便q"（1次）、"缘是p，却₃q"（1次）、"缘是p，遂q"（1次）3种3句；与连词搭配，有"缘是p，故q"（3次）、"缘是p，所以₁q"（4次）、"所以₂q，缘是p"（4次）3种11句。递用句式1种1句，即"缘是p，便q，所以₁q"（1次）	由因及果和由果溯因（2种16句："q，缘是p"、"所以₂q，缘是p"）
	"由"系因果句3种5句	独用句式1种3句，即"q，由p"（3次）。搭配句式2种2句，是与连词搭配，即"由p，故q"（1次）、"由p，所以₁q"（1次）	由因及果和由果溯因（1种3句："q，由p"）
	"为是"系因果句3种5句	独用句式1种1句，即"q，为是p"（1次）。搭配句式2种4句，又可分为2个次类，即与副词搭配，仅"为是p，遂q"（1次）1种1句；与连词搭配，仅"为是p，故q"（3次）1种3句	由因及果和由果溯因（1种1句："q，为是p"）
	"缘为"系因果句1种1句	仅独用句式1类，共1种，即"缘为p，q"（1次）	由因及果
	"因为"系因果句1种1句	仅搭配句式1类，共1种，是和副词搭配，即"因为p，遂q"（1次）	由因及果
	"故"系因果句6种1212句	独用句式1种1179句，即"p，故q"（1179次）。递用句式5种33句，即"p，故q，所以₁q"（13次）、"p，故q，故q"（13次）、"p，所以₁q，故q"（5次）、"p，故q，是以q"（1次）、"p，故q，故q，所以₁q"（1次）	由因及果
	"所以₁"系因果句3种655句	独用句式1种653句，即"p，所以₁q"（653次）。递用句式1种1句，即"p，所以₁q，是故q"（1次）。并用句式1种1句，即"p，所以₁q，所以₁q"（1次）	由因及果
	"所以₂"系因果句2种29句	独用句式1种28句，即"所以₂q，p"（28次）。并用句式1种1句，即"所以₂q，所以₂q，p"（1次）	由果溯因（2种29句："所以₂q，p"、"所以₂q，所以₂q，p"）

	因果连词的范围和音节	原因句的修饰成分	原因句主语的位置
因 果 句	"是以"系因果句 1 种 22 句	仅独用句式 1 类，共 1 种，即 "p，是以 q"（22 次）	由因及果
	"以此"系因果句 1 种 19 句	仅独用句式 1 类，共 1 种，即 "p，以此 q"（19 次）	由因及果
	"可见"系因果句 1 种 17 句	仅独用句式 1 类，共 1 种，即 "p，可见 q"（17 次）	由因及果
	"之所以"系因果句 1 种 12 句	仅独用句式 1 类，共 1 种，即 "之所以 q，p"（12 次）	由果溯因（1 种 12 句："之所以 q，p"）
	"因此"系因果句 1 种 8 句	仅独用句式 1 类，共 1 种，即 "p，因此 q"（8 次）	由因及果
	"为之"系因果句 1 种 6 句	仅独用句式 1 类，共 1 种，即 "p，为之 q"（6 次）	由因及果
	"以至"系因果句 1 种 3 句	仅独用句式 1 类，共 1 种，即 "p，以至 q"（3 次）	由因及果
	"缘此"系因果句 1 种 3 句	仅独用句式 1 类，共 1 种，即 "p，缘此 q"（3 次）	由因及果
	"以至于"系因果句 1 种 3 句	仅独用句式 1 类，共 1 种，即 "p，以至于 q"（3 次）	由因及果
	"以故"系因果句 1 种 2 句	仅独用句式 1 类，共 1 种，即 "p，以故 q"（2 次）	由因及果
	"因是$_2$"系因果句 1 种 2 句	仅独用句式 1 类，共 1 种，即 "p，因是$_2$ q"（2 次）	由因及果
	"以是"系因果句 1 种 2 句	仅独用句式 1 类，共 1 种，即 "p，以是 q"（2 次）	由因及果
	"由是"系因果句 1 种 1 句	仅独用句式 1 类，共 1 种，即 "p，由是 q"（1 次）	由因及果
	"以致"系因果句 1 种 1 句	仅独用句式 1 类，共 1 种，即 "p，以致 q"（1 次）	由因及果
	"是故"系因果句 1 种 1 句	仅独用句式 1 类，共 1 种，即 "p，是故 q"（1 次）	由因及果
	"致令"系因果句 1 种 1 句	仅独用句式 1 类，共 1 种，即 "p，致令 q"（1 次）	由因及果
	总结	宋代因果句的句式共 30 系 152 种 2872 句	由因及果句有 2690 句，由果溯因句有 186 句，二者之比是 14.46 : 1

表3　　　　　　　　　　　　元代因果句概况

		因果连词的范围和音节	原因句的修饰成分	原因句主语的位置
因果句	表因连词	因₁（46次，单）	只因（8次）、皆因（1次）、不因（1次）、也只因（1次）	前0次，后19次
		为（33次，单）	只为（2次）、盖为（1次）	前0次，后11次
		既（21次，单）	无	前12次，后0次
		以（20次，单）	实以（1次）、偶以（1次）、亦以（1次）	前0次，后14次
		缘（6次，单）	祇缘（2次）、盖缘（1次）	前0次，后4次
		由（3次，单）	实由（2次）、皆由（1次）	前0次，后3次
	表果连词	故（56次，单）		前2次，后17次
		由是（15次，双）		前0次，后12次
		为之（12次，双）		前6次，后0次
		所以₁（12次，双）		前1次，后5次
		因此（10次，双）		前4次，后3次
		以此（8次，双）		前1次，后4次
		为此（5次，双）		前2次，后1次
		由此（5次，双）		前1次，后3次
		缘此（4次，双）		前2次，后0次
		以致（2次，双）		前0次，后1次
		以至于（2次，双）		前0次，后0次
		可见（1次，双）		前0次，后1次
		是以（1次，双）		前0次，后0次
		是故（1次，双）		前0次，后1次
		致令（1次，双）		前0次，后1次
	总结	表因连词6个，共出现127次；表果连词15个，共出现135次	作为元代原因句修饰成分的副词共7类8种，包括限定类的"只"，共出现13次；确定类的"实"，共出现3次；总括类的"皆"，共出现2次；推测类的"盖"，共出现2次；类同类的"亦₁"、"也₁"，共出现2次；频率类的"偶"，共出现1次；否定类的"不"，共出现1次	表因连词：前12次，后51次；表果连词：前20次，后49次

续表

因果连词的范围和音节	原因句的修饰成分	原因句主语的位置
	因果句的句式	因果句的句序
"因$_1$" 系因果句 11 种 44 句	独用句式 2 种 32 句，即 "因$_1$p，q"（31 次）、"q，因$_1$p"（1 次）。搭配句式 8 种 11 句，又可分为 3 个次类，即与疑问代词搭配，仅 "因$_1$p，怎 q"（1 次）1 种 1 句；与副词搭配，有 "因$_1$p，遂 q"（2 次）、"因$_1$p，乃 q"（1 次）、"因$_1$p，却$_3$q"（1 次）3 种 4 句；与连词搭配，有 "因$_1$p，故 q"（3 次）、"因$_1$p，所以$_1$q"（1 次）、"因$_1$p，为此 q"（1 次）、"因$_1$p，由是 q"（1 次）4 种 6 句。递用句式 1 种 1 句，即 "因$_1$p，q，由是 q"（1 次）	由因及果和由果溯因（1 种 1 句："q，因$_1$p"）
"为" 系因果句 6 种 33 句	独用句式 1 种 26 句，即 "为 p，q"（26 次）。搭配句式 4 种 6 句，又可分为 2 个次类，即与副词搭配，有 "为 p，乃 q"（2 次）、"为 p，遂 q"（2 次）、"为 p，也$_1$q"（1 次）3 种 5 句；与连词搭配，仅 "为 p，为此 q"（1 次）1 种 1 句。递用句式 1 种 1 句，即 "为 p，q，故 q"（1 次）	由因及果
"既" 系因果句 4 种 21 句	独用句式 1 种 16 句，即 "既 p，q"（16 次）。搭配句式 3 种 5 句，又可分为 3 个次类，即与疑问代词搭配，仅 "既 p，怎 q"（1 次）1 种 1 句；与副词搭配，仅 "既 p，即 q"（1 次）1 种 1 句；与连词搭配，仅 "既 p，则 q"（3 次）1 种 3 句	由因及果
"以" 系因果句 4 种 20 句	独用句式 1 种 14 句，即 "以 p，q"（14 次）。搭配句式 3 种 6 句，又可分为 2 个次类，即与副词搭配，有 "以 p，遂 q"（2 次）、"以 p，乃 q"（1 次）2 种 3 句；与连词搭配，仅 "以 p，故 q"（3 次）1 种 3 句	由因及果
"缘" 系因果句 3 种 6 句	独用句式 2 种 5 句，即 "缘 p，q"（4 次）、"q，缘 p"（1 次）。搭配句式 1 种 1 句，是和连词搭配，即 "缘 p，故 q"（1 次）	由因及果和由果溯因（1 种 1 句："q，缘 p"）
"由" 系因果句 3 种 3 句	独用句式 2 种 2 句，即 "由 p，q"（1 次）、"q，由 p"（1 次）。搭配句式 1 种 1 句，是和副词搭配，即 "由 p，岂 q"（1 次）	由因及果和由果溯因（1 种 1 句："q，由 p"）

因果句

	因果连词的范围和音节	原因句的修饰成分	原因句主语的位置
因果句	"故"系因果句 3 种 47 句	独用句式 1 种 45 句, 即 "p, 故 q" (45 次)。递用句式 2 种 2 句, 即 "p, 以此 q, 故 q" (1 次)、"p, 故 q, 所以$_1$q, 故 q" (1 次)	由因及果
	"为之"系因果句 2 种 12 句	独用句式 1 种 11 句, 即 "p, 为之 q" (11 次)。递用句式 1 种 1 句, 即 "p, 以此 q, 为之 q" (1 次)	由因及果
	"由是"系因果句 1 种 13 句	仅独用句式 1 类, 共 1 种, 即 "p, 由是 q" (13 次)	由因及果
	"所以$_1$"系因果句 1 种 10 句	仅独用句式 1 类, 共 1 种, 即 "p, 所以$_1$q" (10 次)	由因及果
	"因此"系因果句 1 种 10 句	仅独用句式 1 类, 共 1 种, 即 "p, 因此 q" (10 次)	由因及果
	"以此"系因果句 1 种 6 句	仅独用句式 1 类, 共 1 种, 即 "p, 以此 q" (6 次)	由因及果
	"为此"系因果句 1 种 3 句	仅独用句式 1 类, 共 1 种, 即 "p, 为此 q" (3 次)	由因及果
	"缘此"系因果句 1 种 4 句	仅独用句式 1 类, 共 1 种, 即 "p, 缘此 q" (4 次)	由因及果
	"以致"系因果句 1 种 2 句	仅独用句式 1 类, 共 1 种, 即 "p, 以致 q" (2 次)	由因及果
	"以至于"系因果句 1 种 2 句	仅独用句式 1 类, 共 1 种, 即 "p, 以至于 q" (2 次)	由因及果
	"可见"系因果句 1 种 1 句	仅独用句式 1 类, 共 1 种, 即 "p, 可见 q" (1 次)	由因及果
	"是以"系因果句 1 种 1 句	仅独用句式 1 类, 共 1 种, 即 "p, 是以 q" (1 次)	由因及果
	"是故"系因果句 1 种 1 句	仅独用句式 1 类, 共 1 种, 即 "p, 是故 q" (1 次)	由因及果
	"致令"系因果句 1 种 1 句	仅独用句式 1 类, 共 1 种, 即 "p, 致令 q" (1 次)	由因及果
	总结	元代因果句的句式共 20 系 48 种 240 句	由因及果句有 237 句, 由果溯因有 3 句, 二者之比是 79∶1

表4 明代因果句概况

	因果连词的范围和音节		原因句的修饰成分	原因句主语的位置
因果句	表因连词	因₁（451次，单）	只因（48次）、盖因（5次）、皆因（5次）、不因（3次）、又因（2次）、偶因（2次）、亦因（2次）、也是因（2次）、正因（1次）、自因（1次）、委因（1次）、又是因（1次）	前0次，后137次
		既（439次，单）	无	前156次，后10次
		既然（121次，双）	无	前19次，后40次
		为（88次，单）	只为（23次）、盖为（5次）、又为（2次）、特为（2次）、皆为（1次）、止为（1次）、实为（1次）	前0次，后61次
		因为（53次，双）	无	前0次，后35次
		为因（29次，双）	无	前0次，后14次
		为是（24次，双）	无	前0次，后21次
		因是₁（7次，双）	只因是（1次）、皆因是（1次）	前0次，后4次
		不因（5次，双）	无	前0次，后5次
		缘（3次，单）	盖缘（1次）、止缘（1次）	前0次，后3次
		为缘（2次，双）	无	前0次，后2次
		因着（2次，双）	无	前0次，后0次
		以（1次，单）	但以（1次）	前0次，后0次
		由（1次，单）	皆由（1次）	前0次，后1次
	表果连词	因此（377次，双）		前7次，后111次
		以此（122次，双）		前4次，后38次
		故（30次，单）		前1次，后0次
		以致（29次，双）		前0次，后9次
		所以₁（25次，双）		前2次，后6次
		故此（10次，双）		前1次，后1次
		因而（8次，双）		前0次，后0次
		致使（7次，双）		前0次，后7次
		为之（4次，双）		前3次，后0次
		是以（3次，双）		前0次，后0次
		为此（3次，双）		前0次，后0次
		由是（3次，双）		前1次，后1次
		致令（3次，双）		前0次，后3次
		以至（1次，双）		前0次，后0次
		可见（1次，双）		前0次，后1次
		因是₂（1次，双）		前0次，后0次

	因果连词的范围和音节		原因句的修饰成分	原因句主语的位置
总结		表因连词 14 个，共出现 1226 次；表果连词 16 个，共出现 627 次	作为明代原因句修饰成分的副词共 8 类 18 种，包括限定类的"只"、"止"、"特"、"但"，共出现 77 次；推测类的"盖"，共出现 11 次；总括类的"皆"，共出现 8 次；确定类的"实"、"正"、"自"、"委"，共出现 4 次；累加类的"又$_1$"、"又是"，共出现 5 次；否定类的"不"，共出现 3 次；语气类的"也是"，共出现 2 次；频率类的"偶"，共出现 2 次；类同类的"亦$_1$"，共出现 2 次	表因连词：前 175 次，后 331 次；表果连词：前 19 次，后 177 次
	因果句的句式			因果句的句序
因果句	"因$_1$"系因果句 30 种 451 句		独用句式 2 种 360 句，即"因$_1$p，q"（354 次）、"q，因$_1$p"（6 次）。搭配句式 22 种 85 句，又可分为 4 个次类，即与疑问代词搭配，有"因$_1$p，何 q"（1 次）、"因$_1$p，怎的 q"（1 次）2 种 2 句；与副词搭配，有"因$_1$p，就 q"（22 次）、"因$_1$p，便 q"（13 次）、"因$_1$p，方 q"（3 次）、"因$_1$p，才 q"（3 次）、"因$_1$p，遂 q"（2 次）、"因$_1$p，因$_2$q"（2 次）、"因$_1$p，又$_1$q"（1 次）、"因$_1$p，却$_3$q"（1 次）、"因$_1$p，即 q"（1 次）9 种 48 句；与连词搭配，有"因$_1$p，于是 q"（1 次）、"因$_1$p，因此 q"（16 次）、"因$_1$p，以此 q"（5 次）、"因$_1$p，故 q"（4 次）、"因$_1$p，致使 q"（2 次）、"因$_1$p，以至 q"（1 次）、"因$_1$p，因而 q"（1 次）、"因$_1$p，为此 q"（1 次）、"因$_1$p，以致 q"（1 次）、"因$_1$p，所以$_1$q"（1 次）10 种 33 句；与副词和连词的连用形式搭配，仅"因$_1$p，因此就 q"（2 次）1 种 2 句。递用句式 2 种 2 句，即"因$_1$p，q，因而 q"（1 次）、"因$_1$p，以此 q，因而 q"（1 次）。并用句式 4 种 4 句，即"p，因$_1$p，q"（1 次）、"因$_1$p，p，q"（1 次）、"p，因$_1$p，因此 q"（1 次）、"q，为 p，因$_1$p"（1 次）	由因及果和由果溯因（2 种 7 句："q，因$_1$p"、"q，为 p，因$_1$p"）

因果连词的范围和音节	原因句的修饰成分	原因句主语的位置
因果句		
"既"系因果句 32 种 439 句	独用句式 1 种 340 句,即"既 p, q"(340 次)。搭配句式 20 种 84 句,又可分为 3 个次类,即与疑问代词搭配,有"既 p, 如何 q"(22 次)、"既 p, 怎 q"(7 次)、"既 p, 何 q"(4 次)、"既 p, 怎的 q"(2 次)、"既 p, 那 q"(1 次)、"既 p, 何故 q"(1 次)6 种 38 句;与副词搭配,有"既 p, 便 q"(11 次)、"既 p, 就 q"(10 次)、"既 p, 也$_2$q"(8 次)、"既 p, 却$_3$q"(4 次)、"既 p, 恰 q"(2 次)、"既 p, 却$_2$q"(2 次)、"既 p, 也$_1$q"(2 次)、"既 p, 莫不 q"(2 次)、"既 p, 乃 q"(1 次)、"既 p, 还$_3$q"(1 次)、"既 p, 岂 q"(1 次)、"既 p, 又$_2$q"(1 次)、"既 p, 即 q"(1 次)13 种 46 句;与副词和副词的连用形式搭配,仅"既 p, 即便 q"(1 次)1 种 1 句。并用句式 11 种 15 句,即"既 p, p, q"(3 次)、"既 p, q, 又$_2$q"(2 次)、"既 p, 如何 q, q"(2 次)、"既 p, p, 那 q"(1 次)、"既 p, q, 岂 q"(1 次)、"既 p, q, 也$_2$q"(1 次)、"既 p, 也$_2$q, q"(1 次)、"既 p, 又$_1$q, 就 q"(1 次)、"既 p, p, 莫不 q"(1 次)、"既 p, 莫不 q, q"(1 次)、"既 p, 如何 q, 如何 q"(1 次)	由因及果
"既然"系因果句 17 种 121 句	独用句式 1 种 92 句,即"既然 p, q"(92 次)。搭配句式 12 种 23 句,又可分为 3 个次类,即与疑问代词搭配,有"既然 p, 如何 q"(3 次)、"既然 p, 安 q"(1 次)、"既然 p, 那 q"(1 次)、"既然 p, 何故 q"(1 次)4 种 6 句;与副词搭配,有"既然 p, 便 q"(7 次)、"既然 p, 就 q"(4 次)、"既然 p, 也$_2$q"(1 次)、"既然 p, 却$_3$q"(1 次)、"既然 p, 却是 q"(1 次)、"既然 p, 难道 q"(1 次)、"既然 p, 莫非 q"(1 次)7 种 16 句;与疑问代词和副词的连用形式搭配,仅"既然 p, 却如何 q"(1 次)1 种 1 句。并用句式 4 种 6 句,即"既然 p, p, q"(3 次)、"既然 p, q, 便 q"(1 次)、"既然 p, q, 怎 q"(1 次)、"既然 p, p, q, 如何 q"(1 次)	由因及果

续表

	因果连词的范围和音节	原因句的修饰成分	原因句主语的位置
因果句	"为"系因果句10种87句	独用句式2种65句,即"为p,q"(57次)、"q,为p"(8次)。搭配句式7种21句,又可分为3个次类,即与疑问代词搭配,仅"为p,如何q"(2次)1种2句;与副词搭配,有"为p,就q"(2次)、"为p,遂q"(2次)、"为p,却$_3$q"(1次)、"为p,也$_1$q"(1次)4种6句;与连词搭配,有"为p,因此q"(11次)、"为p,以此q"(2次)2种13句。递用句式1种1句,即"为p,q,因此q"(1次)	由因及果和由果溯因(1种8句:"q,为p")
	"因为"系因果句8种53句	独用句式2种41句,即"因为p,q"(39次)、"q,因为p"(2次)。搭配句式6种12句,又可分为2个次类,即与副词搭配,有"因为p,就q"(2次)、"因为p,才q"(1次)1种3句;与连词搭配,有"因为p,以此q"(6次)、"因为p,故q"(1次)、"因为p,因此q"(1次)、"因为p,故此q"(1次)4种9句	由因及果和由果溯因(1种2句:"q,因为p")
	"为因"系因果句5种29句	独用句式2种26句,即"为因p,q"(25次)、"q,为因p"(1次)。搭配句式3种3句,又可分为2个次类,即与副词搭配,有"为因p,即q"(1次)、"为因p,却$_3$q"(1次)等2种2句;与连词搭配,仅"为因p,以此q"(1次)1种1句	由因及果和由果溯因(1种1句:"q,为因p")
	"为是"系因果句7种23句	独用句式1种15句,即"为是p,q"(15次)。搭配句式4种6句,又可分为两个次类,即与副词搭配,仅"为是p,便q"(1次)1种1句;与连词搭配,有"为是p,因此q"(2次)、"为是p,以此q"(2次)、"为是p,故q"(1次)3种5句。递用句式1种1句,即"为是p,因此q,所以$_1$q"(1次)。并用句式1种1句,即"为是p,为是p,q"(1次)	由因及果
	"因是$_1$"系因果句4种7句	独用句式1种4句,即"因是$_1$p,q"(4次)。搭配句式3种3句,又可分为2个次类,即与副词搭配,仅"因是$_1$p,却$_3$q"(1次)1种1句;与连词搭配,有"因是$_1$p,故q"(1次)、"因是$_1$p,因此q"(1次)2种2句	由因及果

续表

因果连词的范围和音节	原因句的修饰成分	原因句主语的位置
"不因" 系因果句 1 种 5 句	仅独用句式 1 类，共 1 种，即 "不因 p，q"（5 次）	由因及果
"缘" 系因果句 3 种 3 句	独用句式 2 种 2 句，即 "缘 p，q"（1 次）、"q，缘 p"（1 次）。搭配句式 1 种 1 句，是与连词搭配，即 "缘 p，所以₁ q"（1 次）	由因及果和由果溯因（1 种 1 句："q，缘 p"）
"为缘" 系因果句 2 种 2 句	独用句式 1 种 1 句，即 "为缘 p，q"（1 次）。搭配句式 1 种 1 句，是和连词搭配，即 "为缘 p，所以₁ q"（1 次）	由因及果
"因着" 系因果句 2 种 2 句	独用句式 1 种 1 句，即 "因着 p，q"（1 次）。搭配句式 1 种 1 句，是和副词搭配，即 "因着 p，就 q"（1 次）	由因及果
"以" 系因果句 1 种 1 句	仅独用句式 1 类，共 1 种，即 "以 p，q"（1 次）	由因及果
"由" 系因果句 1 种 1 句	仅独用句式 1 类，共 1 种，即 "q，由 p"（1 次）	由果溯因（1 种 1 句："q，由 p"）
"因此" 系因果句 6 种 341 句	独用句式 1 种 335 句，即 "p，因此 q"（335 次）。递用句式 5 种 6 句，即 "p，因此 q，因此 q"（2 次）、"p，因此 q，以此 q"（1 次）、"p，以此 q，因此 q"（1 次）、"p，因此 q，以致 q"（1 次）、"p，因此 q，故此 q"（1 次）	由因及果
"以此" 系因果句 1 种 103 句	仅独用句式 1 类，共 1 种，即 "p，以此 q"（103 次）	由因及果
"故" 系因果句 2 种 22 句	独用句式 1 种 21 句，即 "p，故 q"（21 次）。并用句式 1 种 1 句，即 "p，致令 q，故 q"（1 次）	由因及果
"以致" 系因果句 1 种 27 句	仅独用句式 1 类，共 1 种，即 "p，以致 q"（27 次）	由因及果
"所以₁" 系因果句 1 种 21 句	仅独用句式 1 类，共 1 种，即 "p，所以₁ q"（21 次）	由因及果
"故此" 系因果句 1 种 8 句	仅独用句式 1 类，共 1 种，即 "p，故此 q"（8 次）	由因及果
"因而" 系因果句 1 种 5 句	仅独用句式 1 类，共 1 种，即 "p，因而 q"（5 次）	由因及果
"致使" 系因果句 1 种 5 句	仅独用句式 1 类，共 1 种，即 "p，致使 q"（5 次）	由因及果
"为之" 系因果句 2 种 3 句	独用句式 1 种 2 句，即 "p，为之 q"（2 次）。并用句式 1 种 1 句，即 "p，为之 q，为之 q"（1 次）	由因及果

因果句

因果连词的范围和音节	原因句的修饰成分	原因句主语的位置
"是以"系因果句 1 种 3 句	仅独用句式 1 类，共 1 种，即"p，是以 q"（3 次）	由因及果
"由是"系因果句 1 种 3 句	仅独用句式 1 类，共 1 种，即"p，由是 q"（3 次）	由因及果
"为此"系因果句 1 种 2 句	仅独用句式 1 类，共 1 种，即"p，为此 q"（2 次）	由因及果
"致令"系因果句 1 种 2 句	仅独用句式 1 类，共 1 种，即"p，致令 q"（2 次）	由因及果
"可见"系因果句 1 种 1 句	仅独用句式 1 类，共 1 种，即"p，可见 q"（1 次）	由因及果
"因是$_2$"系因果句 1 种 1 句	仅独用句式 1 类，共 1 种，即"p，因是$_2$ q"（1 次）	由因及果
总结	明代因果句的句式共 29 系 145 种 1771 句	由因及果句有 1751 句，由果溯因有 20 句，二者之比是 87.55∶1

（表格左侧竖排："因果句"）

附录二 表果连词"肆"的语法化及其方言性质①

摘要: "肆"是西周时期的一个常见的表果连词,它由一个表"陈列"义的动词演变为一个表果连词的历程大致是这样的:先由表"陈设"义的动词演变为表"尽力"义的动词,再演变为表高程度义的程度副词,再演变为表高度强调义的语气副词,再演变为表轻微强调义的语气副词,最后演变为表果连词。表果连词"肆"不见于战国文献,因为它是一个具有方言色彩的语法成分。

关键词: "肆";表果连词;语法化;西周;方言性质

一些研究西周汉语语法的专著如管燮初(1981:190)、张玉金(2004:172)、潘玉坤(2005:155—156)等都不约而同地提到了西周时期有一个表果连词"肆",认为它相当于现代汉语的"所以"、"因此",一些有代表性的古代汉语工具书如《汉语大字典》(第3168页)、《汉语大词典》(第245页)、《王力古汉语字典》(第986页)等也都支持这个说法,例子如②:

(1)我有大事,休,朕卜并吉。肆予告我友邦君,越尹氏、庶士、御事,曰:"予得吉卜,予惟以尔庶邦,于伐殷逋播臣。"(《尚书·大诰》)

(2)其在祖甲,不义惟王,旧为小人。作其即位,爰知小人之依,能保惠于庶民,不敢侮鳏寡。肆祖甲之享国,卅有三年。(《尚书·无逸》)

---

① 本文发表于《语言研究》2015年第4期,有改动。

② 本文对表果连词"肆"的认定依据的是《尚书今古文注疏》和《诗三家义集疏》。

（3）单厥心，肆其靖之。(《诗经·周颂·昊天有成命》)

（4）不闻亦式，不谏亦入。肆成人有德，小子有造。(《诗经·大雅·思齐》)

但大概是因为时代过于久远，所以至今尚未有人对之做过具体的探讨。本文目的是以《尚书》、《诗经》两部文献中作于西周的部分作为语料①，具体地探讨一下"肆"的形成、消失及方言性质。

一　表果连词"肆"的语法化

（一）由"陈列"义动词演变为表高度强调的语气副词

"肆"在文献中一开始是用作动词的，义为"陈列"：

（5）戚戚兄弟，莫远具尔。或肆之筵，或授之几。肆筵设席，授几有缉御。(《诗经·大雅·行苇》)

（6）我求懿德，肆于时夏。(《诗经·周颂·时迈》)

据《说文》，"肆"的本义是"极陈也"（第196页），可见"陈列"义即"肆"的本义。陈列的对象可以是具体事物，如（5）中的"筵"，也可以是抽象事物，如（6）中的"懿德"。接着又引申出"尽力"义：

（7）呜呼！肆哉尔庶邦君，越尔御事。(《尚书·大诰》)

（8）呜呼！肆汝小子封。(《尚书·康诰》)

"肆哉尔庶邦君，越尔御事"就是"尽力吧，尔庶邦君，越尔御事"，"肆汝小子封"就是"尽力吧，汝小子封"。如果陈列的对象为能力，那么就很容易引申出"尽力"义，因为在人们的认知中，"尽力"与"发挥能力"总是紧密联系在一起的。"尽力"指最大限度地发挥能力，所以能进一步引申为高程度义副词，相当于"非常"，用于形容词性成分前：

---

① 据张玉金（2004：2—9），《尚书》中作于西周的部分有《大诰》、《康诰》、《酒诰》、《梓材》、《召诰》、《洛诰》、《多士》、《多方》、《君奭》、《立政》、《吕刑》、《无逸》、《顾命》（含《康王之诰》)、《费誓》十四篇，《诗经》中作于西周的部分有《周颂》、《大雅》、《小雅》。

(9) 吉甫作诵，其诗孔硕，其风肆好，以赠申伯。(《诗经·大雅·崧高》)

"其诗孔硕"与"其风肆好"对举，"孔"与"肆"均为"非常"义。因为高程度义实际上表示的就是一种确定强调语气，所以又引申为表高度强调的语气副词，用于动词性成分前：

(10) 呜呼！君肆其监于兹。(《尚书·君奭》)
(11) 保奭，其汝克敬，以予监于殷丧大否，肆念我天威。(同上)

二例中的"肆"相当于"一定"，表示强烈的祈使语气。

(二) 由表高度强调的语气副词演变为表因果连词

确定强调包括高度强调和轻微强调两类，由于保持原则的作用，高程度义副词"肆"最初只能发展出表高度强调的语气副词，但这一步实现后，就有可能继续弱化下去，向表轻微强调的语气副词发展，因为形容词性成分与高程度联系的紧密性要远高于动词性成分，所以用于动词性成分前会使其高程度义慢慢减退，此为弱化的前提条件。下面几例中的"肆"应看作表轻微强调：

(12) 知今我初服，宅新邑，肆惟王其疾敬德。 (《尚书·召诰》)
(13) 乃立冢土，戎丑攸行。肆不殄厥愠，亦不陨厥问。(《诗经·大雅·绵》)

(12)与(13)中"肆"的特点是仅起到一个提示注意的作用，在对译为现代汉语时不需译出，因为现代汉语中没有这种表轻微强调的语气副词。"肆"表高度强调不能出现在主语前，只能出现在谓词性成分前，这是保持原则在起作用，因为表高度强调的用法是由程度副词变来的，保留了程度副词不位于主语前的特点。但表轻微强调就可以出现在主语前，因为其中的高程度义已经完全退去了，不再受程度副词的制约，再加上确定强调语气本来就可以贯穿整个句子，其辖域自然可以扩大，这也为随后发展成表果连词奠定了句法基础。

"肆"表轻微强调用法的产生的直接原因是受到了西周时期用得最为频繁的语气副词"惟"的影响。西周的"惟"做语气副词时，可表高度强调，也可表轻微强调：

(14) 予一人惟听用德，肆予敢求尔于天邑商？（《尚书·多士》）

(15) 我徂维求定，时周之命。（《诗经·周颂·赉》）

(16) 惟三月哉生魄，周公初基作新大邑于东国洛。（《尚书·康诰》）

(17) 周虽旧邦，其命维新。（《诗经·大雅·文王》）

(14)、(15)中的"惟"相当于"只"，为高度强调；(16)、(17)中的"惟"仅起到一个提示注意的作用，为轻微强调。也就是说，起初"惟"可表高度强调和轻微强调，而"肆"只表高度强调，后受其类化，"肆"便发展出了表轻微强调的用法，这是一种相因生义。一般来说，一个高程度副词只能发展为表高度强调的语气副词，而不易发展为表轻微强调的语气副词，"很"便是如此。据王静（2003：558—559），程度副词"很"出现于元代，清代中后期虚化为带有强调色彩的语气副词，一直沿用至今：

(18) 唐太宗是唐家很好底皇帝。（《吴文正集·经筵讲义》）

(19) 因为抚院很认得几个外国人，提起富强之道，外国人都劝他做生意。（《官场现形记》）

(20) 可是她十二分相信老赵很有些说得出做得出的鬼把戏。（茅盾《子夜》）

值得注意的是，即使演变为语气副词，表达的依然是高度强调义，因为它是由高程度义虚化来的，要受保持原则的制约，现代汉语中的"很"始终未发展出表轻微强调的用法，这更证明了"肆"能表轻微强调是受了外界因素的影响。

如果表轻微强调的"肆"用在有因果关系的两句间，那么就会逐渐吸收这两句间的因果语义，最终语法化为一个表果连词：

（21）予亦念天即于殷大戾，**肆**不正。（《尚书·多士》）

（22）昔在殷王中宗，严恭寅畏，天命自度，治民祗惧，不敢荒宁。**肆**中宗之享国，七十有五年。（《尚书·无逸》）

（21）中的"肆"虽然处于有因果关系的两句间，但它位于 VP 前，这是副词的典型位置，所以只能看作正处于一种过渡阶段，可两解，视为副词或连词均可。表果连词的典型位置为 SVP 前，只有位于这个位置，才真正变成了一个表果连词，如（22）。经过调查，《尚书》、《诗经》的西周部分共有 16 个表果连词"肆"：

（23）女虽湛乐，弗念厥绍。罔傅求先王，克共明刑。**肆**皇天弗尚，如彼泉流，无沦胥以亡。（《诗经·大雅·抑》）

（24）天亦惟休于前宁人，予曷其极卜，敢弗于从？率宁人有指疆土，矧今卜并吉！**肆**朕诞以尔东征。（《尚书·大诰》）

（25）作其即位，乃或亮阴，三年不言。其惟不言，言乃雍。不敢荒宁，嘉靖殷邦。至于小大，无时或怨。**肆**高宗之享国，五十有九年。（《尚书·无逸》）

（26）我有大事，休，朕卜并吉。**肆**予告我友邦君，越尹氏、庶士、御事，曰："予得吉卜，予惟以尔庶邦，于伐殷逋播臣。"（《尚书·大诰》）

西周的"肆"作表果连词在句法上有以下几个特点：其一，只能独用，不能与表因连词搭配使用；其二，必须出现在句首，不能出现在非句首位置；其三，只能用于由因及果句，不能用于由果溯因句。

（三）表果连词"肆"的形成机制

"肆"在由动词向表果连词虚化的过程中，词义、句法和语境的影响均起了一定的作用。刘坚、曹广顺、吴福祥（1995：164）指出，词义的虚化会引起词语法功能的改变，使之用于新的句法位置以及组合关系上，从而产生一个新的虚词。"肆"从"陈列"义动词演变为表果连词经历了两个阶段，一为引申阶段，二为语法化阶段。前者是从"陈列"义动词演变为表高度强调的语气副词，此时的词义变化主要是词自身意义的独立发展，句法、语境没有起到明显的推动作用；后者是从表高度强调的语气副词演变为表果连词，此时的词义变化不仅是词自身意义的发展，句法、语境也起到了明显的推动作用。第一阶段结束后，"肆"在意义上出现了虚化，使得自身能够处于动词性成分前，这是以前不曾有过的句法位置，也正是在此句法位置上使得"肆"开始了语法化并且能够继续进行下去，因为形容词性成分与高程度联系的紧密性要远高于动词性成分，用于动词性成分前会使其高程度义慢慢减退，高程度义一旦减退，"肆"就自然发展出了表轻微强调义的功能，当然此功能的产生还受到了另一语气副词"惟"的同化。表轻微强调的语气副词"肆"频繁用在两个有因果关系的小句或句子之间，即频繁用在因果语境中，就会逐渐吸收这两个分句间的因果语义，最终语法化为一个表果连词。

二　表果连词"肆"的方言性质

表果连词"肆"在商代甲骨文和商代金文中尚未出现（徐中舒，1989：1—17；张亚初，2001：1303—1304），在西周时期则大行其道，达到了其使用的鼎盛时期，成为一个常用的表果连词，而在战国时期则又突然消失，从口语中退出了历史舞台。① 这似乎有悖于语言发展的渐变性，因为按理说"语言从旧质过渡到新质不是经过爆发，不是经过消灭现存在语言和创造新的语言，而是经过新质的要素的逐渐积累，也就是经过旧质要素的逐渐死亡来实现的"（叶斐声、徐通锵、王洪君等，1997/2010：194），所以不应该出现这种突变的现象，那么又如何解释呢？在回答这个问题之前，让我们先来看一个类似的现象：很多南朝文献中常见的语法成分在唐代及唐代以后的多数文献中就不再使用，而代之以新的语法成分，如指示代词"许"、疑问代词"底"、第三人称代词"伊"与"渠"以及方位介词"著"在南朝文献中是很常见的，但在唐代的绝大多数文献中就不再使用了，而是代之以"那"、"甚"、"甚么"、"他"、"在"等新的语法成分，这是因为南朝文献的基础方言是江东方言，而唐代及唐代以后绝大多数文献的基础方言是北方方言，因而前者中常见的语法成分相对于后者来说就成了异质成分，所以也就不会出现于后者中，这样就造成

---

① 本文调查了这个时期《左传》、《国语》、《韩非子》、《老子》、《吕氏春秋》、《论语》、《孟子》、《墨子》、《商君书》、《孙子兵法》、《荀子》、《晏子春秋》、《周礼》、《管子》以及《庄子》十五部文献，未发现一个表果连词"肆"。

了一种突变的现象（蒋绍愚、曹广顺，2005：494—495）。这种现象对解释表果连词"肆"的突然消失很有启发意义，因为表果连词"肆"本身相对于战国时期的那些文献来说是一个异质的语法成分，二者的基础方言不一致，所以不为后者所容，因此也就不复存在了，这与"许"、"底"、"伊"、"渠"、"著"的突然消失是同样的道理。

周祖谟（2000：5）认为，春秋时期"是列国争霸的时期，由于战争频繁，生产发达，商业兴盛等原因，各地人民的往来剧增，邻近国家的语言会更接近，至少周、郑、曹、许、陈、宋、鲁、卫、齐这一广袤地区有了区域的共同语。这一区域共同语到了战国时期（公元前481—公元前221）就发展为黄河流域以至长江流域的共同语了。这件事实可以从春秋战国时代的古典著作在语法、词汇方面的基本一致性得到证明。这种共同语就是汉代以后发展为全民共同语的基础"。但共同语并不排斥方言，华学诚（2007：6—7）认为，与雅言相对，复杂的方言现象在周秦也是客观存在的。从西周到战国，各诸侯国统治的中心地区相对稳定，经济文化相对独立发展，同时受自然山川阻隔、交通不便的影响，人们基本生活在自给自足的水平上，这就不可避免地导致方言分歧的出现，如春秋战国时齐、楚、越、中原等地区相互之间就有明显的方言差异。周部族最初是定居在邠，后迁到豳，最后迁到岐阳周原，建立西周后又定都镐京，都是在西部的陕西、甘肃一带变动（谭其骧，1982：15—18），其所使用的应为这一带的方言，而《尚书》、《诗经》中作于西周的部分或是西周王室成员的演讲词，或是西周礼乐之官写定的乐歌，其基础方言显然也应为上述西部方言。战国时期列国多处于东部的中原及其南北地区（谭其骧，1982：15—18），列国之间共同语的基础方言应为中原地区的方言，而《左传》、《国语》等战国文献均为列国史官或学者所著，其基础方言显然也应为上述东部方言。由此我们可以推断，西周时期的文献以流行于陕西、甘肃一带的西部方言为基础方言，与战国时期的文献以流行于中原及其南北地区的东部方言为基础方言不同①，因此二者在词汇语法上有一定相异之处，有些语法成分前者有后者无，表果连词"肆"便是如此。后

---

① 刘起釪（1989：63）也持类似观点，认为"那些《书》篇太难读了，因为全是周公用西土岐周方言讲的，隔了五六百年之后，中原大地上的通用语言已不同于岐周方言了，因此对于春秋战国的人来说，这些都成了不容易理解的文辞，就索性只好绕开它们，不去提它。"

人常以《尚书》等西周文献为佶屈聱牙，不以《左传》、《论语》等战国文献为佶屈聱牙，也是这个道理。既然基础方言不一样，那么阅读起来感觉自然就不会一样。

尽管在词汇语法上有一定相异之处，但西部方言和东部方言毕竟属于同一语言，自然也有共同之处。就表果连词而言，"故"是两类方言中共有的语法成分，在《尚书》、《诗经》的西周部分共出现 5 次：

（27）我西土棐，徂邦君御事，小子尚克用文王教，不腆于酒，故我至于今，克受殷之命。（《尚书·酒诰》）

（28）诞惟民怨，庶群自酒，腥闻在上。故天降丧于殷，罔爱于殷。（同上）

（29）率惟兹有陈，保乂有殷。故殷礼陟配天，多历年所。（《尚书·君奭》）

（30）穆穆在上，明明在下，灼于四方，罔不惟德之勤。故乃明于刑之中，率乂于民棐彝。（《尚书·吕刑》）

西周的表果连词"故"在句法上与"肆"基本一致：其一，只能独用，不能与表因连词搭配使用；其二，必须出现在句首，不能出现在非句首位置；其三，只能用于由因及果句，不能用于由果溯因句。也就是说，在用法上"故"与"肆"大体相同，只是有通语和方言的区别。西周使用频率最高的表果连词就是"肆"，"故"虽也在使用，但频率显然不及前者。然而"故"是通语成分，"肆"是方言成分，所以到了战国时期，"肆"消亡了，"故"却得到了最大程度的应用，替代"肆"成为使用频率最高的表果连词。

三　结论

综上所述，"肆"最初由一个表"陈列"义的动词一步步演变为一个表果连词，其历程大致是这样的：先由表"陈列"义的动词演变为表"尽力"义的动词，这是第一步；再由表"尽力"义的动词演变为表"非常"义的程度副词，这是第二步；再由表"非常"义的程度副词演变为表高度强调义的语气副词，这是第三步；再由表高度强调义的语气副词演变为表轻微强调义的语气副词，这是第四步；最后由表轻微强调义的语气副词演变为表果连词，这是第五步，整个过程是"陈列"义动词→"尽力"义动词→"非常"义程度副词→高度强调义语气副词→轻微强调义语气副词→表果连词。经过了这五步，"肆"才由一个动词变为一个表果连词。五步中前三步是引申，后两步才是语法化。张谊生（2000：343—344）认为与副词有关的完整虚化现象应该包括三个阶段，首先为名动形实词向副词的转化，其次为副词向内部由略虚向较虚的变化，最后为副词向更虚的词类如连词、语气词的转变，这与"肆"的情况不谋而合：第一、二步为第一阶段，第三、四步为第二阶段，第五步为第三阶段。表果连词"肆"所在的基础方言为流行于陕西、甘肃一带的西部方言，战国文献的基础方言为流行于中原及其南北地区的东部方言，二者不一致，因而到了战国文献中，"肆"就迅速消亡了，文献中取而代之的是表果连词"故"。

参考文献

管燮初：《西周金文语法研究》，商务印书馆 1981 年版。

《汉语大词典》编辑委员会、《汉语大词典》编纂处：《汉语大词典（第九卷）》，汉语大词典出版社 1992 年版。

《汉语大字典》编辑委员会：《汉语大字典（第五卷）》，四川辞书出版社 1988 年版。

华学诚：《周秦汉晋方言研究史》（修订 2 版），复旦大学出版社 2003/2007 年版。

刘坚、曹广顺、吴福祥：《论诱发汉语词汇语法化的若干因素》，《中国语文》1995 年第 3 期。

刘起釪：《尚书学史》，中华书局 1989 年版。

蒋绍愚：《古汉语词汇纲要》，商务印书馆 2005 年版。

蒋绍愚、曹广顺：《近代汉语语法史研究综述》，商务印书馆 2005 年版。

潘玉坤：《西周金文语序研究》，华东师范大学出版社 2005 年版。

谭其骧：《中国历史地图集：第一册（原始社会、夏、商、西周、春秋、战国时期)》，中国地图出版社 1982 年版。

王力：《王力古汉语字典》，中华书局 2000 年版。

王静：《"很"的语法化过程》，《淮阴师范学院学报》（哲学社会科学版）2003 年第 4 期。

徐中舒：《甲骨文字典》，四川辞书出版社 1989 年版。

许慎：《说文解字》，中华书局 1963 年版。

叶斐声、徐通锵、王洪君等：《语言学纲要》（修订第 4 版），北京大学出版社 1997/2010 年版。

张亚初：《殷周金文集成引得》，中华书局 2001 年版。

张谊生：《现代汉语副词研究》，学林出版社 2000 年版。

张玉金：《西周汉语语法研究》，商务印书馆 2004 年版。

周祖谟：《汉语发展的历史》，周士琦：《周祖谟语言文字论集》，人民教育出版社 2000 年版。

后　记

本书是在我的博士学位论文《近代汉语因果句研究》的基础上修改而成的。论文完成于2013年4月，从2013年7月至今，我一直在对它进行修改，因为它在诸多方面都有不少可商榷之处。综合各位答辩老师的意见，经过三年多时间的打磨，现在终于定稿成书了。同博士论文相比，有重大的改进，主要体现在如下几个方面：第一，对近代汉语因果连词范围表述得更为准确；第二，在"易与因果连词混淆的一些虚词"一节增加辨析了"则"、"不争"二词；第三，对因果连词从近代到现代的消长做了更加清楚、充分的阐述；第四，较为详细地阐述了搭配句式的演变；第五，将原先的"原因句修饰成分的语法特点及发展"一节分为"副词修饰原因句的两种情形：直接修饰与间接修饰"和"原因句修饰成分的发展"两节，做了进一步的探索；第六，补充了"因果连词的形成"一章，详略得当地描述了49种因果连词的形成，并归纳了其形成路径和特点；第七，着重论述了近代汉语因果句主语位置的演变和话题因果句的形成及演变；第八，对近代汉语因果连词的隐现和提顿、近代汉语因果句的两域、近代汉语因果句的叙述视角三个问题进行了全面、深入的研究；第九，博士论文的结论部分是对第一章到第五章的小结，本书把这些小结分别附在各章之后，并将结论作为最后一章专门谈近代汉语因果句的历时发展。

其他地方还有一些改动，限于篇幅这里不一一指出。书中论述力求言之成理，持之有据，但限于个人学识，虽经长期修正，舛误之处也还一定不少，敬请广大读者批评指正。

本书的出版得到了教育部人文社会科学研究青年基金项目（16YJC740041）和南昌师范学院博士科研启动基金项目（NSBSJJ2015031）的资助，谨致谢忱。

李为政

丙申年庚子月丁亥日作于林泉斋